Manuel Pereira

oder die souveräne Herrschaft von South Carolina

F. Colburn Adams

Writat

Diese Ausgabe erschien im Jahr 2024

ISBN: 9789359943121

Herausgegeben von
Writat
E-Mail: info@writat.com

Inhalt

EINFÜHRUNG.

UNSERE großzügigen Freunde in Georgia und South Carolina werden nicht zu ihrer Annahme hinzufügen, dass wir nichts über den Süden und das Leben im Süden wissen. Ein mehrjähriger Aufenthalt in diesen Staaten, eine Verbindung zur Presse und Verbindungen zum öffentlichen Leben gaben uns Möglichkeiten, die wir nicht verpassten und die wir nicht aus den Augen verloren haben; und wenn wir tiefer in die Wechselfälle des Lebens und des Rechts eintauchen, als sie uns damals zugetraut haben, vertrauen wir darauf, dass sie uns aus Interesse am Wohl des Südens verzeihen werden.

Vielleicht sollten wir sagen: Um die wahren Interessen des Südens zu unterstützen, sollten und müssen wir viele dieser Fehler aufgeben, die wir in den vergangenen Jahren so energisch unterstützt haben; und so haben wir das Thema unseres Buches aufgegriffen, basierend auf der praktischen Wirkungsweise eines berüchtigten Gesetzes, dessen Zeuge wir bei der Person wurden, deren Name Teil des Titels ist.

Einen schiffbrüchigen Seemann einzusperren und es für einen freien Mann unter Strafe zu stellen, sich freiwillig oder unfreiwillig innerhalb der Grenzen eines republikanischen Staates zu bewegen, scheint in South Carolina eher alltäglich als barbarisch zu sein. Dies kann durch die Tatsache erklärt werden, dass die Macht einer Minderheit, die im Unrecht geschaffen wurde und barbarische Mittel benötigt, um intakt zu bleiben, zu einem gewohnheitsmäßigen Gefühl wird, das durch die Gewohnheit richtig gemacht wird.

Dieses Thema wurde mit Gleichgültigkeit behandelt, sogar von der Presse, die sich damit begnügte, das abstrakte Recht als eine Rechtsfrage zu diskutieren, anstatt die Leiden derer offenzulegen, die Unrecht und Ungerechtigkeit ertragen. Wenn wir aufgefordert werden, Gesetze zu unterstützen, die auf häuslicher Angst beruhen, und die Strafe dafür erleiden müssen, und wenn wir verschiedenen Graden von Ungerechtigkeit unterworfen werden, wird es zu unserer Pflicht, das Unrecht zu lokalisieren und auf den damit verbundenen Hass hinzuweisen Staat, der solche Unterdrückungsgesetze erlässt.

Eine „eigentümliche Institution" nimmt alles auf und hat Vorrang vor allem ; sein Schutz ist zu einem heiligen Element gesetzgeberischer und privater Maßnahmen geworden; und eine faire Diskussion wird als bedrohlich angesehen und als aufrührerisch verkündet. Aber wir sprechen für diejenigen, die dieser heiklen Institution keine Treue schulden; Bürger in jeder Hinsicht (ungeachtet ihrer dunklen Hautfarbe) der Länder, denen sie einzeln angehören; friedfertige Personen, die ihrem Beruf nachgehen, um ihren Familien einen anständigen Unterhalt zu bieten, und die die gleichen

Schutzrechte verdienen, die von den wohlhabenderen Bürgern solcher Länder beansprucht werden. Dabei werden wir die Inhaftierung von vier Personen in South Carolina praktisch veranschaulichen und diejenigen, die in der abstrakten Wissenschaft der Staatssouveränität spekulieren, bitten, über die Frage dieser beklagenswerten Ungerechtigkeit nachzudenken, die Personen bestraft, die sich eines Verbrechens nicht schuldig gemacht haben. Wir ziehen es vor, klar zu sein, und wir wissen, dass unsere Freunde aus dem Süden uns keine Fehlkonstruktionen vorwerfen werden, denn uns liegen ihre Interessen ebenso am Herzen wie die Sache der Menschlichkeit, die wir trotz der Kämpfe der modernen Barbarei vorantreiben werden , der versucht, sich zu verewigen. Furcht, der Erfinder solcher Vorwände, die in südländischer Bescheidenheit aufgestellt und umhüllt werden, muss seinen Kodex für die Südkaroliner umgestalten, bevor er eine Macht geltend machen kann, die dem Gesetz unbekannt ist, oder die Verpflichtungen des Vertrags mit Füßen treten oder die Aufhebung individueller Rechte durchsetzen kann .

CHARLESTON, SC, 17. Juli 1852.

KAPITEL I.
Das unglückliche Schiff.

Die britische Brigg Janson, Thompson, Kapitän, beladen mit Zucker, Piment usw. &C. verließ Kingston, Jamaika, Anfang März dieses Jahres und fuhr nach Glasgow. Der Kapitän, der ein echter Sohn des „Land of Cakes" war, beschloss, den Innengang zu nehmen und durch den Golf zu rennen. Dies hätte von Seeleuten, die mit der Luvpassage besser vertraut waren, in Frage gestellt werden können; Aber da jeder Schotte gerne seinen eigenen Weg geht, folgte der Rat des Ersten Offiziers – eines erfahrenen Salzmanns in den Gewässern Westindiens – der Leeseite. Als wir Cape Antoine umrundeten, war klar, dass ein starker Schlag bevorstand. Die Wolken ließen ihre dunklen Vorhänge in bedrohlicher Schwärze hängen; und als die scharfen Blitze die düstere Szene entfachten, schien die kleine Barke wie ein Fleck auf dem Meeresgrund zu sein. Es war die Wache des Ersten Offiziers an Deck. Der Wind, der damals aus WSW wehte, begann zuzunehmen und nach Westen zu drehen; von wo aus es plötzlich nach Norden abzweigte. Der Steuermann ging in seiner Angstjacke auf und ab und warf bei jeder Wendung einen Blick nach oben, dann auf den Kompass und wieder auf den Mann am Steuer, als hätte er eine Ahnung, was auf ihn zukam.

Er war ein furchtloser Seefahrer, doch wie viele andere, die der Macht der Gewohnheit nachgegeben hatten, war er zutiefst von dem unter Seeleuten weit verbreiteten Aberglauben durchdrungen, der besagt, dass ein bestimmtes Schiff Unglück bringt. Stellen Sie sich einen altmodischen Bootsmann mit stark ausgeprägten nordischen Gesichtszügen, einem wettergegerbten Gesicht und einem aufgemalten Südwester auf dem Kopf vor, und Sie haben den „Mister Mate" der alten Brigg Janson.

„Halte sie satt, mein Herzchen. Wir müssen unsere leichten Segel einholen und bald den anderen Kurs einschlagen. Wenn wir es nicht vor Tagesanbruch fangen, verpasse ich meine Berechnung. Sie ist ein unglückliches altes Schiff, wie immer, mit dem ich gesegelt bin, und wenn der Kapitän nicht sehr aufpasst, wird er sie nie hinüberbringen. Ich habe mehrmals geschworen, nicht mit ihr zu segeln, aber wenn ich dieses Mal mit ihr rüberkomme, verabschiede ich mich von ihr; Und wenn die Eigentümer mir kein neues Fahrzeug geben, besorgen sie sich vielleicht jemand anderes. Wir werden genauso sicher Pech haben, als hätten wir Katzen und Pfarrer an Bord."

Mit diesen Worten stieg er den Niedergang hinab und berichtete dem Kapitän, wie sich das Wetter entwickelt hatte. Dieser stand schnell auf und stellte bei einem Blick auf sein Barometer fest, dass das Wetter fast auf den niedrigsten Stand gesunken war. Nachdem er sich erkundigt hatte, in welcher Richtung der Wind wehte, wie das Schiff unterwegs war, welches Segel es trug und wie weit es voraussichtlich vom Kap entfernt war, gab er den Befehl, alle Mannschaften aufzurufen, um die Bramsegel, das Doppelriff am Vorschiff und das Einzelriff einzuholen Er legte die Hauptmarssegel ein und verstaute den Fock – zog sich an und betrat das Deck. Gerade als er seinen Kopf über die Rutsche des Begleiters legte und eine Minute lang stehen blieb, die Hände auf die Seiten gestützt, ließ ein lebhafter Blitz seine Feuergirlanden um die Takelage hängen und gab ihr das Aussehen einer Kette fahler Flammen .

„Wir werden uns bald einen Nieser am Golf holen. Sagen Sie den Jungs, sie sollen bei den Segeln Hand anlegen. Wir müssen sie festhalten und bereitstehen, um sie unter ein doppelt gerefftes Großsegel und einen Fock zu legen, mit der Ausrichtung nach Norden und Osten. Wir können eine klare Drift erzielen – Chance, wenn sie lange anhält", sagte Skipper Thompson, während er den Horizont und sein Fahrzeug betrachtete. Kaum hatte er die Befehle gegeben, als der Sturm mit all seiner Heftigkeit über sie hereinbrach. Seine Plötzlichkeit kann nur von denjenigen geschätzt werden, die in den Westindien-Passagen gesegelt sind, wo die plötzlichen Erschütterungen der kurzlebigen See eine enorme Belastung für den Rumpf eines schwer beladenen Schiffes darstellen. Der Kapitän rannte zur Luv-Gangway, trieb seine Männer bei der Erfüllung ihrer Pflicht an und gab einen weiteren Befehl, die Renner und das Vormarssegel zu spannen. Gerade als die Männer das erste ausgeführt hatten und im Begriff waren, an den Schotleinen des letzteren zu ziehen, erfasste eine plötzliche Böe den Segelsack und riss ihn von den Ankertauen ab. Die Fallen wurden abgesenkt und die Rahen richtig abgestützt, während die Janson unter die zuvor beschriebene Plane gebracht wurde. Wenige Minuten später hatte der Wind zu einem Sturm zugenommen, und wie die Seeleute sagen, „schaute sich das alte Schiff mehrmals nicht an." Mehrmals mussten wir ihr Ruder anheben, und ebenso oft ließ sie diese gewaltigen Seeschiffe segeln, die alles vor sich hertreiben und die Decks fegen. Schließlich wurde ein Stück Segeltuch an die vordere Takelage geschnürt, das ihr ein Gleichgewicht verschaffte, und sie ritt entspannt, bis gegen fünf Uhr morgens durch ein plötzliches Räumungsmanöver das Segeltuch weggetragen wurde und eine ungeheure scharfe See an Bord ging sie vorwärts; Sie startete mehrere Stützen, wobei ein Teil ihres Steuerbordschanzkleids und der Reling weggerissen wurde, und gleichzeitig der Fockmast, der knapp über dem Kiel brach. Die natürliche Folge war, dass alles in höchster Verwirrung war – der alte Rumpf funktionierte in jeder Hinsicht. Das Wrack schwankte hin und her , was den Betrieb des Schiffes behinderte und das Leben derjenigen gefährdete, die versuchten, es von Hindernissen zu befreien. So blieb sie mehr als eine halbe Stunde lang fast auf den Balkenenden und war jedem weiteren Meer ausgeliefert, das sie zu verschlingen drohte.

Als der Tag anbrach, ließ der Wind nach, und wie in diesen Gewässern üblich, sank das Meer bald ab. Da sie das Tageslicht nutzen konnten, begannen sie mit der Beseitigung des Wracks. In der Zwischenzeit wurde es für notwendig erachtet, die Vorluke zu entfernen, um einige Ersatzsegel herauszuholen, die in der Nähe des vorderen Schotts verstaut waren, anstatt an einem geeigneteren Ort. Nachdem der Maat zu Beginn des Sturms die Pumpen ausprobiert hatte, berichtete er, dass bei ihr ein Leck aufgetreten sei; Das war jedoch so unbedeutend, dass nur ein einziger Mann nötig war, um es freizuhalten, bis es den Brammast anlegte und wegtrug. Der diensthabende Mann meldete daraufhin, dass das Wasser zunahm, und ein anderer wurde angewiesen, ihm zu helfen. Bei einer morgendlichen Untersuchung stellte sich heraus, dass sie in den Vorgängen verspannt war und einen Abszess hatte .

„Sie ist ein Pechvogel, Kapitän", sagte der Steuermann, als er die Axt holte, um die Schlagstöcke von der Vorluke zu entfernen. „Man könnte genauso gut versuchen, eine Krabbe bei Ebbe zu manipulieren, als sie bei einem solchen Schlag daran festzuhalten. Sie achtet auf ihren Helm wie ein Schweinswal in der Brandung. Der alte Davy muss ihr irgendwann seinen Stempel aufgedrückt haben, aber ich weiß nie , dass es ein glückliches Schiff gegeben hätte, so wie es war. Jedes Mal, wenn sie vorbeikommt, greift sie zu den Underwritern; denn seit ich in der alten Wanne verschifft war, wusste ich nie, dass sie klar segeln würde. Wenn sie mir gehörte, würde ich auf Kosten anderer einen Platz für sie finden."

Das Meer wurde glatt, das Wasser schien zurückgegangen zu sein, der leichte Wind hatte sich auf WSW gedreht, und Cape Antoine wurde durch Koppelnavigation auf etwa 30 Meilen Entfernung mit SSW geschätzt. Es stellte sich heraus, dass die Backbord-Vorwanten vom Blitz verbrannt waren, wodurch der Teer aus der Achterwante vollständig geschmolzen war. Alle Arbeiter waren jetzt damit beschäftigt, das Wrack zu reparieren, das sie um zwei Uhr nachmittags so weit fertiggestellt hatten, dass sie mit einer Geschwindigkeit von sechs Knoten pro Stunde auf Kurs im Golf blieben.

Der Kapitän überlegte nun in Gedanken, ob es sinnvoll sei, nach Havanna zu fahren oder seine Kreuzfahrt fortzusetzen. Das Leck hatte sich erheblich verringert, und wie bei allen alten Schiffen leistete das Schiff zwar einen Großteil der Arbeit an den Pumpen, aber bei weiterhin gutem Wetter konnte es eine Gelegenheit bieten, es hinüberzuschieben. Unter diesen Gefühlen neigte er dazu, seinen Hoffnungen den Vorzug zu geben, statt seinen Ängsten nachzugeben. Er berücksichtigte das Interesse aller Beteiligten — konsultierte seinen Gefährten, stellte jedoch fest, dass er von seinem Aberglauben beherrscht war und die Frage seines Lebens als ungefähr so sicher ansah, ob er über Bord sprang oder „an der alten Wanne feststeckte". Er dachte erneut über die enormen Hafengebühren nach, die in Havanna

erhoben wurden, über die Art seiner Ladung im Hinblick auf den Zoll, falls
sein Schiff verurteilt werden sollte, und über die verheerenden Kosten für
das Löschen usw. &C. zuzüglich der Reparaturkosten, sofern diese in Auftrag
gegeben wurden. All diese Dinge erwog er mit der reifen Überlegung eines
guten Meisters, dem die allgemeinen Interessen aller Beteiligten am Herzen
liegen. Wenn er also in Rücksicht auf alle Beteiligten einen Hafen ansteuern
würde, hätte sein Pfandrecht für Havarie-Grosse einen festen Platz im
Seerecht; Dennoch gab es Umstände im Zusammenhang mit dem
seetüchtigen Zustand des Fahrzeugs – die ihm selbst, wenn nicht den
Hafenwärtern bekannt waren und die eine Zustandssache zwischen dem
Kapitän und seinen Eignern sind –, die aufgrund bestimmter rechtlicher
Formalitäten ausschlaggebend sein könnten zu stark anstößigen Punkten
führen. Nachdem er all dies vor Augen hatte, entschloss er sich mit
lobenswerter Klugheit, seine Reise fortzusetzen und auf die gütige
Vorsehung zu vertrauen.

„Kapitän", sagte der Maat, während er dastand und die Aussicht
betrachtete, mit einer Marlinespieke in der einen und einem Stück Greifer in
der anderen – „ Ich glaube wahrlich, wenn dieser Schlag noch zwei Stunden
länger an uns hängengeblieben wäre, würde es die alte Wanne tun." a' rollte
ihre Hinterbacken aus. Du kennst sie nicht so gut wie ich. Sie hat sowieso
Pech; Und das schon immer, seit sie auf dem Wasser war. Ich habe gesehen,
wie sich ihre Oberseiten wie ein Korb öffneten, als wir versuchten, sie bei
schwerem Wetter in den Hafen zu bringen: Und ein Boot, das am Wind und
bei steifer Brise nicht näher als neun Punkte zu sein scheint, sollte das auch
tun für einen Kohlendroger in den Clyde geschickt werden . Ein altes Schiff
ist für den Besitzer ein perfekter Taschendieb. Und wenn dieses alte Ding
ihre Geldbörsen nicht so sehr aufgerissen hat wie ihre eigenen Nähte, werde
ich meine Abrechnung verpassen . Ich hatte eine starke Vorahnung, dass wir
in ihr nicht rüberkommen würden. Ich sah, wie die Ratten Jamaika verließen
– sie nahmen ihre Marschlinie auf, wie Marinesoldaten an vorderster Front.
Es ist ein sicheres Zeichen. Und dann hatte ich einen Traum, der so sicher
ist wie eine tragende Säule – mich niemals täuscht. Ich kann mich auf seine
Vorahnung verlassen. Ich habe es mehrere Male geträumt und wir hatten
immer eine schreckliche Passage. Zweimal waren wir nur einen
Katzensprung davon entfernt, zum Lagerhaus des alten Davy zu gehen . Ich
bin ihm einmal entkommen, nachdem ich meinen mysteriösen Traum gehabt
hatte; Aber dann ließ ich den Koch die Katze über Bord werfen, kurz
nachdem wir den Hafen verlassen hatten, und das war alles, was uns rettete."

Mit diesen Worten ging er vorwärts, um einen Bramstag zu bedienen, der
von den Katzenköpfen aus über die Backluke gespannt war und gerade von
den Männern gespleißt worden war, gefolgt von einem altmodischen Seeigel,
einer Miniatur des Teers , mit einem Hammer in der Hand. Obwohl der
Kapitän ein standhafter, intelligenter Mann war und sich kaum mit solchen

Schicksalsvorstellungen beschäftigte, wie sie im Allgemeinen von Seeleuten hegten, die die geistigen Vorstellungen des Vorschiffs nie abschütteln, zeigte er doch ein gewisses Unbehagen über den starken Charakter der Befürchtungen des Steuermanns. Er wusste, dass er ein guter Seemann war, der seinen Pflichten standhaft war und sich von Gefahren nicht rühren ließ. Dies hatte er mehrfach auf anderen Schiffen bewiesen, als der letzte Hoffnungsschimmer verschwunden schien. Er wandte sich erneut an den Steuermann, und unter dem Vorwand , sich über die Lagerung der Ladung zu erkundigen, fragte er ihn weiter nach seinen Kenntnissen über die Bahamas und insbesondere nach dem Hafen von Nassau.

„Sechs Zehntel ihrer Balken sind morsch wie Stein", sagte der Steuermann. „Dieses nordamerikanische Holz hält nie lange; Die Pumpenbrunnen sind defekt, und wenn wir Segel auf ihr tragen, beeinträchtigen sie das Wasser in der Lee-Bilge nicht, und sie rollt es durch ihre Luftstreifen wie ein Wal. Auf diese Weise wird sie die beste Fracht beschädigen, die je geschwommen ist. Glauben Sie mir, Kapitän, sie wird niemals über die Ufer fahren; Sie wird in Splitter zerfallen, sobald sie in die langen Meere gelangt. und wenn wir wieder am Boden zerstört werden, ist es weg, Davy."

„Ich kenne die alte Schlampe schon heute und würde sie nicht mitnehmen, wenn ich nicht von dem bösartigen Wirt, der mir die Kleinigkeit geschenkt hat, mit Limettensaft überschüttet worden wäre. Aber ich habe gesehen, dass sie so tief war wie der Sandkahn eines Luggermans , und ich habe die alte Katze über Bord geworfen, gerade als wir die Landzunge umrundeten, die aus dem Hafen von Kingston herauskam ", sagte ein feiner, aktiv aussehender Seemann, der alle Züge von … trug Er war ein königlicher Tar und prahlte damit, seinem Schiffskameraden fünf Jahre lang im ostindischen Dienst gedient zu haben, während er diesen Aufenthalt weiterhin ableistete. Seine Worte wurden im Flüsterton gesprochen und waren nicht für die Ohren des Kapitäns bestimmt. Der Kapitän hörte ihn jedoch; Und da ein Schiff für die an Bord befindlichen Menschen eine Welt darstellt, kommt es bei der Steuerung seiner Angelegenheiten auf die allgemeine Stimmung an. So konnte das starke Gefühl, das an Bord herrschte, seine Wirkung auf den Geist des Kapitäns nicht verfehlen.

„Nun, wir werden es auf jeden Fall versuchen", sagte der Kapitän, ging nach achtern und befahl dem Schiffsjungen, sein Glas zu holen; mit dem er einen scharfen Blick nach Süden warf.

„Ich würde ihren Kurs auf einen Hafen im Süden der Yankees festlegen. Ich war noch nicht oft dort, aber ich denke, dass wir dort bessere Chancen haben als in diesen Häfen, wo man auf Schiffbruch spekuliert und die Erbsenjacke eines Kerls zur Bergung mitnehmen würde." „Unter dem Schutz eines Konsuls sind wir immer besser als in einem britischen Hafen",

sagte der Maat, der nach achtern kam, um dem Kapitän mitzuteilen, dass sie
die Ketten des Bobstags weggetragen hatten und dass der Bugspriet sie in der
Reederei belastete. Köpfe.

KAPITEL II.
Die Tapferkeit des Verwalters.

Während des schlimmsten Sturms bewegte sich ein Mulatte mit auffälligen Gesichtszügen, die eher den Charakter eines Mestino als eines Negers verrieten, geschäftig über das Deck und half der übrigen Mannschaft bereitwillig bei der Ausführung der Befehle des Kapitäns. Er war ziemlich groß, wohlgeformt, hatte einen hellen olivfarbenen Teint, dunkle, durchdringende Augen, eine gerade, spitze Nase und einen wohlgeformten Mund. Auch sein Haar hatte nichts von der Kräuselung, die so auf die Abstammung von Negern hindeutete, sondern lag in dunklen Locken über seinen ganzen Kopf. Als er auf die Befehle des Kapitäns antwortete, sprach er mit gebrochenem Akzent, was darauf hindeutete, dass er die englische Sprache nur wenig beherrschte. Aus der Art und Weise, wie die Besatzung ihn behandelte, ging hervor, dass er sowohl bei ihnen als auch bei den Offizieren ein etablierter Favorit war, denn jeder schien ihn eher als Gleichberechtigten denn als Untergebenen zu behandeln. Er verrichtete munter seinen Matrosendienst, bis die erste See über ihr hereinbrach, und als er sah, dass die Kombüse in Gefahr war, von den Zurrgurten gerissen zu werden, und in der Masse des Wracks nach Lee geschwemmt wurde, rannte er zu dieser überaus wichtigen Wohnung, und begann, es mit zusätzlichen Zurrgurten zu sichern. Er arbeitete mit einem Ernst, der jedes Lob verdiente; Nicht mit der befriedigendsten Wirkung, denn ein wütendes Meer, das sofort darauf folgte, riss den Ofen vollständig von seinem Holzwerk ab und trug mit seiner Wucht den tapferen Burschen zwischen seinen Bruchstücken in die Leespeigatte, wo er sich nur dadurch, dass er sich an einer Stütze festhielt, davor rettete, über Bord zu gehen .

Der zweite Steuermann, ein stämmiger alter Mann, rannte ihm zu Hilfe, aber bevor er ihn erreichte, hatte sich unser Held erholt und machte einen weiteren Versuch, an seine Kupfermünzen zu gelangen. Die Rettung des Kochgeräts erschien ihm ebenso notwendig wie die Rettung des Schiffes für den Kapitän.

„Er wird mich diese Zeit nicht erwischen“, sagte er lächelnd zum Steuermann, als er seinen durchnässten Kopf aus den Trümmern des Wracks hob. „Ich mache ihm noch einen Kaffee, bitte Gott.“

Nachdem er die Überreste seiner Kochutensilien gesichert hatte, sah man ihn eifrig an einem kleinen Herd arbeiten, der am Fuß der Treppe zur Hütte aufgestellt war. Der Rauch aus dem Schornstein ärgerte mehrmals den Kapitän, der unter der Aufregung litt , die sich aus der Verwirrung über den Untergang und die Gefahr seines Schiffes ergab, und Vorwürfe von nicht gerade erfreulicher Art hervorbrachte. Es zeigte sich, dass der gute Verwalter darüber nachdachte, wie er Jacks Bedürfnisse am besten befriedigen konnte; Und während sie sich abmühten, das Schiff zu retten, bemühte er sich eifrig, dem Verlangen ihres Magens zuvorzukommen. Denn als es hell wurde und der Sturm nachließ, aß der Verwalter reichlich heißen Kaffee, um Jacks ermüdeten Organismus zu entlasten. Es wurde mit herzlicher Begrüßung aufgenommen und der Verwalter wurde mit vielen Segenswünschen überschüttet. Ein guter „Arzt" ist für die Interessen von Eignern und Besatzung ebenso wichtig wie ein guter Kapitän. Dies erwies sich auch in diesem Fall, denn obwohl er die Vorräte sorgfältig achtete, versäumte er es nie, sich das Lob der Mannschaft zu sichern.

„Wenn ich das Herdfeuer anzünde, gebe ich dem Kapitän mit der Mannschaft ein gutes Frühstück ", sagte er mit einem Anflug von Zufriedenheit .

Diese Person, Leser, war Manuel Pereira oder, wie er von seinen Schiffskameraden genannt wurde, Pe-rah-re. Manuel wurde in Brasilien geboren, einem Ableger der Indianer und Spanier, und beanspruchte das Geburtsrecht der portugiesischen Nation. Für Manuel spielte es kaum eine Rolle, wo er geboren wurde, denn er war so lange in seinem zähen Beruf hin- und hergeworfen worden, dass er sich fast von den Zuneigungen seines Geburtsortes entfremdet hatte. Er war so lange unter dem Schutz der Großmacht des alten England gesegelt, dass er diesem Land eine stärkere Treue geschworen hatte als jedem anderen. Er war voller Stolz darunter hindurch gesegelt, hatte auf sein Emblem gezeigt, als wäre er sich beim Entfalten sicher, dass der Registrierschein, den ihm diese Regierung gegeben hatte, ein Vertrag zwischen ihm und ihm sei; dass es eine Eintrittskarte war, um ihn zu gutem Benehmen in einem fremden Land zu bewegen; und dass die Flagge sicher sei, seine Rechte zu schützen und der Regierung, der er Respekt und Gastfreundschaft entgegenbrachte, zu versichern. Er war unter ihr um die Welt gesegelt, hatte wilde und halbzivilisierte Nationen besucht, hatte die Gastfreundschaft von Kannibalen erhalten, hatte mit den Otaheitianern am fröhlichen Tanz teilgenommen , hatte mit den Hottentotten Früchte gegessen, hatte den groben Bissen der Grönländer geteilt, war gewesen Zweimal wurde er von den Patagoniern verfolgt – aber was sollen wir sagen? –, er wurde wegen der Olivtöne seiner Hautfarbe in einem Land eingesperrt, in dem nicht nur die Zivilisation in ihren glänzendsten Eroberungen herrscht, sondern in den Gassen und Straßen auch Ritterlichkeit und Ehre ihren Ruhm ertönen lassen und Höfe. Echo fragt: Wo – wo? Wir werden es dem Leser sagen. Diese Flagge, die so lange und auf so vielen seiner Reisen über ihm geschwenkt hatte – diese Flagge, die sich so lange auf der Welle ihrer Herrschaft gerühmt und ihn unter den Wilden und Zivilisierten beschützt hatte, fand einen Platz auf diesem wunderbaren Globus, wo sie hörte damit auf, es sei denn, er konnte seine Haut ändern.

KAPITEL III.
DER ZWEITE STURM.

In der vierten Nacht nach der gefährlichen Position der Janson vor Kap Antoine erreichte die Brigg etwa sieben Knoten, einschließlich der Strömung des Golfs. Die Sonne war unter schweren, strahlenden Wolken untergegangen, die wie Massen entzündeter Materie aufrollten, sich in tausend sanften Schattierungen spiegelten und erneut ihre prächtigen Schatten auf der welligen Oberfläche des Ozeans ausbreiteten, was das Bild heiter und großartig machte.

Als die Dunkelheit schnell einsetzte, verwandelten sich diese wunderschönen Transparenzen eines westindischen Horizonts allmählich in trübe Monitore, die Düsterkeit in der düsteren Perspektive verbreiteten. Der Mond befand sich im zweiten Viertel und ging über der Erde auf. Während sie aufstieg, wurde der Nebel immer dichter, bis sie schließlich völlig verdeckt wurde. Der Kapitän saß auf dem Niedergang und beobachtete besorgt die plötzliche Veränderung, die über ihm vor sich ging; und ohne mit irgendjemandem zu sprechen, erhob er sich, warf einen Blick auf den Kompass, ging dann zum Ausguck vor und forderte ihn auf, scharfe Wache zu halten, da sie sich nicht nur in einer gefährlichen Fahrrinne befanden, sondern auch auf der Spur der ankommenden Schiffe in und aus dem Golf. Danach kehrte er mittschiffs zurück, wo das kleine Miniatursalz, das wir zuvor beschrieben hatten, mit dem Gesicht nach unten auf der Hauptluke lag, und befahl ihm, die Bleileine herbeizuholen, ging nach Lee und nahm einen Wurf; und nachdem sie etwa fünfundzwanzig Klafter ohne Ton ausgegeben hatten, wurde sie wieder an Bord gezogen. Der Wind wehte südwärts und war schwach. Sobald er die Führung untersucht hatte, ging er nach achtern und befahl, die Schoten zu lockern und das Schiff zwei Punkte weiter zu steuern. Nachdem dies geschehen war, ging er nach unten und schüttelte mehrmals sein Barometer. Dabei stellte er fest, dass es sehr schnell zu fallen begann. Er nahm seine Küstenkarte zur Hand und konsultierte sie fast eine halbe Stunde lang sehr fleißig, wobei er mit mathematischer Genauigkeit einen Winkel mit einem Teilerpaar und einer Skala anordnete; Danach richtete er seinen Kurs entlang der Oberfläche bis zu einem bestimmten Punkt ein. Dies war als sein Kurs vorgesehen.

„Wo machen Sie sie, Captain?" sagte der Maat, als er in seiner Koje lag.

„Wir müssen vor den Kaps sein – wir müssen scharf auf die Riffe achten. Sie sind so trügerisch, dass wir ihnen auf den Fersen sind, bevor wir es merken. Man kann es nicht anhand des Tons erkennen. In einer Minute schaffen wir vielleicht vierzig Klafter und schlagen in der nächsten zu. „Ich habe von alten Westindien-Küstenschiffen sagen hören, das Wildwasser sei die beste Warnung", antwortete der Kapitän .

„Ich habe große Angst vor diesem Carysfort- Riff, seit ich 1845 darauf gestoßen bin. Ich war damals in einem britischen Schoner auf dem Weg von Kingston, Jamaika, nach New York. Wir hielten den ganzen Weg über wachsam Ausschau und trafen doch eines Morgens, als es gerade hell geworden war; und fünf Minuten zuvor hatten wir gesonnt, ohne den Boden zu erreichen. Als es sich auflöste und wir sehen konnten, gab es zwei andere wie uns. Das eine war das Schiff John Parker aus Boston, das andere war ein Hafenarbeiter. Wir hatten eine wertvolle Ladung an Bord, aber das Schiff wurde nicht im Geringsten beschädigt; und wenn der Kapitän – ein kleiner Kolonialmann, der mit dem rechtlichen Wert der Dienste eines Abschleppdienstes nicht viel vertraut war – meinen Rat befolgt hätte, wäre er nicht in die gleiche Knurrerei geraten wie in Key West, wohin sie ihn gebracht hatten. und berechnete ihm 3600 Dollar für den Auftrag. Ja, und eine nette kleine Provision an den britischen Konsul für die Zählung der Dublonen, die übrigens, Skipper, dem großen Haus Howland & Aspinwalls gehörten . „Das waren richtig kluge Kerle, und das Geld floss in die Havarie-Grosse-Rechnung, um den großen Geldbeutel der Underwriter zu entlasten", fuhr der Kumpel fort.

„Wir müssen für den Anruf alle Mann bereithalten", sagte der Kapitän . „Über uns sieht es schmutzig aus, und ich denke, wir werden es heute Abend von Nordosten aus erwischen. Wenn wir das tun, ist unsere Position nicht mehr so gut wie zuvor. Ich habe keine Angst vor ihr, wenn wir nur von dieser höllischen Küste wegkommen", sagte der Kapitän, als er seine Karte zusammenrollte und sich wieder an Deck begab.

Während dieser Zeit saß Manuel, der der Mannschaft einige sehr annehmbare warme Kuchen zum Abendessen gegeben hatte, auf der Ankerwinde, ernsthaft beschäftigt, mit seinem gebrochenen Englisch und erzählte von einem Abenteuer, das er einige Jahre zuvor an der Küste Patagoniens erlebt hatte. während seines Dienstes an Bord eines Walfängers, einem Schiffskameraden, der zu seiner Linken saß. Es handelte sich um einen jener Vorfälle, die den Männern von Schiffen, die diese Küste zum Zweck der Holz- und Wasserversorgung ansteuern, häufig passieren, und deren Beschreibung hier zu viel Platz in Anspruch nehmen würde.

„Bist du gerannt, Manuel?" sagte der zuhörende Schiffskamerad.

„Was habe ich sonst noch gemacht? Wenn ich nicht renne, wäre ich diese Nacht nicht hier, weil ich zum Sklaven gemacht oder mit der Keule getötet werde . Patagonier kümmern sich nicht um die Flagge – und auch nicht um sie – ich vertraue darauf – auf mein Bein, und er kommt zum Boot, sobald der Kapitän zur Rettung kommt."

„Waren Sie damals an Bord eines Engländers, Manuel?" fragte der Schiffskamerad.

„Ja, ich fahre immer auf einem englischen Schiff, weil ich überall auf der Welt Schutz vor Flagge und Konsul erhalten kann", sagte er.

„Dieses Segeln zwischen barbarischen Nationen hat mir nie gefallen; Sie haben keinen Respekt vor irgendeiner Flagge und würden einen Engländer oder Amerikaner genauso gerne einsperren wie einen Hund. Sie sind eine Gruppe wilder Barbaren, und wenn sie einen Kerl töten, gibt es dafür keine Verantwortung. Es ist, als ob ein Rudel Wölfe ein Lamm jagt und man sie nicht mehr finden kann, nachdem sie es getötet haben. Aber sie geben einem Kerl seine Rechte im alten England und in den Staaten. Ein Mann ist dort ein Mann, ob reich oder arm, und seine Gefühle sind genauso seine eigenen wie die eines anderen. Es ist eine herrliche Sache, diese Zivilisation, und wenn die Welt weitermacht, besteht keine Gefahr, dass einer dieser Wilden eingesperrt und getötet wird. Sie sind eine feige Gruppe, denn niemand außer Feiglingen hat Angst vor ihren eigenen Taten. Männer, die Fremde weder einsperren noch töten, die die Ungerechtigkeit ihrer eigenen Taten nicht fürchten. Du darfst das in deiner Pfeife rauchen, Manuel, denn ich habe das von großen Männern sagen hören. Aber du wärst mit dem Backen von Donuts fertig, Manuel, wenn sie dich erwischt hätten .

„Erwischen Sie Manuel nie wieder unter Patagoniern; „Sie wissen nicht, was die Flagge ist, und sie können auch nicht die Registrierungskarte lesen , wenn sie wüssten, wo England liegt", sagte Manuel; Und gerade als er die Geschichte seines Abenteuers zu Ende brachte, legte der kleine Seemannsjunge seinen Arm um Manuels Taille, legte seinen Kopf auf seine Brust und liebkoste ihn liebevoll. Der kleine Kerl war auf mehreren Reisen Schiffskamerad von Manuel gewesen und entwickelte durch die Freundlichkeit, die er von seinen Händen erfahren hatte, ganz natürlich eine leidenschaftliche Bindung zu ihm. Er nutzte die gute Behandlung und wusste, wie er seine Aufmerksamkeit auf den Steward lenken konnte, wann immer er einen Snack aus dem Kabinenschrank von dem wollte, was im Vorschiff nicht erlaubt war. Nachdem er ihn eine Minute lang festgehalten und seinen Arm um die Schulter des kleinen Kerls gelegt hatte, stand er auf und sagte: „Ich weiß, was du willst, Tommy", ging zur Kabine und brachte ihm mehrere kleine Esswaren, die am Tisch des Kapitäns zurückgelassen worden waren .

Der Wind begann nun zu drehen und zuzunehmen, ihre Segel füllten sich immer wieder; Und so oft der Mann am Steuer sie davon abhielt, verwirrte ihn der Wind, bis er feststellte, dass es notwendig sein würde, auf die andere Seite zu gehen oder eine Kursänderung vorzunehmen, und den Kapitän rief . In dem Moment, als dieser seinen Fuß an Deck setzte, stellte er fest, dass seine vorherigen Vorhersagen bald bestätigt werden würden. Das raschelnde Geräusch des Golfs, das seine feierlichen Klänge mit der sturmvogelartigen

Musik dieses unheilvollen Windes vermischte, der „durch die Wanten pfeift",
weckte die abergläubischeren Gefühle im Herzen eines Seemanns. Die
Wolken hatten ihre düsteren Falten zu kraftvollen Konklaven
zusammengezogen, während die glitzernde Salzlake in ihrem Kielwasser wie
ein feuriger Strom wirkte, der seinen aufgewühlten Schaum über das dunkle
Wasser rollte.

„Halten Sie die Rahen scharf an Steuerbord fest! – und trimmen Sie die
Schoten hintern", befahl der Kapitän, der zuvor den Befehl gegeben hatte:
„Alle Mann an Deck!"

Der Befehl war kaum ausgeführt, als schon in der Ferne das Geräusch des
herannahenden Sturms zu hören war. Allen Männern wurde befohlen, die
Segel so schnell wie möglich zu kürzen; Doch bevor sie in die Luft gelangen
konnten, überfiel es sie mit solcher Wucht von ENE, dass es den Fockmast
und den Brammast mitsamt seinen Segeln sowie den Großbrammast mit dem
Segel wegriss. Der Fockmast trug, indem er am Brett vorbeiging, den
Flugausleger und die Flugausleger weg. So war die unglückselige Janson zu
einem weiteren Kampf um ihre schwebende Existenz verdammt. Das Meer
begann mit furchtbarer Kraft zu steigen und zu brechen; Das Leck war
bereits so groß geworden, dass ständig zwei Männer an den Pumpen arbeiten
mussten. Die Besatzung schnitt mit lobenswerter Schnelligkeit das Wrack
weg, das hin und her schwankte , was nicht nur das Leben der Menschen an
Bord gefährdete , sondern auch jeden Versuch behinderte, das Schiff in
irgendeinen funktionsfähigen Zustand zu versetzen. Das Großsegel war von
der Leine bis zur Spitze der Gaffel gerissen und zitterte in Fetzen. Die
Steuerbordschot des Großmarssegels war verschwunden, und es war an der
Spitze vom Spannseil gerissen und flog bei jeder Böe davon wie die Fetzen
eines Musselinlappens bei einem Hagelsturm. Ohne die Führung ihres
Ruders lag sie eher wie ein Baumstamm als wie eine handhabbare Masse im
Meeresgrund. Ein Meer nach dem anderen brach über ihr herein und trug
bei jedem Vorbeiflug alles vor sich her. Die Offiziere und die Besatzung
hatten jetzt alles, was sie tun konnten, um ihre Laderäume zu behalten, ohne
sich um die Rettung des Wracks zu bemühen, während die Männer an den
Pumpen nur bei jedem Absinken des Meeres arbeiten konnten, und das unter
dem Nachteil, festgezurrt zu werden zum Rahmen. Eine gefährlichere Lage
als die, in der die alte Brigg Janson jetzt lag, konnte man sich nicht vorstellen.

„Es ist der schlimmste Hurrikan, den ich je an der Küste Westindiens
erlebt habe, Kapitän, aber er ist zu heftig, um lange anzuhalten; und wenn sie
nicht vor dem Morgen zugrunde geht, werde ich ihr die Ehre geben, was ich
ihr immer geschworen habe. Sie kann sich jedoch nicht über Wasser halten,
wenn sie auf diese Weise noch eine weitere Stunde hängt", sagte der
Steuermann, der gerade zusammen mit dem Kapitän und Manuel einen
erfolglosen Versuch unternommen hatte, ein Sturmstagsegel aufzuspannen,

um es zu setzen darunter. Denn der Maat schwor bei seinem Wissen um ihre Qualitäten, dass es ein sicheres Scheitern wäre, wenn man ihr den Vortritt ließe. Der Sturm hielt mit unverminderter Heftigkeit etwa zwei Stunden lang an und hörte ungefähr so plötzlich auf, wie er begonnen hatte. Das Zerstörungswerk war abgeschlossen, denn von der Wasserlinie bis zum Stumpf der verbleibenden Spieren war die Janson ein komplettes Wrack.

Der Kapitän gab den Befehl, das Wrack zu räumen und das kleine Segel, das sie zusammenflicken konnten, an Bord zu holen, um es in den nächsten Hafen zu bringen. Der Maat war nicht geneigt, den Befehl weiter voranzutreiben, da er offensichtlich von der starken Ahnung geplagt war, dass sie ihr Sarg sein würde. Er teilte ihm mit, dass es sinnlos sei, noch länger bei ihr zu bleiben oder den Versuch zu wagen, mit ihr einen Hafen zu erreichen, in einem so undichten und behinderten Zustand. „Wenn wir sie nicht im Stich lassen, Skipper", sagte er, „wird sie uns im Stich lassen. Wir geben dem ersten Schiff besser ein Zeichen und verabschieden uns vom alten Sarg."

Der Kapitän war in seinem Entschluss entschlossener und ließ sich nicht von den Ängsten des Steuermanns beeinflussen, sondern setzte seinen Befehl fort, und die Männer machten sich mit fröhlicher Bereitschaft an die Arbeit. Niemand schien mehr darauf bedacht zu sein, mitzuhelfen als Manuel, denn zusätzlich zu seinen Pflichten als Verwalter hatte er auch an der Herstellung von Segeln gearbeitet, und beide arbeiteten an der Reparatur der Segel und leiteten diese auch. Diejenigen, die sich mit maritimen Angelegenheiten auskennen, können leicht erkennen, wie viel Arbeit erforderlich ist, um mit den zuvor beschriebenen Mitteln ein Chaos zu beseitigen. Und doch tat er es zur Zufriedenheit aller und zeigte eine rastlose Angst, es nicht allen bequem zu machen, insbesondere seinem kleinen Lieblingsjungen Tommy.

„Wir werden am Meridian eine gute Beobachtung machen und dann unseren Kurs nach Charleston, South Carolina, festlegen. Wir werden ihn mit größerer Wahrscheinlichkeit erreichen als jeden anderen Hafen im Süden", sagte der Kapitän zu seinem Maat. „Dieser Verwalter, Manuel, ist Gold wert. Wenn wir das alte Handwerk aufgeben müssen, nehme ich ihn mit nach Hause; die Besitzer respektieren ihn genauso wie einen Weißen; Seine Höflichkeit und Freundlichkeit konnten bei einem Mann, der kein Narr ist , nur so hohe Wertschätzung hervorrufen . Ich habe nie daran geglaubt, die Neger gleichzustellen, aber wenn man Manuel wegen all des Niggerbluts, das in ihm steckt, zu den Niggern zählen würde, würden sieben Zehntel der Bewohner der Erde mit ihm gehen. Ich habe noch nie eine solche Bindung zwischen Brüdern gesehen, wie sie zwischen ihm und Tommy besteht. Ich glaube wirklich, dass einer ohne den anderen nicht einschlafen könnte. Ich würde sie für Brüder halten, wenn der Junge nicht Engländer und Manuel ein Portugiese wäre. Aber Manuel ist im Herzen ebenso ein Engländer wie der

Junge und segelt schon so lange unter der Flagge, dass es ihm so vorkommt, als würde er Ehrfurcht vor dem alten Jack hegen, wenn er die Fahne aufziehen sieht. Er erzählt gerne die Geschichte von den Patagoniern, die ihn verfolgen. Ich habe ihn mehrere Male belauscht, wie er sich über sein eigenes Konzert so amüsierte, als würde er den urigen Witzen eines alten Teers lauschen. Aber er schwört, dass die Patagonier ihn nie wieder an ihren Küsten erwischen werden, denn er sagt, er glaube nicht daran, ,Trommelfelle aus Menschenhaut' herzustellen", sagte der Kapitän , offensichtlich in der Absicht, die Gefühle des Steuermanns zu beeinflussen, und lenkte seinen Geist von seinen düsteren Vorahnungen ab.

„Nun, Skipper, ich bete für eine glückliche Befreiung", sagte der Steuermann, „aber wenn wir mit ihr Charleston erreichen, wird es ein Glück sein, an das weder ein Mensch noch eine Meerjungfrau jemals gedacht hätte." Ich habe viel über Charleston und die Keys gehört . Das ist nicht einer der Orte, vor denen sich unsere Stewards so sehr fürchten , und wohin die Eigner ihre Schiffe nicht gern schicken, wenn sie in anderen Häfen Fracht finden können?"

„Das gehe ich davon aus, Sir; aber ich befürchte bei keinem meiner Besatzungsmitglieder solche Probleme", antwortete der Kapitän prompt. „Ich segle im Vertrauen auf die Ehre und das Können meiner Nation, genauso wie die Amerikaner es in ihrem Glauben tun. Wir werden beide respektiert, wohin wir auch gehen, und wenn ein kleiner Staat in der Union die Verantwortung einer so großen Nation verletzt, irre ich mich. Sicherlich gab es in der Christenheit keine Nation, die einem schiffbrüchigen Seemann nicht ihr Herz öffnen würde. Ich habe zu viel Vertrauen in das, was ich über die Gastfreundschaft der Südstaatler gehört habe, um so etwas zu glauben."

„Reden ist ja ganz gut, Skipper", sagte der Steuermann. „Aber ich glaube, ich weiß , dass vor etwa drei Jahren mehrere Schiffe im Mersey lagen und zu den Häfen des Südens fuhren, um Baumwolle zu holen. Weiße Verwalter, die etwas wert waren , konnte man weder für Liebe noch für Geld bekommen, und die Farbigen würden nicht zu Häfen in Sklavenstaaten fahren. Die Thebis bekamen einen farbigen Mann, aber die Besitzer mussten ihm einen enormen Vorschuss zahlen, und das auch im Wissen, dass er die ganze Zeit, in der er im Hafen war, eingesperrt war; Daher musste er die völlig unnötigen Kosten auf sich nehmen, seinen Platz bereitzustellen oder eine Pension für die Offiziere und die Besatzung zu finden. Wenn es wahr ist, was ich im Mersey gehört habe , dann leidet der Mann nicht nur in seinen Gefühlen unter der Art von Gefangenschaft, die sie haben, sondern auch die Eigentümer leiden in der Tasche. Aber es kann sein, Skipper, und ich neige dazu, mit Ihnen zu denken, unser Fall ist sicherlich beklagenswert genug, um Mitleid statt Gefängnis zu fordern. Man muss feststellen, dass die Regierung im nationalen Bild eine schmutzige Figur abgibt, indem sie die Seeleute misshandelt, die so viel gelitten haben wie unsere Jungs. Ich würde es hassen, wenn Manuel zum Schweigen gebracht oder misshandelt würde. Er ist so mutig wie nie zuvor, als er an einem Handspieß anschnallte oder einen Klüverbaum ritt. Letzte Nacht, während der schlimmste Sturm herrschte, meldete er sich freiwillig, Higgins' Platz einzunehmen, und wurde beim Besteigen des Klüverbaums mehrmals im Meer begraben; Dennoch hielt er wie ein Bravo durch und es gelang ihm, das Wrack wegzuschneiden. Ich dachte, er wäre ein- oder zweimal verschwunden, und ich gebe zu, dass ich auf See nie größere Gefahren gesehen habe; aber wenn er es nicht getan hätte, hätte der Fuß des Bugspriets sie in die Augen gedrückt, und wir waren alle vorher Haifischköder gewesen. Der Kerl war fast erschöpft, als er an Bord kam; sage ich, der Tag ist bei dir vorbei, alter Kerl; aber er kam nach einer Weile zu sich und machte sich fröhlich wieder an die Arbeit", fuhr Mr. Mate fort, der zwar mit der Entschlossenheit des Kapitäns, den nächsten Hafen anzulaufen, zufrieden war, aber zu fürchten schien, dass in Charleston nicht alles in Ordnung sein würde – dass die Bar Es war eine sehr komplizierte Angelegenheit – das Wasser war sehr flach in der Fahrrinne, und obwohl es mit drei markanten Bojen markiert war, die entsprechend ihrer Reichweite nummeriert waren, war es ohne einen geschickten Piloten unmöglich, sie zu befischen. Der Steuermann plädierte dafür, Savannah zu bevorzugen, und behauptete, nach eigenem Wissen , dass ein Schiff jeden Tiefgangs diese Barriere zu jeder Zeit der Flut überqueren könne und dass dies ein besserer Hafen für die Abwicklung von Geschäften sei.

Die Janson war auf dem Weg nach Charleston, der Königinstadt des sonnigen Südens, und kam, wie aufgrund ihres behinderten Zustands zu erwarten war, auf ihrem Kurs nur sehr langsam voran. Während des Sturms waren ihre Vorräte beschädigt worden, und am dritten Tag vor Charleston kam Manuel Pereira nach achtern und berichtete mit trauriger Miene, dass das letzte Fass guten Wassers fast leer sei; dass die anderen während des Sturms alle verbrannt worden seien und dass der Rest so brackig gewesen sei, dass er nicht mehr verwendet werden könne. Von dieser Zeit an bis zu ihrer Ankunft in Charleston litten sie unter den Qualen des Durstes, die nur diejenigen beurteilen können, die sie erlebt haben.

KAPITEL IV.
DIE CHARLESTON-POLIZEI.

HERR. DURKEE hatte im Kongress gesagt, dass ein Neger in Charleston dazu verurteilt wurde, gehängt zu werden, weil er sich den Versuchen seines Herrn widersetzt hatte, die Keuschheit seiner Frau zu beeinträchtigen; und dass das Mitgefühl für den Neger so groß war, dass das Angebot des Sheriffs von tausend Dollar niemanden der Anwesenden dazu bewegen konnte, den endgültigen Auftrag auszuführen. Wäre Mr. Durkee nun besser mit der sozialen Verständigung zwischen dem Sklaven, der hübschen Frau und seinem Herrn und der nachsichtigen Freude des Sklaven vertraut gewesen, der sich in neunzehn von zwanzig Fällen zu dieser herausragenden Ehre beglückwünscht, dann hätte er es getan ersparte sich den Fehler einer solchen Anklage gegen den Tenor des gesellschaftlichen Lebens in Charleston. Oder wenn er mit dem Charakter ihrer Polizei besser vertraut gewesen wäre, hätte er Mr. Aikens Talent sicherlich zu seiner zweiten Entfaltung in dieser umständlichen Verteidigung gerettet . Erstens hätte Mr. Durkee gewusst, dass solche Versuche bei den gesellschaftlichen Ereignissen der Zeit so häufig vorkommen und vom Sklaven so gut verstanden werden, dass er sie nicht übel nimmt, sondern in hohem Maße wertschätzt. Wir sprechen aus langjähriger Erfahrung und Wissen über die Verbindung zwischen einer bestimmten Klasse von Sklaven und ihren Herren. Zweitens hätte Mr. Durkee gewusst, dass jeder Mann, der mit der Stadtpolizei in Verbindung steht – mit Ausnahme ihres ehrenwerten Bürgermeisters, vor dessen Charakter wir alle Ehre erweisen würden – aus Gewissensgründen kein Gewissen haben würde, einen Mann für fünf Dollar zu hängen. Wir machen keine Ausnahme für Hautfarbe oder Kriminalität. Möglicherweise wäre eine Qualifikation erforderlich, die unserem Wissen darüber, wie es in den letzten vier oder fünf Jahren bestand, besser entspricht; Aber diejenigen, deren Leben und Vermögen für die moralische Erhebung der Stadtpolizei eingesetzt wurden, haben uns mitgeteilt, dass es zu der genannten Zeit noch schlimmer war.

Der Leser könnte denken, dass wir schwerwiegende Anschuldigungen erheben. Nehmen wir an, ohne Angst vor Widerlegung: Sie sind in der Gemeinschaft, die sie toleriert, zu bekannt. Als bloßen Schatten dessen, was unter der Oberfläche liegt, würden wir uns auf die einzige unabhängige Rede beziehen, die wir jemals in Charleston gehört haben – außer wenn Selbstlob das Thema war – gehalten von G. R., Esq., in einem von ihre öffentlichen Hallen vor ein paar Wochen. Herr R. ist ein Gentleman mit moralischem Mut und Integrität und hat ohne Angst oder Zittern offen die Korruption und Demoralisierung der Polizeibehörde angeprangert. Sogar die Feinde seiner Partei, die die Tatsachen kannten, schätzten seine Offenheit als Mann, während sie die Öffentlichkeit anprangerten (denn seine Rede wurde von der Presse vorgeführt), damit der schöne Ruf der Königinstadt im Ausland nicht leiden würde. Auf diese ernste Darstellung folgte eine wunderschöne Farce. Der Rat der Stadträte, bestehend aus vierzehn Männern von sehr allgemeinem Ansehen, blieb unter der Anschuldigung lange Zeit stumm. Sein Ziel war es, den Charakter einer Klasse von Beamten zu zeigen, deren Charakter und schändliche Künste die Stadt seit langem in Verruf gebracht haben. Aber um seine Reinheit zur Schau zu stellen, beschloss Herr C., ein Gentleman mit Anspruch auf hohe moralische Rücksichtnahme, es zu einer persönlichen Angelegenheit zu machen; Doch da er mit einer privaten Erklärung von Herrn R. nicht zufrieden war, rief er über die Presse an. Herr R. antwortete angemessen und höflich und würdigte den gebührenden Respekt, der dem privaten Charakter von Herrn C. zusteht; Dadurch steigerte sich der Ehrgeiz des Vorstands im Allgemeinen, der in Erwartung von Herrn R., der ihnen als Ganzes eine entsprechende Anerkennung erwies (mit Ausnahme ihres ehrenwerten Oberhaupts), in gemeinsamer Amtshandlung eine Forderung stellte. Nachdem dies durch die Kolumnen des Courier und des Mercury ordnungsgemäß signalisiert worden war, reagierte Herr R. mit einer Antwort, die eines Gentlemans würdig war. Er verwies sie auf den stärksten Beweis seiner Behauptungen in dem Gesicht, das sie einer Klasse von Beamten zeigten, die der Gemeinde zu bekannt war, als dass ihr Name Ehre und die moralische Grundlage ihrer Körperschaftswürde gewesen wäre. Damit endete eine große städtische Farce, deren Verlängerung, wie die Hauptdarsteller wussten, die faszinierenden Szenen ihrer Nebendarsteller preisgeben würde. Die Handlung dieser melokomischen Angelegenheit fand in der Fortsetzung statt und drehte sich um die sehr schwerwiegende Tatsache, dass Herr C. sich vor einiger Zeit aus dem ehrenwerten Gremium zurückgezogen hatte, um einige sehr heikle Überlegungen aus Gewissensgründen beizubehalten.

Wie viel geistlicher Trost Herr C. – verwirklicht durch die Anerkennung von Herrn R. – oder der ehrenwerte Rat in amtlicher Amtsausübung aus der festen Ermahnung, überlassen wir der zweitrangigen Betrachtung richtiger Ehefrauen und Töchter.

Aber der Leser wird sich fragen: Was hat das mit dem armen Manuel Pereira zu tun – oder mit der Inhaftierung freier Bürger einer befreundeten Nation? Wir werden ihm zeigen, dass das komplexe System der Amtsenteignung und die falschen Darstellungen der Polizei hinsichtlich des Einflusses dieser Personen auf die Sklavenbevölkerung ein Hauptmerkmal bei seiner Durchsetzung sind. Um dies zu erreichen, halten wir es für unbedingt notwendig, den Charakter dieser Männer und die Art und Weise aufzuzeigen, wie dieses Gesetz umgesetzt wird. Wir werden keine Anschuldigungen erheben, die wir nicht mit den Beweisen der gesamten

Stadt selbst und mit dem Wissen, dass die Wahrheit stärker ist als die Fiktion, stützen können.

Was wird der Leser sagen, wenn wir ihm sagen, dass es unter den führenden Köpfen der Stadt – wir sagen „führende Köpfe, denn wir zählen diejenigen, die im kaufmännischen Bereich als die Besten gelten" – drei Brüder gibt, unverheiratet, aber mit erkauften Geliebten? der Zweck, dessen dunkle Haut die Zunge des Skandals abwehrt – dass zweimal Männer wegen der Schönheit ihrer Frauen an entfernte Händler verkauft wurden, damit die Brüder ihre alten Geliebten abstoßen und einem Unheiligen neue aneignen könnten Zweck; dass diese Männer ihre reich ausgestatteten Villen genießen, für ihre üppigen Unterhaltungen bekannt sind, ein Beispiel für kaufmännische Ehre und Integrität geben, in der Bevölkerung geschmeichelt werden, die Aufmerksamkeit sehr feiner und sehr tugendhafter Damen erhalten und eine potenzielle Stimme in der Stadtregierung haben , und führen zur größten Entwicklung innerer Verbesserungen; – dass diese Männer sogar hochtönende Worte der Moral flüstern und die etablierte Sitte der Meinung ist, dass ihr Beispiel keinen Schaden anrichtet, wenn die Farbe verändert wird.

Was wird der Leser denken, wenn wir ihm sagen, dass es in Charleston keinen Stadtmarschall gibt, sondern unzählige marschierte Männer, die durch eine belastende Steuer auf das Volk unterstützt werden, um die Ängste einiger weniger zu zerstreuen? Und was werden sie denken, wenn wir ihnen sagen, dass der Mann, dessen Name so oft in den Spalten der Presse als Polizeichef erwähnt und für seine Tätigkeit unter Dieben gelobt wird, der bekannte Prince officio eines Wollustigen ist? Wohnen, wo schillernde Zügellosigkeit seine Taschen mit der Beute der Verlockung füllt. Dieser Mann hat mehrere Gegenstücke, deren Taten für die Öffentlichkeit kein Geheimnis sind, und die ihr Amt in einen Schauplatz der Intrigen verwandeln, sich an der Fülle von Spionage und Schweigegeld bereichert haben und nun die Würde ihres Geldbeutels für sich beanspruchen. Man könnte sich fragen: Warum werden diese Männer im Amt gehalten? Oder sind diese Ämter so in Ungnade gefallen, dass ehrliche Männer sich nicht herablassen, sie anzunehmen? NEIN! das ist nicht der Fall. Es liegt daran, dass moralische Integrität nicht im richtigen Licht betrachtet und nicht so gewürdigt wird, wie sie sein sollte; dass diese Männer einen geheimen Einfluss haben, der wohlbekannt ist, und dass sie wegen der Bedeutung ihrer Kontrolle innerhalb einer bestimmten Klasse gefördert und beibehalten werden; und seltsamerweise macht die Partei diese demoralisierenden Dinge von Amts wegen zur Grundlage ihrer Beschwerden gegen die „Machthaber"; Dennoch ist ihre schwache Abhängigkeit so groß, dass wir, sobald sie im Amt sind, die Wiederholung derselben Dinge erleben.

Inwieweit nun seine Ehre für diese Dinge verantwortlich ist, müssen wir dem Leser überlassen, darüber zu urteilen. Die Hauptmerkmale seines Wesens widersprechen einander; sein moralischer Charakter wird hier als gesund angesehen; und wahrlich, er hat Anspruch auf großen Respekt für sein vorbildliches Verhalten, sei es nur als Beispiel oder die innige Liebe zur christlichen Reinheit. Manche Menschen sind aus Impuls heraus fromm und werden affektiert, wenn der Zweck dazu dient, sie gewinnbringend zu gestalten. Wir sind jedoch nicht so unbarmherzig, eine solche Frömmigkeit unserem würdigen Oberhaupt der Stadtregierung zuzumuten, sondern vielmehr einem hochentwickelten Organ der Amtsliebe, das über die besseren Neigungen seines etablierten Christentums hinausgewachsen ist.

Wir müssen die Aufmerksamkeit des Lesers auf einen weiteren und noch eklatanteren Beweis für die Demoralisierung des gesellschaftlichen Lebens in Charleston lenken. Eine berüchtigte Frau, die seit Jahren das schlimmste Bordell unterhält, in dem Huren aller Couleur und Herkunft mit ihren schmutzigen Liedern die Stille der Nacht brechen, wird in ihrer Schande so dreist, dass sie sich an die gnädigen Überlegungen des Stadtrats beruft , (Stadtrat.) Wie ist das? Warum, sagen wir dem Leser: Sie ließ sich von ihrem Beruf der Demoralisierung nicht belästigen, häufte ein Vermögen an, das ihr Kühnheit verlieh, während ihr offenes Zurschaustellen als sehr schöner Spaß für die scherzhaften Neigungen von Beamten und Galanten galt . Mit ihrem Reichtum errichtete sie zu Schande und Schande ein prächtiges Herrenhaus, in dem sie und andere, deren Schritte, wie uns der Weise Mann sagt, „ in die Hölle führten", ihren Sieg über die fleißigen Armen herbeiführen konnten. Es war so öffentlich, dass sie offen seinen Zweck und seine Anpassung an die verführerischen Laster der Leidenschaft prahlte. Ja, dieses Geschöpf in weiblicher Form hatte Verderben und Tod in der Gemeinschaft verbreitet und den Kopf so manchen brillanten jungen Mannes auf die letzte Stufe des abgelegten Elends gebracht. Und doch werden diese Dinge von führenden Männern so offen geduldet und befürwortet, dass sich diese Mutter des Verbrechens am 31. Juli 1852 an den ehrenwerten Rat der Stadträte wendet, wie in den „Proceedings of Council" im Charleston Courier of veröffentlicht wurde diesem Datum auf folgende Weise:

„Aufgeschoben, bis ein finanzielles Quorum vorhanden ist.

„Brief von Frau G. Pieseitto , in der sie den Rat darüber informiert, dass sie ihr neues Backsteingebäude in der Berresford Street um mindestens zwei Fuß zurückversetzt hat, um es den Bürgern von Charleston zur Verfügung zu stellen, wenn sie die Vorderseite mit Steinplatten pflastern werden." von ihrem Los, bittet respektvoll darum, dass die Arbeit im Falle einer Annahme so schnell wie möglich erledigt werden kann. An die Stadträte, Bezirk Nr. 4 verwiesen." Die Straße ist eng und wenig befahren, außer für die bekannten Laternen, wo ehrliche Leute schlafen sollten. Die Information hätte bescheidener formuliert werden können, da der Ruf der Frau und die Einweihung ihres Tabernales als Laster so öffentlich waren. Wie weit die sensiblen Stadträte des vierten Bezirks bei der heiklen Mission fortgeschritten sind oder wie viel Champagner ihre bescheidene Rücksichtnahme gekostet hat, wurde der Öffentlichkeit noch nicht mitgeteilt. Gerüchten zufolge ist alles günstig. Wir stützen uns nur auf einige Hauptpunkte und überlassen es dem Leser, seine eigenen Schlussfolgerungen über die moralische Verfassung unseres sozialen Wesens zu ziehen. Wir machen nur noch einen weiteren Blick und fahren mit unserer Geschichte fort.

Ein mit der Justiz verbundenes Amt, das lange Zeit als ein Amt mit hoher Verantwortung und ehrenvoller Stellung galt, wird heute nur noch als Medium für erbärmliche Spekulationen und Spionage wahrgenommen. Es handelt sich um ein Wahlamt, dessen repräsentative Ausübung vier Jahre beträgt. Der derzeitige Amtsinhaber wurde mehr aus Wohltätigkeit gewählt als aufgrund einer Belohnung für irgendwelche liebenswürdigen Eigenschaften, moralischen Wert oder effiziente Verdienste um die Ziele der Partei. Ein schwächerer Mann hätte aus der untersten Reihe von Parteidienern nicht ausgewählt werden können, obwohl er das Amt schon einmal niedergelegt hatte, um seinen Namen und die Seriosität der Justiz zu retten. Man könnte sagen, er wurde aus Mitleid gewählt, um über das Elend zu spekulieren; und so war es im Fall von MANUEL PEREIRA. Dieser Funktionär wurde mit großer Mehrheit gewählt. Konnte sein moralischer Wert berücksichtigt werden? Wir sollten nicht denken! Schon mehrfach wurden wir auf zwei interessante Mädchen hingewiesen – oder, wenn ihre Farbe nicht schattiert wäre, würde man sie junge Damen nennen –, die mit tief verschleierten Gesichtern durch die Schattenseite der King Street spazierten und uns erzählten, wer ihr Vater sei. Die Mutter dieser unschuldigen Opfer war die Mutter ihres Vaters gewesen, hatte ihn gepflegt und ihn während seiner Widrigkeiten unterstützt, war viele Jahre lang die Partnerin seines Lebens und seiner Zuneigung gewesen und hatte für ihn eine interessante, aber verhängnisvolle Familie großgezogen. Doch kaum hatte das Glück begonnen, seine lächelnden Strahlen auszustrahlen, verließ er den, der über ihn gewacht hatte, und entschied sich für jemanden, der sich nicht mehr rühmen konnte als eine weiße Haut.

Wenn Männer, die hohe Positionen bekleiden, davon leben, andere zu lehren, nur ihre Gelüste und Vergnügungen zu befriedigen, anstatt ein lobenswertes Beispiel für eine höhere Existenzebene zu geben, von wem können wir dann erwarten, dass Gerechtigkeit und moralischer Wert respektiert werden?

Mit der städtischen Polizei sind zwei Männer verbunden, deren Aufgabe es ist, aufmerksam nach allen ankommenden Schiffen Ausschau zu halten und dafür zu sorgen, dass alle Neger oder farbigen Seeleute ins Gefängnis gesteckt werden. Der eine ist ein Südkaroliner namens Dusenberry und der andere ein Ire namens Dunn. Obwohl ihr Amt in den Augen vieler verabscheuungswürdig ist, üben diese beiden Männer über eine bestimmte Gruppe von Personen, die mit den Gesetzen nicht vertraut sind, mehr Autorität aus als der Bürgermeister selbst. Ersterer ist ein Mann mit dunklen, schweren Gesichtszügen und einem mörderischen Gesichtsausdruck, der eher dazu neigt, Sie misstrauisch anzusehen, als Ihnen mit offenen Augen zu begegnen. Er ist ziemlich groß und athletisch, aber es ist noch nie bekannt, dass er etwas getan hat , das ihm Mut verleihen würde. Mehrmals stand er kurz davor, sein Amt zu verlieren, weil er seinem Verlangen nach Nebenleistungen zu viel Spielraum ließ; doch auf unerklärliche Weise gelingt es ihm, durchzuhalten. Der andere ist ein robuster Sohn der Grünen Insel, mit einem breiten, geblümten Gesicht, niedriger Stirn und kurzem, krausem, sehr rotem Haar, das in der Stirn verknotet ist. Seine Kleidung ist normalerweise sehr schlampig und schmutzig, sein Hemdkragen ist mit Tabaksaft befleckt und mit einem alten gestreiften Bandana-Taschentuch zusammengebunden. Dies, zusammen mit einem sehr breiten Mund, einer flachen Nase, einem bösartigen Blick und einem Gesichtsausdruck, der so hart ist wie nie zuvor aus Tipperary, und einem lahmen Bein, das ihn beim Gehen hinken lässt, verleiht unserem Mann Dunn das fleischgewordene Aussehen eines Anfalls Körpergreifer. Für seinen Charakter genügen ein paar Worte. Er ist der amtlichen Abteilung, deren Bestandteil die Richter sind, als berüchtigter ——l bekannt; und seine bessere Hälfte, die übrigens ein sogenannter Freihändler ist, was bedeutet, dass sie, um die Schurkerei ihres Mannes zu retten, kleine Portionen Alkohol verkauft, passend zu den Murphys und den O'Neals . Aber wie es unserem Mr. Dunn gefällt, wird er sehr oft zu einem mehr als profitablen Kunden und kann dabei erwischt werden, wie er die Strafe an einem abgeschiedenen Ort ausschnarcht, was für seinen eigenen Charakter viel zu häufig vorkommt. Zwischen zehn und zwölf Uhr morgens kann man Dunn, wenn er nicht allzu handlungsunfähig ist, dabei beobachten, wie er die Broad Street entlanghumpelt , um die ankommenden und abfahrenden Schiffe zu beobachten, in der Hand einen schlaffen Gehstock und eine große, bedeckte Peitsche in dem anderen. Wir waren beeindruckt von der Erscheinung des letzteren, denn er ähnelte denen, die in den Händen einer rauen, einfachen Klasse von Männern in Macon, Georgia, getragen wurden, die sich in einer falschen Verwendung des Begriffs Marschälle nannten. Ihre Aufgabe bestand darin, die Negerbevölkerung „aufrecht" zu halten und bei Bedarf die Auspeitschung für fünfzig Cent pro Kopf vorzunehmen. Sie führten auch die Auspeitschung in den Gefängnissen durch und verdienten allein damit oft fünf bis sechs Dollar am Tag; denn es gilt nicht als Mode, dass ein Gentleman seinen eigenen Neger auspeitscht. Als wir Macon vor etwa vier Jahren zum ersten Mal besuchten, fiel uns auf, dass diese Peitsche überall getragen wird, und wir waren neugierig auf ihre Bedeutung, die uns ein Freund erläuterte. aber wir haben seitdem miterlebt, wie die praktischen Demonstrationen mühsam durchgeführt wurden. Diejenigen, die Boston zur Genesung von Crafts und Ellen besuchten – deren Fluchtart eine Romanze für sich ist – waren Exemplare dieser „Marschälle". Wie sie sich als Gentlemen ausgaben, ist für uns unverständlich.

Tagsüber kann man die Herren Dusenberry und Dunn manchmal dabei beobachten, wie sie an den Kais Wache halten, und wieder in niedrigen Grog-Läden – dann pummeln sie in den „holländischen Bierläden und Tante-Emma-Läden" herum – und holen hier und da etwas ein. ein hoffnungsvoll aussehender Nigger, den sie in die Schwebe schleppen oder ein Bestechungsgeld erpressen, um ihn gehen zu lassen. Auch hier fungieren sie als Aufseher über die niederländischen Tante-Emma-Läden, deren Betreiber ihnen hohe Summen zahlen, um sich die hohe Lizenzgebühr und die Informationspflicht zu ersparen. Als sie nicht mehr in der Lage sind, das Schweigegeld zu bezahlen, werden sie zum Büro des Kapitäns geführt, wo ihnen die strenge Strafe für den Verstoß gegen das Gesetz auferlegt wird, das den Verkauf von Alkohol an Neger ohne Befehl verbietet . Die Nichtbeachtung dieses Gesetzes wird mit Geld- und Gefängnisstrafen geahndet – beides übersteigt ihren angemessenen Verdienst, wenn man das Gesetz betrachtet, das den Verkauf von Alkohol an weiße Männer regelt. In South Carolina sind die Dinge sehr streng durch die Hautfarbe geregelt. Der Herr gibt in seiner eigenen Person die ausschweifendsten und unmoralischsten Beispiele und erlaubt seinen Kindern nicht nur, ihre jugendlichen Launen auszuleben, sondern auch solche Gefühle, die ihrem moralischen Wohlergehen abträglich sind, an seinen Sklaven zu befriedigen. Nun stellt sich die Frage: Sollte man angesichts der Nachahmungskraft des Negers nicht die Möglichkeit haben, die Fehler seines Herrn zu kopieren? Dies ist jedoch nicht der Fall; denn die geringste Abweichung von der strengsten Regel der Disziplin bringt eine angemessene Strafe auf den Kopf des Täters.

KAPITEL V.
HERR. GRIMSHAW, DER MANN DES LANDES.

Am 22. März letzten Jahres, gegen zehn Uhr morgens, erschien ein dünner, hager aussehender Mann, gekleidet in einen schwarzen Kaschmiranzug , einen Schwalbenschwanzmantel, weit geschnittene Hosen, eine Weste mit geraden Brüsten und einen sehr Er trug einen extravaganten Hemdkragen, der über seinen Mantel rollte, und ein schwarzes Band um den Hals gebunden. Er stand an der östlichen Ecke der Broad Street und der Meeting Street und führte ein sehr aufgeregtes Gespräch mit den Offizieren Dusenberry und Dunn. Sein Gesicht war lang und sehr dunkel – viel dunkler als bei vielen anderen Farbigen – mit spitzer Nase und spitzem Kinn, die in grimmigem Vormarsch zueinander standen; sein Gesicht schmal, mit hohen Wangenknochen, kleinen, spähenden Augen, zusammengezogener Stirn, zurückgelehnt mit einem eingefallenen Bogen zwischen den Wahrnehmungs- und Intellektorganen – oder vielleicht hätten wir sagen können, wo diese Organe hätten sein sollen. Sein Gesicht war voller leerer Unruhe; Und als er Sie durch seine Brille anstarrte, sein silbergraues Haar in zottigen Spitzen um seine Ohren und seinen Hals hing, ein großes Pfund Tabak im Mund rollte und eine kleine Peitsche in der rechten Hand baumeln ließ, sahen Sie den Zeigefinger sein Büro. Als er seine Stimme erhob – was er tat, indem er seinen Mund auf eine Seite drehte und sein Kinn bewegte, um sein riesiges Pfund zurechtzurücken –, vermittelte der gedehnte Ton, in dem er sprach, ein Bild, das man so schnell nicht vergisst.

„Sie müssen den Ankömmlingen mehr Aufmerksamkeit schenken", sagte er in befehlendem Ton. „Der Verlust eines dieser Kerle ist ein großer Nachteil für meinen Geldbeutel; und dass der britische Konsul die höllischsten Mittel einsetzt, um unser Geschäft zu zerstören, das es je gab. Er ist schlimmer als der abscheulichste Abolitionist, weil er glaubt, dass er durch ihre Flagge geschützt wird . Wenn er nicht aufpasst, werden wir ihn mit Teer und Federn versehen; Und wenn seine Regierung viel darüber sagt, wird sie erfahren , was und wer South Carolina ist. Wir können ein Dutzend Palmetto-Regimenter aufstellen, die alles aufsaugen würden, was John Bull hierherschicken könnte, und eine Truppe von ihnen zerstört außerdem Yankee-Abolitionisten. South Carolina muss sich gegen diese Kerle noch beweisen, bevor sie die Ehre und das Ansehen seiner Institutionen respektieren. Sie können ihre Marine nicht schicken, um uns Schaden zuzufügen. Und es zeigt, dass ich immer richtig vorhersage ; Denn während diese Handelsleute an den Kais davon erzählen, wie sie den Kanal ausgraben wollen, habe ich immer gesagt, dass sie nicht daran gedacht haben, wie viel Schaden sie anrichten; denn es war unser bester Schutz in Kriegszeiten. South Carolina kann John Bull jederzeit mit einer Faust lecken; Aber wenn diese

Gruppe rücksichtsloser Händler auf den Kais ihren Willen durchsetzt, ist unser Schutz dahin, und John Bull würde seine großen Schiffe herbeiholen und uns in die Luft jagen. Und diese Kerle, die Schiffe besitzen, werden so mutig, dass viele beginnen, sich auf die Seite von Mathew, dem Konsul, zu stellen. Ja, sie schwören sogar, dass es die Beamten sind, die sich wegen der Gebühren an das Gesetz halten. Wenn ich nur wüsste, dass der Konsul der Wegbereiter für diesen Nigger aus Nassau war, würde ich einen Mob aufziehen und ihm eine Lektion erteilen, die ihm die Einwohner von South Carolina schon früher hätten beibringen sollen . Es kostete mich etwa siebzehn Dollar, und wenn ich ihn dafür verklagen würde, könnte ich keine Entschädigung bekommen. Wenn Sie das nächste Mal zulassen, dass jemand entkommt, muss ich einen anderen Offizier über den Hafen schicken", sagte unser Mann, den wir weiterhin Mr. Grimshaw nennen werden.

„ Sicher habe ich gehört, dass derselbe Konsul, als er mit einem Gintleman sprach , sagte, dass das Gesetz nur ein Machtmissbrauch sei, um Geld in die Taschen von sich selbst und einigen wenigen wie Ihnen zu stecken. Und als ich und Flin einem großen Nigger, den der Kapitän zu vertreiben versuchte, indem er ihn im Vorschiff des Schiffes festhielt, die Eisen in die Hand legten, mischte er sich zwischen mir und meiner Pflicht ein und fing an, unverblümt über das Gesetz zu reden. Sicher, auf seine Weise würde er in drei Wochen jeden Nigger in der Stadt zum Abolitionisten machen. Und sicher, Mr. Sheriff, und Sie würden denken, es wären Babys, wenn Sie sehen würden, wie er im Gefängnis mit ihnen spricht und ihnen Dinge hochschickt, als wären sie besser als die anderen Kriminellen und könnten nicht überleben auf den Gefängnispreis", sagte Officer Dunn, der dem Sheriff weiterhin versicherte, dass die Kais nicht vernachlässigt werden sollten und kein hoffnungsvoller englischer Darky seinem wachsamen Auge entgehen sollte.

„Ich für meinen Teil denke, dass es ihnen im Gefängnis besser geht als am Hafen", fuhr Grimshaw fort. „Sie sind eine wertlose Gruppe und haben nicht halb so viel Charakter wie die meisten unserer Sklaven; und anstatt den Kapitän an Bord zu bedienen, gingen sie in die Elliot Street , gaben ihr Geld aus, betranken sich und verkehrten mit unseren schlimmsten Niggern. Und sie wissen alle so viel über das Recht, dass sie unseren bösen Niggern ständig die Schönheiten ihrer Regierung beibringen, was sie noch unglücklicher macht, als sie sind. Unsere Nigger sind wie ein Fischschwarm – wenn einer krank wird, verbreitet er sie unter allen anderen; Und bevor man weiß, wo man ist, sind sie verschwunden."

„Sie sind für uns keine sehr profitablen Kunden, Sheriff", sagte Dusenberry . „Wir müssen viel zuschauen und haben eine Menge Ärger, wenn wir die Kerle bekommen; und wenn wir eine Nebenquisite bekommen, ist das nie viel, denn ich kannte selten jemanden, der genug Geld hatte, um ihn zu versorgen, als wir ihn aufnahmen. Diese Briten sind nicht wie wir; Im

Hafen zahlen sie sich nicht aus, und wenn die Kerle im Gefängnis etwas vom Konsul bekommen, dann per Tropfen, das nützt nichts, denn alles gilt für Alkohol. Und diese Kriminellen überfallen einen schwarzen Verwalter, sobald er eingesperrt ist. Aber wenn diese sympathisierenden Narren ihren Schreckgespenstern bezüglich der Behandlung im Gefängnis nachgehen, bekommen sie so viel, dass unser Geschäft keinen Dollar wert ist. Ich für meinen Teil bin nicht so rücksichtsvoll , denn ich habe es mir in den letzten Jahren bequem gemacht, aber ich möchte, dass mein Sohn mein Nachfolger im Büro wird. Aber wenn dieser Konsul seines Landes seine Einwände, Berufungen und Proteste auf diese Weise fortsetzt und Männer wie seine Ehre, den Bezirksstaatsanwalt, findet, die ihn mit seinem Unsinn und seinen Ansichten unterstützen, dann könnten es die Leute in unserem Geschäft genauso gut tun Bewegen Sie sich nördlich von Mason und Dixon.

„Ich kann ihn bis zu einem gewissen Punkt wecken", sagte Grimshaw, „dass dieser Abschaffungskonsul noch nie zuvor erfahren hat ; und wenn er seine alte Petition in die Hosentasche von Charles Sumner gesteckt hätte, anstatt sie an unsere Legislative zu schicken, hätte er seine altweiberischen Ideen vielleicht vor dem Auftauchen bewahrt, das Myzeck ihnen zeigte . Es braucht Myzeck , um diesen blauhäutigen Yankees zu zeigen, wie sie bei ihrer Ankunft in South Carolina den Erwartungen gerecht werden. Sollte South Carolina abtreten, würde ich sagen, geben Sie uns Myzeck und Commander, um unseren Krieg zu führen, und wir würden sie genauso sicher auspeitschen, wie wir den Mexiko-Krieg für die Bundesregierung gewonnen haben. Es gibt drei Dinge über einen Engländer, Dusenberry , die Sie als Fakten markieren können. Er ist eingebildet und möchte nicht beraten werden; er glaubt, dass es kein Gesetz wie das englische Gesetz gibt und dass der alte Union Jack ein Sparbuch der Nationen ist; – und er glaubt, dass jeder dazu verpflichtet ist gehorche seinen Vorstellungen von Menschlichkeit und den Geboten seiner positiven Meinungen. Aber was noch schlimmer ist: Sie haben nie gesehen, wie die Souveränität von South Carolina verwirklicht wurde, und nach den albernen Vorstellungen von Konsul Mathew glauben sie, wir könnten von einem Kanonenboot geleckt werden.

„Es hat keinen Sinn, darüber zu streiten, Sie müssen ein scharfes Auge auf die englischen Nigger haben; und wenn jemand vorgibt, das Recht anzufechten, sagen Sie ihm, dass es „gesetzeswidrig" sei, und schauen Sie sich die Gesetzesbücher an. Sagen Sie ihm, dass es mehr kostet, sie zu behalten, als sie alle wert sind. Und wenn sie sagen, dass das Gesetz nie für ausländische Bürger gedacht war, sagen Sie ihnen , dass es „rechtswidrig" sei. South Carolina ist nicht verpflichtet, der Stimme des Generalgouvernements zu gehorchen, und was interessiert sie an den Bundesgerichten? Wir werden einen Kurs gemäß dem Gesetz verfolgen; und alles , was dem widerspricht, werden wir zum besseren Schutz unserer Institutionen beseitigen. Lassen Sie jetzt niemanden passieren, auf die Gefahr hin, Ihr Büro zu verlassen", fuhr Mr. Grimshaw fort.

„Das ist kein Knopf, den ich im Büro haben möchte", sagte Dunn. „ Sicher bist du es sein Wir verdienen alle Gebühren, und wir selbst bekommen den dürftigen Dollar; Und du selbst machst uns genauso viel Mühe, das zu bekommen, als würden wir zwei Dollar im Beyant von Richter Jiles verdienen . Sicher! Er selbst ist liberal und scheut sich nicht, uns eine Teilung der Gebühren zu gewähren, wenn das Geschäft gut läuft. Und stellen Sie sicher , dass Sie zehnmal so viel verdienen wie ein englischer Nigger, und geben Sie uns niemals den Dollar weg ", fuhr er fort, während er mit großer Kehle davonging und einen Strom von Flüchen schwörte, die einem das Blut in den Adern gefrieren ließen. In Mr. Grimshaws Sprache lag eine verborgene Bedeutung, die Mr. Dunns Irisch überhaupt nicht befriedigte; vor allem, weil er Mr. Grimshaws Unaufrichtigkeit so gut kannte und dass er, anstatt großzügig zu sein, einen großen Teil der Honorare einsteckte, zum äußerst gewissenhaften Vorteil seines eigenen Herzens. Der Leser muss bedenken, dass es in Charleston, South Carolina, eine große Mehrheit der Männer gibt, denen das Gesetz wenig, weniger Gerechtigkeit und das Christentum egal sind. Ohne Gewissensbisse und mit der angeborenen Leidenschaft, die alles überwältigende Größe South Carolinas hervorzuheben, wirken diese Männer als Hemmschuh für die wohlhabenderen Bürger. Der bedauerlichere Teil ist, dass sie, da sie einen großen Teil der Spezies von Wesen bilden, die als Barpolitiker bekannt sind, tatsächlich die Wahlen in der Stadt kontrollieren; und so können wir den Charakter der Amtsinhaber und die Hartnäckigkeit erklären, mit der diese unterdrückenden Gesetze eingehalten werden.

Dieses fast unvereinbare Gespräch zwischen einem hohen Sheriff und zwei niederen Polizisten mag für viele als unvereinbar mit der Würde erscheinen, die zwischen solchen Beamten gewahrt werden sollte. Nichtsdestotrotz wird jede Zurückhaltung nicht nur durch Zustimmung zunichte gemacht, sondern sie wird auch so deutlich ausgeübt und von der angesehenen Klasse von Bürgern, deren Interessen und Gefühle darin bestehen, einen guten Namen für die Stadt zu wahren und ihre moralische Integrität zu fördern, so gut verstanden, dass in In all unseren Gesprächen mit ihnen hörten wir nie, dass einer von ihnen sich positiv über diese Funktionäre oder die Art und Weise äußerte, wie die Polizeivorschriften der Stadt umgesetzt wurden.

KAPITEL VI.
DER JANSON IM ANGEBOT.

Nachdem mehrere Tage lang unter dem Mangel an Hostien und der Ermüdung der Arbeit gelitten hatten, wurden mehrere Besatzungsmitglieder auf die Krankenliste gesetzt. Manuel, der seine Rolle edel und fröhlich getragen hatte, war unter ihnen; und sein Verlust war noch gravierender, da er eine doppelte Pflicht erfüllt hatte und es, soweit die Mittel zur Verfügung standen, gelang, es allen an Bord bequem zu machen. Er hatte sich um diejenigen gekümmert, die zuerst aufgaben, wie eine gute Krankenschwester, bereit für den Anruf, egal ob Tag oder Nacht, und mit einer Bereitschaft, die ihm Freude zu bereiten schien. Vom Kapitän bis zum kleinen Jungen Tommy wurde sein Verlust mit Bedauern empfunden; und dieser ging oft auf das Vorderdeck, wo er lag, beugte sich mit kindlicher Einfachheit über ihn und glättete seine Stirn mit seiner kleinen Hand. „Manuel! Ich wünschte, dem armen Manuel ginge es gut!" würde er sagen, und wieder würde er seine kleine Hand auf seinen Kopf legen und sein Haar glätten. Er flüsterte ihm Ermutigung ins Ohr; und nachdem er ein paar Brocken Portugiesisch gelernt hatte, erzählte er ihm, wie bald sie im Hafen sein würden und welche schönen Stunden sie zusammen verbringen würden.

Am 21. entdeckten sie Land, bei dem es sich um Stono handelte , etwa 25 Meilen südlich von Charleston. Tommy verkündete Manuel die Neuigkeit, was ihn aufzumuntern schien. Seine Krankheit wurde offensichtlich durch Müdigkeit verursacht, und seine Genesung hing mehr von Ruhe und Ernährung als von medizinischer Behandlung ab. In dieser Nacht um zehn Uhr wehte der Wind stark aus Nordwesten und trieb die Janson wieder ein Stück weit ins Meer; und erst am Morgen des 23. machte sie Charleston hell und schaffte es, bis zur Bar zu arbeiten. Es wurde ein Signal für einen Lotsen gegeben, und schon bald war ein sehr schönes Kutterboot, „Palmetto, Nr. 4", zu sehen, das über die Bar im Hauptkanal hinausschoss. Manuel, der sich einigermaßen erholt hatte, war einige Minuten zuvor an Deck gebracht worden und auf Befehl des Kapitäns auf eine Matratze gelegt worden, die auf der Steuerbordseite des Niedergangs ausgestreckt war. An seiner Seite saß der kleine Tommy und versorgte ihn mit etwas Nahrung.

Das Boot war bald längsseits, und der Lotse, ein mittelgroßer Mann, gut gekleidet, mit freimütigem, offenem Gesicht, ziemlich blumig und von der Sonne gefärbt, und an dessen Anhänger eine Fülle von Goldketten und Siegeln baumelte, kam an Bord. Nachdem er den Kapitän begrüßt hatte, begutachtete er den wettergegerbten Zustand des Bootes, erkundigte sich mehrmals nach ihrer Arbeitsweise und sagte dann gelassen: „Nun! Ich schätze jedenfalls, dass du ein Klopfen gesehen hast." Dann drehte er sich noch einmal um und gab einige Befehle, um mehr an sie heranzukommen, betrachtete die mühsame Arbeit an den Pumpen, ging mittschiffs auf der Backbordseite umher und nahm einen scharfen Blick auf ihre Taille. „Leckt sie nicht an ihren Oberkörpern herum, Captain?" sagte er.

Als er eine bejahende Antwort erhielt, warf er einen Blick nach oben und dann zum Himmel in Luv. fragte, wie lange er sie in diesem Zustand behandelt habe und woher er den Sturm genommen habe. „Es ist ein Wunder, dass sie dich nicht schon früher überschwemmt hat. Ich hätte sie am ersten Punkt gestrandet, wenn sie meins weggeworfen hätte; Ich würde es nie ertragen, ein altes Handwerk wie dieses aufzupeppen. Sie erinnert mich an eines dieser Zuckerkistenschiffe aus dem Osten, die nach Kuba exportiert werden", fuhr er fort. Dann ging er durch die Hauptluke zur Steuerbordseite, näherte sich den Männern, die pumpten, und nachdem er sich nach der Befreiung erkundigt hatte, erhaschte er plötzlich einen Blick auf Manuel, der mit unbedecktem Gesicht auf der Matratze lag.

„Himmel! Was! Haben Sie zu dieser Jahreszeit das Gelbfieber? Er erkundigte sich beim Steuermann, der gerade nach achtern gekommen war, um sich zu erkundigen, ob er etwas Wasser vom Lotsenboot holen könne.

„Nein, wir hatten alles andere als das Gelbfieber; Man könnte genauso gut auf einem Floß landen wie eine so höllisch unglückliche alte Wanne wie sie. Es ist der Steward, Sir – er hat leichtes Fieber; aber er wird bald darüber hinweg sein. Er will nur Ruhe, armer Kerl! Seit dem ersten Sturm ist er ein Tyrann bei der Arbeit . Er wird sich erholen, bevor er in die Stadt kommt", lautete die Antwort.

"Ah! dann hast du die doppelte Dosis davon bekommen. Hin und wieder gibt es einem Mitbringer einen Umhang. – Der Verwalter ist doch ein Nigger, nicht wahr?" fragte der Pilot.

„ Nigger! – nicht er", sagte der Maat. „Er ist ein portugiesischer Mischling; eine Art sonnenverbranntes Motiv, wie viele von euch Südstaatlern. Die Mutter eines Niggers hatte ihn nie, darauf können Sie wetten . In seiner Jacke ist so viel weißes Blut wie bei jedem anderen, nur dass die Portugiesen dunkel aussehende Kerle sind. Er ist kein Dummkopf – sein Name ist Manuel, ein wirklich kluger Kerl, und die Besitzer halten genauso viel von ihm wie vom Skipper."

„Gammon", sagte der Pilot zu sich selbst. „Was würde er denken, wenn wir ihm einige Exemplare unserer weißen Nigger in Charleston zeigen würden?" Und er drehte sich um, ging mit misstrauischem Blick an Manuel vorbei und stellte sich in die Nähe des Mannes am Steuer, wo er einige Zeit verweilte und an den Siegeln seiner Uhrkette herumfingerte. Der Kapitän war vor ein paar Minuten in die Kajüte gegangen, und als er wieder an Deck kam, ging er zu der Stelle, wo der Lotse stand, und nahm auf einem alten Campinghocker Platz.

deinem Nigger haben, wenn du in die Stadt kommst." Wenn Sie sich und dem Besitzer vor Ort Ärger und Kosten ersparen möchten , sollten Sie ihn beim Einholen besser in der Nähe halten; und ihn bei erster Gelegenheit nach New York schicken. Ich habe einen Blick in die Mühle geworfen, Cap, und du solltest lieber den Rat eines Freundes befolgen."

"Nigger!" sagte der Kapitän empört, „wie nennt man Nigger in Charleston?" Mein Verwalter ist genauso wenig ein Nigger wie Sie!"

"Wie bitte?" erwiderte den Piloten in völliger Wut. „Kennen Sie die Beleidigung Ihrer Sprache? Sir, wenn das Gesetz mich nicht unterwerfen würde, würde ich Ihr Schiff sofort verlassen und Sie persönlich zur Verantwortung ziehen, sobald Sie gelandet sind, Sir."

Der Kapitän , der sich der Hartnäckigkeit nicht bewusst war, mit der das ritterliche Blut von South Carolina eine Sprache hielt, die einen Vergleich der Farben vorsah, dachte über seine Antwort nach; konnte darin aber nichts Anstößiges erkennen.

„Du hast mir eine Frage gestellt und ich habe dir eine richtige Antwort gegeben. Wenn Sie einen solchen Mann wie meinen Verwalter – den armen Kerl – in Ihrem Land für einen Nigger halten, bin ich froh, dass Sie mit so vielen guten Männern gesegnet sind."

„Wir verbessern unsere Sprache, Captain, wenn wir von Niggern in South Carolina sprechen", sagte der Pilot. „Ein Südkaroliner, Sir, ist auf der ganzen Welt ein Gentleman. Es braucht nichts weiter als den Namen seines Staates, um ihm Respekt zu verschaffen. Und wenn Ausländer und Nordstaatler aus den Abschaffungsstaaten freie Nigger nach South Carolina bringen und sie dann mit Weißen vergleichen, sollten sie sehr vorsichtig sein, wie sie sich bewegen. South Carolina hätte sich letztes Jahr abspalten sollen , als sie darüber sprach, und jeden Yankee nach Hause schicken sollen, um Schuhklammern anzufertigen. Wir würden uns damals nicht so beleidigen lassen, wie wir es heute tun. Ich sage dir, was es ist, Cap", sagte er, etwas abkühlend, „wenn unsere Leute nur so mutig wären wie in achtzehnhundertzweiunddreißig Zeiten, diese Kerle, die hierher gekommen sind, um sich von South Carolina zu ernähren, Ich würde den Niggern den Teufel in den Kopf setzen und dann wieder nach Hause gehen, Sterne sehen und Einschusslöcher spüren."

Der Kapitän lauschte dem ursprünglichen South-Carolina-Gespräch des Piloten oder, wie der Pilot es selbst genannt hatte, der geschliffenen Sprache, ohne Anzeichen von Angst zu zeigen und ohne vor ihrer erhabenen Würde zu zittern; Als er jedoch feststellte, dass der Pilot den Tenor seiner Antwort falsch verstanden hatte, sagte er: „Sie müssen die Absicht meiner Antwort falsch verstanden haben, Sir; und die unterschiedliche Art und Weise, wie Sie sich die Bedeutung aneignen, kann auf einen Brauch unter Ihnen zurückgeführt werden, der eine Sprache anstößig macht, die keine anstößige

Bedeutung hat. In meinem Land führen wir niemals Pistolen oder ähnliches Spielzeug. Wir haben eine moralische Sicherheit für unser Leben und betrachten den Tod niemals als einen so großen Feind, dass wir tödliche Waffen tragen müssen, um ihn zu verteidigen. „Tatsächlich, Pilot", sagte er scherzhaft, „sind das eher umständliche Kleinigkeiten für die Tasche eines Kerls: Ich trage mein Abendessen und mein Frühstück lieber in der Tasche." Sagen Sie uns jetzt, wen nennen Sie Nigger in South Carolina?"

„Warum, Captain, wir nennen alle, die nicht weiß sind, Leute. Unsere Leute können es ihnen ganz genau sagen. Sie können sich nicht entziehen, wenn es nur von der siebzehnten Generation geprägt ist. Man kann sie immer an ihrem Aussehen erkennen – sie können einem nicht ins Gesicht sehen, wenn sie noch so weiß sind. Hin und wieder schnappt sich das Gesetz sie , und wenn sie dann noch so weiß sind, müssen sie es beweisen. Ich kenne mehrere Fälle, in denen der Nigger bezweifelt wurde, aber er konnte es nicht beweisen und musste sich abseits unter die Schwarzen stellen. Hunde stehlen mir die Haut, Cap, wenn es in der Stadt nicht einen Juden gibt, der so weiß ist wie alle anderen, und sein Vater ist Arzt. Es wurde geflüstert, dass er ein Nigger sei, und die Untermieter, in denen er wohnte, machten darüber Aufregung. Der Vater des Niggers ließ zwei von ihnen wegen Verleumdung verklagen, aber sie stellten den Nigger durch eine Gesetzesverschwörung zur Rede, die einen Band größer als Blackstone machen würde; Und anstatt dass der alte Jude Genugtuung erhielt, gewährten ihm die Richter aus politischen Gründen Zeit, weitere Beweise dafür zu beschaffen, dass sein Sohn kein Nigger war. Es war eine sehr wohlüberlegte Unterstellung der Richter, aber der junge Mann steht mit einem erstklassigen Nigger-Typ auf Augenhöhe."

„Ich möchte, dass sie mich testen, um zu sehen, ob ich ein Nigger oder ein Weißer bin. Es muss ein komisches Gesetz sein, „Nigger oder kein Nigger". Wenn die Haut eines Kerls ihn nicht rettet, was zum Teufel wird er dann tun?" sagte der Kapitän .

„Zeigen Sie doch, dass Ihre Mutter und ihre Generation weiß waren, klar! Es ist ganz einfach, und unsere Richter sind in solchen Dingen alle sehr erfahren – sie können es im Handumdrehen erkennen", sagte der Pilot.

„Ich denke, der entscheidende Punkt wäre, zu zeigen, dass ihre Mutter nichts mit einem Nigger zu tun hatte. Machen Ihre Richter dies zu einem besonderen Zweig der Rechtsprechung? Wenn ja, würde ich gerne wissen, was sie für ihre Lehrbücher genommen haben. Wenn die Vermischung so komplex ist wie das, was Sie sagen, würde ich annehmen, dass einige der Richter Angst haben würden, ein Urteil über ihre eigenen Verwandten zu fällen."

„Nicht im Geringsten!" sagte der Pilot; „Sie wissen genug dafür."

„Dann geben Sie zu, dass es eine Chance gibt. Es muss eine amüsante Angelegenheit sein, meine Seele! wenn ein nettes kleines Weibchen vor einem

Gericht sehr würdiger Richter seinen Schleier ablegen muss, um seinen Stammbaum untersuchen zu lassen", sagte der Kapitän .

"Oh! der Teufel, Cap; Du gehst völlig in die Irre – eine Niggerin hat nie den Vorteil des Gesetzes. Sie gehen immer mit den Niggern, ah! Ha! Ha!!"

„Aber nehmen wir an, sie hängen mit einigen Ihrer großen Fehler zusammen. Was dann? Sind Ihre Behörden so weise und großzügig, dass sie diese Dinge berücksichtigen?", fragte der Kapitän unschuldig.

"Oh! Pfui ! Da sind Sie wieder: Sie müssen ein oder zwei Jahre in Charleston leben, aber Sie müssen zunächst aufpassen, dass Sie sich nicht vor Ihnen in einige unserer klugen Mädels verlieben und denken, sie seien weiß es wissen. Es spielt keine Rolle, wen sie haben, in Charleston gibt es keinen Unterschied zwischen den Niggern. Wenn wir aufstehen, werde ich Sie durch einige der hellen Häuser führen und Ihnen einige Sprösslinge unserer Aristokratie zeigen, die die allerschlimmsten Fälle sind. Es ist eine Tatsache, Cap, diese kleinen Sprösslinge der Aristokratie sind ausnahmslos schlechte Nigger. Wenn ein Kerl ein echtes erstklassiges, wahrscheinlich niggeres Mädchen will, muss er rein afrikanisches Blut haben. Wie sie selbst sagen: ‚Wo auch immer Buckra-man ist, wird man zum bösen Nigger.'"

„Nun, Pilot, ich glaube, wir haben vorerst genug von gemischten Niggern. Sag mir! Glaubst du wirklich, dass sie mir Ärger mit meinem Verwalter machen werden? Er ist sicherlich kein Schwarzer, und es hat nie einen besseren Kerl gegeben", erkundigte sich der Kapitän ernst.

„Nichts anderes, Cap", sagte der Pilot. „Es ist ein hartes Gesetz, sage ich Ihnen, und wenn unsere Kaufleute und Geschäftsleute darin ein Mitspracherecht hätten, würde es nicht lange durchhalten; Man kann ihn auf keinen Fall für einen Weißen ausgeben , denn die Sache verstößt gegen das Gesetz und wird so gut bezahlt, dass diese verabscheuungswürdigen Landhaie von Offizieren die ganze Aufregung darüber machen und niemals einen passieren lassen. Nehmen Sie einfach die höllischen Gebühren ab, und niemand würde sich um die Stewards kümmern. Alles fließt in die Tasche des alten Grimshaw, und er würde für das Fett ein Bolzenseil abziehen und den Verwalter verkaufen, wenn er eine Chance dazu hätte. Er hat eine viel nähere Beziehung verkauft. Ich bin gegen das Gesetz, Sie werden sehen, Cap, denn ich weiß, dass es unserem Geschäft schadet und ein Fluch für den Handel im Hafen ist. Leute, die mit Schiffsproblemen und den Interessen eines Reeders nicht vertraut sind , halten solche Dinge für sehr kleine Angelegenheiten. Aber es ist der Name, der uns berührt, und wenn ein Eigentümer bei jedem Posten in den Auszahlungen steht und eine hohe Rechnung für die Unterbringung seines Verwalters und eine andere für die Besetzung seiner Stelle oder der Unterbringung in einer Pension erhält und dann seiner Dienste beraubt wird, Er macht ein schiefes Gesicht und beginnt entweder über einen anderen Hafen nachzudenken oder die Frachtrate dem Ärger anzupassen. Es hat eine Wirkung, die wir spüren, über die wir aber nicht viel sagen. Ich bin ein Sezessionist, aber ich halte nichts davon, der Politik hinterherzulaufen und unsere kommerziellen Interessen leiden zu lassen."

„Aber was ist, wenn ich beweise, dass mein Verwalter kein Farbiger ist?" sagte der Kapitän ; „Dann werden sie mir bestimmt keinen Ärger machen. Es würde meine Gefühle sehr schmerzen, Manuel in einer Zelle eingesperrt zu sehen, ohne ein Verbrechen begangen zu haben; und dann seiner Dienste beraubt zu werden, ist mehr, als ich ertragen kann. Wenn ich es vorher gewusst hätte, hätte ich unter den Qualen des Durstes gelitten und einen Hafen weiter nördlich angesteuert."

„Es wird mehr kosten als es wert ist", sagte der Pilot. „Befolgen Sie meinen einfachen Rat, Cap; Versuchen Sie das niemals. Unsere Anwälte sind ehrgeizige Honorargefährten; und der Kerl würde in diesem alten Ärgernis eines Gefängnisses verrotten, bevor man ihn rausholen würde. Der Prozess ist so langsam und verwickelt, dass niemand weiß, wie er den Fall vorbringen soll, und jeder Der Anwalt hätte seine eigene Meinung. Aber das Schlimmste von allem ist, dass es so unpopulär ist, dass man keinen Anwalt im Wert von sieben Cent dafür finden kann. Es wäre genauso gefährlich wie der Versuch, einen Märtyrer aus den brennenden Flammen zu befreien. Die öffentliche Meinung in Charleston wird von Politikern kontrolliert; und der Versuch, sich in einer so unbeliebten Sache zu bewegen, wäre so, als würde ein Mann versuchen zu sprechen, mit Pistolen und Schwertern auf den Kopf gerichtet."

„Dann ist es doch Torheit, in Ihrer Stadt Gerechtigkeit zu fordern, oder?" fragte der Kapitän . „Aber Ihre Leute sind großzügig, nicht wahr? und Fremde mit einer Höflichkeit behandeln, die den Charakter jeder hochgesinnten Gesellschaft kennzeichnet?"

„ Ja! – aber die Gesellschaft in South Carolina hat nichts mit dem Gesetz zu tun; Unsere Gesetze sind herrlich alt. Ich wünschte, Cap, ich könnte Ihre Ideen zur Art und Weise, wie unsere Leute ihre eigenen Angelegenheiten verwalten, nur erschließen. Ich bin gegen dieses Gesetz, das Verwalter einsperrt, weil es den Handel beeinträchtigt, aber unsere anderen Gesetze sind erstklassig. Es war das Gesetz, das unsere Legislative erlassen hat, um zu verhindern, dass freie Nigger aus den Abschaffungsstaaten kommen, um die Zuneigung unserer Sklaven zu zerstören. Einige sagen, die ihm gegebene und auf Verwalter ausländischer Schiffe angewendete Konstruktion sei nicht legal und nicht beabsichtigt; Aber jetzt wird es durch den Willen des Volkes kontrolliert – die Verwalter sind keine Gesetzgeber, und die Richter wissen, dass es nicht populär wäre, und niemand wagt es, sich darin einzumischen, aus Angst, er könnte als Abolitionist bezeichnet werden. Befolgen Sie besser meinen Rat, Cap: Versenden Sie den Nigger und ersparen Sie sich und Konsul Mathew die Mühe eines weiteren Aufhebens", fuhr der Pilot fort.

„Das werde ich nie tun! Ich habe beschlossen, es zu versuchen, und werde nicht aus einem Hafen vertrieben, weil die Menschen Angst vor einem harmlosen Mann haben. Wenn sie eine Seele in sich haben, werden sie einen armen Seemann, der in Not in ihren Hafen getrieben wird, mit Wohlwollen betrachten. Ich bin fast um die ganze Welt gereist und bin noch nie zu einem Volk gekommen, das einem Schiffbrüchigen nicht mit Menschlichkeit begegnen würde. Gnädiger Gott! Ich kenne Wilde, die freundlich zu armen Schiffbrüchigen waren und ihr Essen mit ihnen teilten. Ich kann mir nicht vorstellen, Pilot, dass eine Zivilisation, die so degradiert ist, und eine Öffentlichkeit, die so sehr an die Menschheit verloren ist, einen Mann in Not schlecht behandeln würde . Wir haben vorerst genug darüber gesagt. Ich werde an Mr. Grimshaws Gefühle appellieren, wenn ich in der Stadt ankomme; und ich weiß, wenn er ein Mann ist, wird er Manuel an Bord bleiben lassen, wenn ich meine Ehre verspreche, dass er das Schiff nicht verlassen wird.“

„ Hmpf! – Wenn du ihn so gut kennen würdest wie ich, würdest du deine eigenen Gefühle retten. Seine Sympathien gehen nicht in diese Richtung“, sagte der Pilot.

Die Janson hatte nun die Latte überquert und näherte sich schnell Fort Sumpter. Manuel hatte genug von dem Gespräch mitgehört, um Ängste um seine eigene Sicherheit zu wecken. Er erhob sich von der Matratze und rief in einer Weise, die seinen schwachen Zustand zeigte, Tommy, ging vorwärts, beugte sich über die Reling in der Nähe der Vortakelung und erkundigte sich, worüber der Kapitän und der Lotse sprachen. Der kleine Kerl bemerkte seine Ängste und versuchte ihn zu beruhigen, indem er ihm sagte, dass es sich um schlechte Seeleute handele.

„Ich glaube, sie reden von mir. Wenn sie mich in Charleston als Sklaven verkaufen, werde ich mich innerhalb einer Woche umbringen“, sagte er in seinem gebrochenen Englisch.

„Was sagst du da, Manuel?“ fragte der Erste Offizier, als er vorbeikam und mit den Männern das Deck aufräumte.

„Der Pilot sagt dem Kapitän, dass sie mich in South Carolina als Sklaven verkaufen. „Ich würde über Bord springen, bevor ich ihn leide“, sagte er.

„Oh, pfui ! sei kein Dummkopf; Du gehörst nicht zu den Patagoniern, Manuel; Du musst ihnen kein Bein für dein Leben geben. Sie verkaufen in Carolina keine Ausländer und fremden Männer wie Sie als Sklaven – es sind nur Schwarze, die ihre Worte nicht in einfaches Englisch kleiden können. Deine kupferfarbene Haut wäre für einen Niggerhändler keinen Sixpence wert – nicht einmal für den alten Norman Gadsden, das habe ich gehört Erzählen Sie so viel über die Docks von Liverpool. Er ist ein echter Jonathan Wild im Niggerhandel; Sein Name ist wie ein feuriger Drache unter den Niggern im ganzen Süden; und ich hörte unseren Kapitän einmal sagen, als ich in einem Linienschiff segelte, dass die Nigger in Charleston so große Angst vor ihm hätten, dass sie wie junge Skorpione vor einem alten Teufel davonliefen, wenn sie ihn kommen sahen. Er verkauft weiße Nigger, wie sie sie nennen , und schwarze Nigger – alles , was ihm in Form verkaufsfähiger Leute in den Weg kommt. Aber er wird den Mais nicht anerkennen, wenn er von zu Hause weggeht, und schwört, dass es in Charleston zwei Norman Gadsdens gibt; dass er nicht der Richtige ist! „Wenn jemand sich im Ausland seines Namens schämt, muss sein Beruf zu Hause sehr schlecht sein, sonst bin ich kein Seemann", sagte der Steuermann.

„Ah, meine Jungs!" sagte der Pilot fragend, als er an die Stelle kam, an der mehrere Männer den Backbordanker zum Loslassen bereit machten : „Wenn der alte Norman Gadsden dich erwischt, bist du ein Idiot. Ein Mann, der einen bösen Nigger hat, muss ihm nur Old Gadsden sagen, und das entspricht fünfzig Paddeln. Die modernste Art der Bestrafung, die in allen Arbeitshäusern und Bestrafungsorten in South Carolina angewendet wird, ist die mit dem Paddel, einem Holzinstrument in der Form einer Bäckerschale; mit einer Klinge von drei bis fünf Zoll Breite und von acht bis zehn Zoll Länge. Dies wird auf die Gesäßmuskeln gelegt – im Allgemeinen von Polizisten oder Beamten, die mit der Polizei verbunden sind. In die Klinge werden häufig Löcher gebohrt, was der Anwendung eine Art Schlageffekt verleiht; Der Schmerz ist viel akuter als beim Rindsleder; Es sind mehrere Fälle bekannt, in denen ein Herr eine Menge Schläge anordnete, die der Sklave nicht ertragen konnte, und die sich im Arbeitshaus als tödlich erwiesen. Sie erzählen eine ziemlich gute Geschichte über den alten Kerl. Ich weiß nicht, ob das stimmt, aber der alte Kerl ist jetzt reich und macht genau das, was er will. Es war, dass jemand einen dieser kleinen gelegentlichen Hinterlassenschaften der Aristokratie fand, die unter den Geheimnissen des Rittertums sehr bekannt sind, und Findlinge nannten, hübsch verpackt in einem Korb . – Es gehört jedoch zu den Geheimnissen und darf im Ausland nicht erzählt werden . – Die Finder beschrifteten es mit „Bitte an den Meistbietenden verkaufen" und ließen es an seiner Tür liegen. Das Etikett hatte eine unheilvolle Bedeutung; Aber Norman nahm das kleine, hilflose Pfand, das ihm auferlegt wurde, sehr kühl an und ließ ihn mit der guten Fürsorge der alten Bina zweihundertdreißig Bargeld zahlen, bevor er zwei Jahre alt war . Er trug den Namen Thomas Norman, der christlichen Abteilung seines Pflegevaters entsprechend, wie es Brauch war. Der alte Kerl lacht über den Witz, wie er ihn nennt, und sagt ihnen , wenn sie ihn ihm erzählen, verstehen sie die Praxis des Geldverdienens nicht. Du musst gut nach ihm Ausschau halten, Manuel – du erkennst ihn an den Niggern, die rennen, wenn sie ihn kommen sehen."

Der Lotse kehrte nun in das Viertel zurück und begann, sich über die Schönheit des Hafens von Charleston und seiner Nebenflüsse, den Flüssen Astley und Cooper, zu unterhalten – und dann über die Aussicht auf

Befestigungsanlagen, um die Vereinigten Staaten im Falle einer Abspaltung von South Carolina und der Errichtung einer unabhängigen Souveränität zu besiegen , zusammengesetzt aus ihrem besten Blut. Der Kapitän hörte schweigend seiner unaufgeforderten und uninteressanten Darstellung der Fähigkeiten South Carolinas zu, blickte ab und zu zum Piloten auf und nickte zustimmend. Er sah , dass der Pilot ihn mit seinen wunderbaren Fortschritten in der Regierungstheorie und der wichtigen Lage von South Carolina in Erstaunen versetzen wollte. Wieder wirkte er verblüfft, als ob er die Tiefgründigkeit des Piloten anerkennen würde, und rief: „Nun! South Carolina muss ein Teufelsstaat sein: Alles scheint von seiner Größe fasziniert zu sein: Ich würde gerne in Carolina leben, wenn ich nicht beschimpft würde.“

„Mit der Schere! das würden Sie, Kapitän; Sie haben keine Ahnung, was für eine großartige Website unsere Leute machen können, wenn sie Lust dazu haben! Alles, was South Carolina will, sind ihre verfassungsmäßigen Rechte, für die ihre großen Männer in der Revolution gekämpft haben. Wir wollen die Freiheit, unsere eigenen Rechte und Institutionen zu schützen – und nicht von der Generalregierung und den Abolitionisten beleidigt und beraubt zu werden.“

„Praktizieren Sie als Volk die gleichen Grundsätze, die Sie von der Generalregierung verlangen?“ fragte der Kapitän .

„Sicherlich, Captain, soweit es zum wohlverstandenen Wohl aller weißen Bürger gedacht war!“

„Dann fordert man ein Recht für die Weißen, verweigert es aber, wenn es die dunkle Seite berührt. Sie müssen die Bundesregierung, wie Sie es nennen, verärgern, denn sie wird die Verfassung nicht an Ihre Vorstellungen von Schwarz und Weiß anpassen.“ * * *

„Das ist genau das Richtige, Cap, und wir können es genauso einfach machen, wie wir jetzt unsere eigenen Gesetze schützen und die Nigger ausrotten, die Aufstände versuchen. South Carolina ist ein unschlagbares Beispiel für Ehre und Tapferkeit, Sir. Schauen Sie einfach mal dort hin, Cap: Der Bundesregierung gehört dieses Fort Sumpter, und sie haben uns beleidigt, indem sie es direkt vor unseren Augen gebaut haben, damit sie den Hafen beherrschen, unseren Handel blockieren und die Zölle eintreiben können Hier. Aber, Cap, das macht South Carolina keine Angst . Wir können ihnen zwei Figuren in Kriegstaktiken zeigen, die sie in die Luft jagen würden. Seht ihr da drüben!“ sagte er mit einem ernsten, zufriedenen Blick und zeigte nach Süden: „Das ist Morris Island. Wir würden Fort Moultrie für einen Frühstückszauber einnehmen und es ihnen dann von beiden Seiten heiß und stark machen, bis sie Fort Sumpter aufgeben würden. Sie konnten es von beiden Seiten nicht ertragen. Ja, Sir, sie haben Fort Moultrie gegen uns gesperrt und uns nicht erlaubt, darin die Unabhängigkeit zu feiern. Es gibt eine schwelende Flamme in South Carolina, die eines Tages auf eine Art und Weise hervorbrechen wird, die der Bundesregierung einiges beibringen muss erstaunliche und spannende Lektionen. Da ist das alte Castle Pinckney, Sir; Wir könnten es als Reserve behalten, und mit den Generälen Quattlebum und Commander aus Georgetown und Santee Swamp könnten wir eine Armee von Palmetto-Regimentern aufstellen, die die Truppen und das Kanonenboot der Bundesregierung in die Luft jagen würden."

Wir haben dieses einzigartige Gespräch des Piloten mit einem seltsamen Kapitän wiedergegeben, das damals als Einzelfall einer für diesen Mann typischen Gaskonade angesehen wurde; aber der Kapitän stellte später fest, dass sie in Gefühl, Gefühl und Ausdruck mit dem allgemeinen Charakter des Volkes übereinstimmten – die einzige Ausnahme bildeten die Farbigen.

Kapitel VII.
ANKUNFT DES JANSON.

Ungefähr um fünf Uhr abends am 23. passierte die „Janson" Castle Pinckney, lief mit der Flut zum Kai, ließ ihren Anker los und begann, ins Dock zu segeln. Ihr Zustand lockte zahlreiche Menschen am Ende des Kais an, die sie mit einer Art Mitleid betrachteten, das man für ein aufrichtiges Gefühl hätte halten können. Der Bordoffizier hatte ihre Papiere erhalten und berichtete über ihren Charakter und Zustand, was ein Gefühl spekulativer Neugier geweckt hatte, das sich bereits unter Schiffszimmerleuten und -ausrüstern auszubreiten begann.

Unter den Menschen, die sich am Kai versammelten, fiel ein kleiner Dandy auf, mit einem olivfarbenen Gehrock, einer schwarzen Hose, einer bestickten Weste und einem riesigen Hemdkragen, der seine Ohren gefährdete. Dieser war mit einem schicken Halstuch um den Hals befestigt, das sehr geschmackvoll mit einer Diamantnadel abgesetzt war. Er war sehr schlank, mit einem schmalen, weiblichen Gesicht, runden Popeyes – die alle paar Minuten das Anlegen eines Taschenglases erforderten – und sehr blond Teint, mit wenig positivem Charakterausdruck in seinen Gesichtszügen. Seine Nase war spitz; sein vorspringendes und mit unzähligen kleinen Pickeln bedecktes Kinn verlieh dem unregelmäßigen, doggenförmigen Mund einen eigentümlichen Ausdruck. Er trug ein hochglanzpoliertes Paar hochhackiger Stiefel und einen breitkrempigen, seidenweichen Hut. Er schien sehr daran interessiert zu sein, die Schönheit zweier Diamantringe zur Schau zu stellen, die an seinen zarten kleinen Fingern glitzerten und durch die Armbänder seines Hemdes noch deutlicher hervortraten. Er stand an einer sehr auffälligen Stelle auf der Kaimauer , rieb sich die Hände, rannte dann von einem Teil des Kais zum anderen, befahl verschiedenen Niggern, die Leinen festzumachen, trat einen und schlug einen anderen, während er sich bückte. mit seiner kleinen Hand. Alle zollten ihm Respekt. Der Kapitän betrachtete ihn mit einem neugierigen Lächeln, als wollte er sagen: „Was ist das für ein wichtiges Exemplar eines Fräuleins in Kniebundhosen?" Aber als der kleine Kerl sprach, wurde das Geheimnis gelüftet. Er sammelte den Tonfall seiner Stimme, als würde er sie über das kleine Ende eines Blitzes in seinem Mund rollen. Als das Schiff den Kai berührte, sprang er in die Ecke und rief laut: „ Willkommen in Charleston, Kapitän Thompson!" Woher kommt das Klopfen? – Wohin geht's? – Wie viele Tage bist du draußen? – Wie lange ist sie schon auf diese Weise durchgesickert?" und eine Reihe solcher Fragen, die man unmöglich nachvollziehen konnte, war so schnell, mit der er sie stellte. Der Kapitän antwortete ihm den Umständen entsprechend; und da er annahm, er sei mit Autorität ausgestattet, erkundigte er sich, wo er einige Hände finden könnte, die seine Pumpen bedienen könnten, um seine Männer abzulösen. „Bei-Je-w-hu! Captain, Sie hatten bestimmt viel Spaß beim Pfeifen, alter Kerl. Oh! Ja, Sie möchten Hilfe beim Betrieb Ihrer Pumpen. Holen Sie sich Nigger, Captain, von denen gibt es hier jede Menge. Sie sind so dick wie Heuschrecken in einem Baumwollbeet."

„Ja, aber ich will sie jetzt, meine Männer sind erschöpft; Ich muss ein paar Iren holen, wenn ich nicht sofort andere bekommen kann", sagte der Kapitän und betrachtete seinen Mann noch einmal von Kopf bis Fuß.

"Oh! Beschäftigen Sie keine Paddies, Kapitän; ' ist nicht beliebt; sie gehören nicht der Sezessionspartei an; Charleston wird von ihnen und den Holländern überrannt! Es wird ihr nicht schaden, bis morgen früh zu liegen, und es werden jede Menge Nigger unten sein; Sie können nach dem Glockenläuten nicht ohne Passierschein draußen sein, und es ist schwierig, ihre Herren nach Einbruch der Dunkelheit zu finden. Ziehen Sie sie hoch, bis sie auf Grund läuft, damit sie nicht ausläuft, wenn die Flut sie verlässt. Wir können ins Theater gehen und danach richtig gut zu Abend essen, im Baker's oder im St. Charles's. So leben unsere Leute. Wir leben in South Carolina, um uns zu amüsieren. Lass das alte Wrack heute Nacht los. Der kleine Kerl wirkte so äußerst höflich und so sehr darauf bedacht, „die vornehme Aufmerksamkeit zu erregen", dass der Kapitän den Inhalt seiner Unterhaltung mit dem Piloten völlig vergaß, während sich seine Gefühle bei der Aussicht auf solch respektvolle Aufmerksamkeit änderten; und doch schien er nicht in der Lage zu sein, den eigentümlichen Charakter seines kleinen, pedantischen Freundes zu analysieren.

„Sie dürfen mich nicht für aufdringlich halten, Kapitän", sagte er, indem er seinen Segar-Beutel herauszog und ihn mit der Höflichkeit von Chesterfield überreichte. „Für uns Karoliner ist es eine Freude, Fremden gegenüber gastfreundlich und aufmerksam zu sein. Mein Name, Sir, ist –! Meine Nigger nennen mich Master George. Jawohl! unsere Familie! – Sie haben wahrscheinlich von meinem Vater gehört – er gehört zu einem der besten Aktien in Carolina – besitzt eine große Beteiligung an diesem Kai und ist ein umfangreicher Baumwollmakler, Faktoren, wie wir sie hier nennen – und er besitzt eine große Niggerplantage auf Pee-Dee; Sie müssen unsere Plantage besuchen. Kapitän, sicher! bevor Sie die Stadt verlassen. Aber Sie sollten dem Klatsch, den Sie über die Stadt hören, keine große Aufmerksamkeit schenken. Ich verspreche Ihnen meine Ehre, Sir, es bedeutet nichts und hat auch keinen herausragenden Platz in unserer Gesellschaft."

„Wirklich, Sir", antwortete der Kapitän , „ich werde mir die Ehre geben, Ihre gastfreundliche Freundlichkeit anzunehmen, und hoffe, dass ich das Glück habe, es eines Tages zu erwidern." Es tut mir nur zu leid, dass ich aufgrund unserer schlechten Verfassung keine Gelegenheit habe, Sie heute

Abend an meinen Tisch einzuladen. aber die Umstände, die Sie überall sehen, sind meine beste Entschuldigung.“

„Oh mein Gott! Erwähnen Sie es nicht, ich bete, Captain. Stellen Sie sich einfach vor, Sie wären wie zu Hause. Wir zeigen Ihnen, was südländische Gastfreundschaft ist. Wir verlassen uns nicht auf das Yankee-System von Mr. So-and-so und Wie-nenn-sie-um? Unsere Gefühle stimmen mit unserem Staatsstolz überein , der zusammen mit unserem extremen Ehrgefühl die Haltung von Gemeinheit verbietet. Die Einwohner von South Carolina, Sir, stehen ganz oben auf der sozialen Leiter und sind sich jeder hochgesinnten Überlegung über Gerechtigkeit und Recht bewusst. Wir lassen uns nicht von den krankhaften Aufregungen und Vorstellungen rühren, die die Menschen so oft in den Norden vertreiben. Treffen Sie keine unnötigen Vorbereitungen, Kapitän, und ich werde mir die Ehre erweisen, Sie in einer Stunde aufzusuchen.“ Mit diesen Worten schüttelte er ihm die Hand und ging.

Der Pilot hatte seinen Schützling sicher abgeliefert und wollte sich gerade vom Kapitän für die Nacht verabschieden. Aber um die Sache im Einklang mit einem englischen Brauch zu tun, der in South Carolina offenbar nichts von seiner Begeisterung verloren hat, wurde er in die Kapitänskajüte eingeladen , um ein wenig erstklassiges altes Jamaika mitzunehmen. Manuel, der sich einigermaßen erholt hatte, holte den Koffer aus einem privaten Schließfach, stellte ihn ihnen vor, sie füllten, rührten Gläser an und tranken den üblichen Toast auf South Carolina. „Pilot“, sagte der Kapitän , „wer ist mein höflicher Freund – er scheint ein wirklich kluger kleiner Kerl zu sein?“

„Nun, Kapitän, er ist zwar klein, aber er ist von erstklassigem Blut und ein wahrer Spross der Ritterlichkeit. Er ist ein echter Sezessionist, Sir. Wenn Sie hören würden, wie dieser Kerl eine kurze Rede über die Rechte der Staaten hält, würden Sie ihn für einen Samson in Sachen Regierung halten. Sein Vater ist hier das Oberhaupt eines guten Handelshauses; ' Es wäre keine schlechte Idee, es ihm zu überlassen. Aber ich muss Ihnen eine gute Nacht wünschen, Kapitän; Ich rufe Sie morgen an und sehe Sie“, sagte der Pilot und machte sich auf den Weg nach Hause.

Die „Janson“ wurde weit hinauf zum Dock geschleppt und landete bei Ebbe. Manuel bereitete das Abendessen für die Offiziere und die Mannschaft vor, während der Kapitän auf die Rückkehr seines neuen Bekannten wartete. „Kapitän“, sagte Manuel, „ich möchte heute Abend an Land gehen und einen Spaziergang machen, denn meine Knochen sind wund und ich habe große Schmerzen. Ich denke, es wird mir gut tun. Glaubst du nicht, dass mich irgendjemand belästigen wird, wenn ich friedlich weitergehe?“

„Niemand würde dich belästigen, wenn er dich kennen würde, Manuel; aber ich fürchte, sie werden dich in der Nacht verwechseln. Sie sollten besser bis zum Morgen an Bord bleiben; Machen Sie eine gute Pause, dann wird morgen ein schöner Tag – dann können Sie sich etwas bewegen."

Manuel sah den Kapitän an , als ob er etwas Zweifelndes in seinem Gesicht lesen würde, und wandte sich mit einem kläglichen Ausdruck der Unzufriedenheit ab. Es scheint, dass er aufgrund seiner mangelhaften Englischkenntnisse die Position des berühmten Thomas Norman Gadsden falsch eingeschätzt hatte, den er für eine Art höllische Maschine hielt, die von den guten Bürgern Charlestons geschaffen und bereitgestellt wurde, um böse Nigger zu fangen. „Nora-ma Gazine , fangen Sie mich nicht auf, Kapitän , wenn ich an Land gehe, machen Sie mir in keinem Teil der Welt, wo ich segele, Ärger, oh ! „Nein, Cap- i -tan, Manuel weiß, wie man Dis- Bisness abbaut ", sagte er und kehrte wieder zum Captain zurück.

„Ja, ja, Manuel, aber wir können die Mannschaft nicht an Land gehen lassen, bis wir das Zollamt passiert haben; Du musst dich heute Abend zufrieden geben, und am nächsten Morgen wird alles in Ordnung sein. Ich fürchte, Sie werden wieder krank – die Nachtluft ist in diesem Klima sehr schlecht; Der alte Gadsden wird dich nicht stören. Er läuft nachts nicht herum."

Manuel ging vorwärts, nicht sehr zufrieden mit der Art und Weise, wie der Kapitän ihn abschreckte. Letzterer hielt es für geboten, vorsichtig zu sein, da er befürchtete, er könnte gegen einige der städtischen Vorschriften verstoßen, über die ihm der Pilot berichtet hatte und die seine Weigerung erklärten. Manuel saß auf der Hauptluke, streichelte Tommy und erzählte ihm, was für gute Dinge sie bedeuteten die er morgens zum Frühstück haben würde, und wie glücklich sie sein sollten, dass sie während der Stürme nicht verloren gingen, ohne daran zu denken, dass er Opfer eines gnadenlosen Gesetzes werden würde, das ihn zuvor in den Eisengittern eines Gefängnisses einsperren würde die Frühstücksstunde am Morgen. „Ich mag Charleston, Tommy", sagte Manuel; „Es sieht aus wie eine unserer alten englischen Städte, und die Häuser haben so hübsche Gärten, und die Leute, von denen man sagt, dass sie alle so reich sind und so gut leben." Tommy, wir machen einen langen Spaziergang und schauen uns um, damit wir es den Leuten erzählen können, wenn wir nach Hause kommen. Das Schiff schuldet mir elf Pfund, und ich habe vor, ein paar gute Sachen als Geschenk mit nach Hause zu nehmen, um zu zeigen, was sie in South Carolina haben."

„Sie kaufen besser einen jungen Nigger und nehmen ihn als Kuriosität mit nach Hause, um ihn in den Highlands zu zeigen. Einen jungen Sambo kann man zu jedem Preis kaufen, genau wie eine Hammelkeule beim Metzger; Stecken Sie ihn in eine Bandschachtel, schleppen Sie ihn hinüber, und Sie werden im Nordland ein Vermögen machen. Aber ich würde mir lieber eine junge Frau kaufen, denn die jungen Nigger sind schelmischer als viele Schlangen, und alle fressen ihnen die Köpfe ab, bevor sie groß genug sind, um zu torkeln. Sie verkaufen hier Mädels für Nigger, die weißer sind als du, Manuel; Sie verkaufen sie auf einer Auktion und dann verkaufen sie Mais, um sie zu ernähren . Carolina ist eine großartige Region übersinnlicher Sensibilität; Sie geben dir eine Frau beliebiger Hautfarbe oder Schönheit und verlangen dafür nicht viel, vorausgesetzt, du hast die richtige Sorte. Was für eine lustige Sache wäre es, den Glasgowern ein strahlendes Exemplar einer gekauften Frau aus dem berühmten Bundesstaat South Carolina zu zeigen, in deren Adern echtes aristokratisches Blut fließt; ja, ein reiner Nachkomme der Hugenotten!" sagte der Maat, der sich über die Reling beugte, wo Manuel und Tommy saßen, eine Segar rauchte und die wunderschöne Landschaft rund um den Hafen betrachtete.

"Ah!" sagte Manuel: „Wenn ich eine Frau bekomme und an Land lebe, möchte ich keine kaufen – es könnte ein gefährliches Geschäft sein. Könnte den Körper kaufen, aber nicht die Seele – die gehört Gott."

KAPITEL VIII.
EIN NEUES GERICHT DER SECESSION.

Ungefähr Viertel nach acht Uhr abends hüpfte Meister George, wie er sich selbst nannte, der kleine pedantische Mann, den Kai entlang. Sobald er sich der Brigg näherte, schrie er mit voller Stimme: „Captain! Kapitän!!"

Der Kapitän trat an die Gangway, und der kleine Kerl, der sich gekreuzt und die Finger bewegt hatte, streckte seine Hand aus, um ihm an Land zu helfen. Als dies erledigt war, nahm er den Arm des Kapitäns und begann eine Ansprache über die wundervollen Dinge und Menschen von South Carolina. Sie machten sich auf den Weg zum Charleston Theatre. Die dann auftretende Truppe war eine kleine Angelegenheit, und das Gebäude selbst war völlig dreckig und von einem widerlichen Gestank erfüllt. Das Stück war eine kleine Farce, die der Kapitän in seinem eigenen Land in großer Perfektion gesehen hatte und die einige geistige Anstrengung erforderte, um die gegenwärtige Verstümmelung zu überstehen. Dennoch war Meister George so hochzufrieden, dass er bei jeder Grimasse des Komikers eine Reihe von Applaus ausstieß. Als das erste Stück zu Ende war, machte der Kapitän froh einen Antrag, sich in die erste gute Bar zu begeben und einen Punsch zu nehmen. Es wurde vereinbart, unter der Bedingung, dass der kleine Mann „die Ehre erweisen" sollte und dass sie zurückkehren und sich das nächste Stück ansehen sollten. Der Kapitän gab der Gegenerwiderung natürlich nach, obwohl sie ihm eine schwere Strafe auferlegte. Es wartete noch ein weiteres Stück, das der Appetit des kleinen Kerls genauso bereitwillig verschlingen wollte wie das erste. Als der Kapitän dies sah, konnte er nicht umhin, seiner Überraschung Ausdruck zu verleihen. Dies wurde als Vorwurf gegen seinen Geschmack aufgefasst, und George begann sofort eine Diskussion über das Thema des Stücks, die Absicht des Autors und die Verdienste der Hauptdarsteller, deren ordnungsgemäße Adaption er bewunderte. Der Kapitän kannte sein Thema und riet ihm, statt im Detail zu diskutieren, einen Blick in die Theater von New York und London zu werfen. Um es nicht zu widerlegen, denn er war wie alle kleinen Männer, die auf der Tiefgründigkeit ihrer eigenen Meinung beharren, und behauptete, dass es nur die unterschiedlichen Ansichten sein könnten, die die einzelnen Menschen charakterisierten, und dass die Charlestonianer mit ihrem Urteil sprichwörtlich richtig lagen von Musik und dramatischen Darbietungen.

„Ich bedauere das Urteil, das einer solchen Leistung Anerkennung zollen würde", sagte der Kapitän .

„Wie seltsam, dass ihr Engländer und Schotten immer an allem, was wir Amerikaner tun, etwas auszusetzen habt. Ihre Autoren offenbaren es uns in ihren Büchern, und die Menschen scheinen gezwungen zu sein, von ihnen zu kopieren und ihr Murren zu wiederholen", entgegnete Meister George.

„Nach dem allgemeinen Sprichwort zu urteilen, fürchte ich, statt einer wissensbasierten Beobachtung", sagte der Kapitän .

„Herr, Herr! Du darfst mich nicht nach dieser Regel beurteilen. Karolinier, mein Herr, schätzen immer intelligente Fremde, denn sie üben immer einen gesunden Einfluss aus und mischen sich niemals in unsere Institutionen ein; Sie sehen also , es wäre nicht angebracht, den pestilenten Vorstellungen kleinlicher Schreiberlinge zu folgen, damit wir uns keine falschen Meinungen bilden."

„Aber sagen Sie mir", sagte der Kapitän, „betrachten Sie sich als Amerikaner in South Carolina? – der Pilot muss mich in die Irre geführt haben."

„Amerikaner! Ja, tatsächlich, das wahre Blut, und kein Mann mit hervorragendem Urteilsvermögen hat es jemals in Frage gestellt. Aber Sie müssen den Unterschied erkennen; Wir haben keine Yankees, und wir glauben auch nicht an ihren höllischen Schwindel über die Abschaffung. Ohne South Carolina und Georgia würden die Neu-Engländer aus Mangel an Baumwolle und Reis verhungern. Es ist das Grundnahrungsmittel, das das Land zusammenhält. und so viel sie auch darüber reden, nehmen Sie das einfach weg, und was wären die Vereinigten Staaten? Wir Einwohner von South Carolina zeigen keine Symptome oder Ausdrucksformen dessen, was wir tun wollen, was wir nicht aufrechterhalten können. Wir sind von der Bundesregierung grob beleidigt worden, aber sie darf uns nicht angreifen und uns einfach eine Chance auf einen fairen Kampf geben. Wir würden ihnen den Donner des Palmetto zeigen , damit sie unsere Souveränität nie wieder gefährden würden. Kapitän, ich gelobe Ihnen meine Ehre, wenn es in Georgia nicht so viele höllische Yankees gäbe und sie unserem Beispiel in der Abspaltung folgen würden, würden wir einfach den ganzen Norden vernichten. Georgien ist ein großer Staat, aber er ist nicht mutig und hat unter seinem Volk keinerlei Ritterlichkeit. Sie gewährt den Yankees solche Privilegien – gibt ihnen die Macht, ihre Produktionsinteressen zu kontrollieren – und das ist genau das, was die Grundlagen ihrer Sklaveninstitution zerstören wird. Die Georgier sind kein bisschen wie wir; Erstens sind sie in ihren Manieren zu plebejisch – sie haben keine Vormundschaft für ihre Gesetze und üben keine Beschränkungen aus, um eine gute Gesellschaft ordnungsgemäß zu schützen. Aber, Kapitän, ihre Abstammung hat einen anderen Ursprung, und die Besonderheit, die jetzt unseren Charakter kennzeichnet, lässt sich auf die Nachkommen früher Siedlungen zurückführen. Wir haben unseren Charakter und unsere Gefühle von den Hugenotten abgeleitet; Sie gehörten zu einer untypischen Klasse grober Abenteurer, deren Ehrlichkeit von strafrechtlichem Misstrauen geprägt war. Das, Sir, erklärt die so deutlichen Unterschiede in unserem Charakter."

Der kleine Kerl drängte auf diese Art von Gespräch in der Lobby des Theaters und hatte gleichzeitig das ganz besondere Vergnügen, dem Kapitän einige der jungen Blutsverwandten, wie er sie nannte, vorzustellen, während sie zu den Logen und von ihnen gingen. Schließlich befand sich der Kapitän in einem perfekten Wespennest, umgeben von bösartigen jungen Sezessionisten, die in ihrem Wachstum so vollkommen ausgelöscht waren, dass sie alle bereit waren, Musketen, Heugabeln und Dolche zu schultern und Pistolen auf den armen alten Onkel Sam abzufeuern, wenn er das tat sollte seine Nase in South Carolina stecken. Das dargestellte Bild war das einer widerspenstigen Gruppe von Kindern, die einem grauhaarigen alten Vater ihre Meinung diktierten, ihn des Pragmatismus bezichtigten und ihm drohten, ihn auszupeitschen, wenn er doppelt so alt wäre, wenn er nicht tat, was sie sagten. Das Wissen um die Macht South Carolinas und die Schwierigkeiten South Carolinas mit der Bundesregierung fand er so allgemein dargelegt, dass es die Gesprächsatmosphäre im Salon, im Wirtshaus, in der Schule und im Barraum, im Hörsaal und im ... prägte Theater.

Der kleine Mann lud zu einer Party der Blutbrüder ein. Der Kapitän wurde in einer Art Bande an den Armen genommen und in Bakers Speisesaal eskortiert, einen Ort neben dem Theater und für einen Mann, der mit den Dingen, die in Charleston nicht vertraut sind, ein sehr lauter Ort ist. Dies wird von Charlestonianern als einer der schönsten Orte im südlichen Land angesehen; wo gutes Abendessen und Sezession (die allumfassenden Themen der Charlestonianer) das einzige wichtige Gesprächselement bilden. Man kann es als Tatsache ansehen, dass bei sieben Zehnteln der Bevölkerung von Charleston der Standard eines Gentlemans an seinem Wissen über die Sezession und seiner Fähigkeit, die Frage der warmen Abendessen zu regeln, gemessen wird. Wir sagen nichts über diesen energischen Patriotismus, der sich so oft in einer langen Reihe überschwänglicher Toasts manifestiert, die die Kolumnen des Mercury und des Courier in Schande bringen.

Bei Baker's war der Laden buchstäblich überfüllt mit allen Arten und Charakteren, vom ehrenwerten Richter bis zum Pot-Boy; ein Potpouri an Höflichkeit und Kameradschaft, das man in England nur kurz vor den Wahlen an den Tag legte. Der Leser mag dies seltsam finden, aber wir können ihm versichern, dass die Unterscheidungen seltsamerweise beibehalten werden; Im Privatleben ist eine ausschließliche Arroganz zu beobachten, während ein allzu häufiger und allgemeiner Rückgriff auf Kneipen in der Öffentlichkeit Plebejismus etabliert hat . An allen Stellen der Theke erklangen Stimmen, und für so viele verschiedene Stimmen wurden so viele verschiedene Mischungen benannt. Der Kapitän wurde sehr oft vorgestellt und fast ebenso oft zum Trinken eingeladen; Aber der kleine Mann, Meister George, beanspruchte die ausschließliche Ehre, und mit wachem Auge nutzte er seine eigenen Ausmaße aus und begann, sich durch eine Barrikade aus Körpern und Ellbogen hindurchzuarbeiten, bis er die Theke erreichte. Seine Gruppe folgte ihm dicht auf den Fersen. Insgesamt forderten sie Cocktails, Smashes, Toddies, Cobbler, Juleps und Legitims. Diese wurden entsorgt und von der Firma in einer sogenannten „Box oben" repariert. Kaum hatte Meister George Platz genommen, läutete er mit solcher Heftigkeit die Glocke, dass er Kordel und Quaste abtrennte und einen solchen Alarm auslöste, dass drei oder vier Dunkelhäutige gleichzeitig ihre erschrockenen Gesichter durch die Vorhänge streckten.

„Es gibt nichts Schöneres, als die Leute zum Nachdenken zu bringen; Sie sind hier so höllisch unabhängig, und der alte Tom hält so viel von seiner jungen Frau, dass seine Nigger begonnen haben, ihn nachzuahmen. Einer reicht auf einmal!" sagte Meister George mit der ganzen Wichtigkeit seines Charakters. Ein „schlauer Junge", dessen Haar in der Mitte seines Kopfes schön gescheitelt und für diesen Anlass gekräuselt war, verbeugte sich höflich, während die anderen sich zurückzogen.

„Was haben Sie heute Abend zum Abendessen zur Auswahl? Wir wollen etwas Reifes für den Gaumen – nichts von deinen Überresten, du höllischer Nigger, und erzähl uns nichts von deinen Lügen."

„Vögel, Herr, Auerhühner, Waldschnepfen, Rebhühner, Leinhühner und Wachteln; Fleisch, Wild und Austern, meisterhaft zubereitet in jeder Form, die die Herren wünschen. Weine usw., wenn sie wollen", antwortete der Diener ohne den Negerdialekt und verneigte sich gleichzeitig tief vor Meister George.

„Nennen Sie es! Benennen Sie Ihre Gerichte, meine Herren! Seien Sie nicht rückständig. Ich nehme an, seine Vögel sind wie immer, ohne Alter, das sie würzen könnte. Es ist völlig heidnisch, Vögel zu essen, wie sie hier serviert werden: Wir bekommen hier nie einen Vogel, der so verändert ist, dass er einem Gentleman mit Geschmack entspricht; Ihr Rindfleisch ist zäh, und das Steak, das sie zubereiten, ist nur für Schuhmacher und Schmiede geeignet. Ich komme nie dorthin, aber ich denke an meine Reise in Frankreich, wo man den Stil und Geschmack eines Gentlemans kennt und Dinge serviert werden, die zu Ihrer Wahl passen." So fuhr unser kleiner Freund mit seinen Kennerbemerkungen fort, um dem Kapitän eine besondere Vorstellung davon zu geben, wie gut er die erforderlichen Qualitäten, das Alter und die erforderliche Aufbewahrungszeit beherrschte, um die Beilagen eines Abendessens für einen Gentleman angemessen zu machen. „Verdammt, ich! Wir wissen nicht, wann Esswaren die erste Wahl sind, und die Yankees sind in diesen Dingen absolute Rohlinge und haben nicht mehr Geschmack als eine Kuh. Unsere Leute sollten alle für ein oder zwei Jahre nach Frankreich gehen, um den Kochstil zu lernen. Es ist perfekter Mord, einen Vogel noch am Tag nach seiner Tötung zu essen; Jawohl! Kein Mann, der auf seinen Magen Rücksicht nimmt, wird es tun", sagte George.

Der Diener wartete ungeduldig – der Kapitän rieb sich die Augen und begann, ein Glas Wasser einzuschenken; und sagte trocken, er habe keine Wahl, worauf der Rest antwortete. Es wurde Meister George überlassen, und er bestellte einen großzügigen Vorrat an Auerhühnern, Rebhühnern, Austern und Champagner seiner Lieblingsmarke – keiner anderen. Außerdem gab es im Obergeschoss ein Billardzimmer, ein Lesezimmer, einen Raum für wichtigere Glücksspiele und einen Barraum. Alle waren gut gefüllt mit sehr gut gekleideten und sehr lauten Leuten; Letzteres war ein sehr bequemer Ort, weshalb die Gruppe Trinker dorthin schickte, um die Zeit aufzufüllen.

„Das ist nur ein kleiner Teil dessen, was das Leben in Charleston ausmacht, Captain. Wir leben um des Lebens Willen willen und stehen nicht auf den blauhäutigen Theorien der Mäßigkeit und Religion, die die Yankees vertreten, und beschuldigen den Vater der Generationen, dass er die Welt nicht besser gemacht hat. Ich habe nie einen von ihnen gesehen, der nicht schlimmer war als wir Südstaatler, bevor er ein Jahr in Charleston war, und der für Nigger der absolute Todesstoß war. Ja, Sir, es ist nur die extreme Herzensgüte der Menschen im Süden, die die Nigger dazu bringt, sie so zu mögen. Ich habe noch nie einen Nordstaatler gesehen, der seine Nigger nicht in zwei Jahren zu Tode arbeiten lassen würde. D-ich, mein Herr, alle meine Diener lieben mich, als wäre ich ein Prinz. Waren Sie schon einmal in Frankreich, Sir?" sagte er und brach plötzlich ab. Der Kapitän antwortete bejahend.

"Ah! dann kannst du Französisch sprechen! die ausgefeilteste Sprache, die die kultivierte Gesellschaft kennt. Ich würde um keinen Preis mein Französisch aufgeben. Alle ersten Familien in Charleston sind damit vertraut. Es ist hier der Freispruch des modernen Gentlemans gegenüber der Gesellschaft. Es gibt keine vergleichbare Sprache für Schönheit und Flexibilität; aber man muss nach Frankreich gehen und lernen, sich seine Anmut und Leichtigkeit anzueignen", sagte er in schneller Folge, indem er seine Worte in der Nachahmung eines Londoner Zweigs des Inner Temple aussprach und sein kleines Doggenmaul bearbeitete.

„Nein, Sir", sagte der Kapitän urig. „Ich habe mich nie lange genug in Frankreich aufgehalten, um mich mit der Fachsprache vertraut zu machen."

„Gott segne mich, was für ein Unglück! und kann es noch nicht sprechen, oder? Nun, Kapitän, wenn Sie einer zierlichen Madmoselle den Hof machen wollten , wären Sie in einer traurigen Situation – sie würde nicht verstehen, wovon Sie redeten, und würde Ihre Liebesversprechen für Schinken nehmen."

„Da irren Sie sich, mein Guter. In Frankreich wächst die Liebe auf den Bäumen, und eine Französin kann sie sehen, bevor man ihr davon erzählt!" erwiderte der Kapitän , was ein „Gut!" brachte. Gut! Schlag ihn noch einmal!" von der ganzen Party. Daraufhin begann Meister George, dem Kapitän eine Abhandlung über die beste Art und Weise, die französische Sprache zu erlernen, vorzulesen. Das Abendessen wurde gebracht – in bester Manier des alten Tom Baker – und die Gesellschaft begann mit großem Enthusiasmus darüber zu diskutieren. Was den kleinen, ritterlichen Kerlen an physischer Dimension fehlte, machten sie durch patriotische Gefühle zugunsten der großen Souveränität von South Carolina wett, die sie bis in die späte Stunde hinein ausschütteten, wobei jeder Mann seine Worte mit der Autorität der Großen und Großen untermauerte wunderbarer Calhoun.

Der Kapitän saß beim Essen und schien eher dazu geneigt zu sein, den körperlichen Trost seines Abendessens zu genießen, als seine Ideen über die Politik South Carolinas zu äußern.

„Nun, Kapitän", sagte Meister George in einem sehr ernsten Ton, nachdem er mehr als eine Stunde lang mit der Hand auf den Marmortisch geschlagen hatte, um die Punkte seiner Überlegungen zu bestätigen, „was ist Ihre Meinung zu der großen Frage?" Streit zwischen der Bundesregierung und South Carolina? Und was halten Sie vom Old Dominion? Wie wird sie zur Prüfungsfrage stehen?"

Der arme Kapitän sah verwirrt aus, nahm eine weitere Auster und begann, sich den Mund vollzumachen, während der kleine George sich mit den Fingern durch sein schönes lockiges Haar fuhr und die jungen Leute gespannt auf die Erwiderung warteten.

„Wirklich, Sir, Sie sind mir in Ihrer Frage voraus. Es geht so weit über meinen Beruf hinaus, dass ich überhaupt keine Ahnung von dem Thema habe und daher keine Stellungnahme dazu abgeben kann. Ehrlich gesagt, Sir, kenne ich den Sinn der Frage nicht. Es hat mir Freude und Aufschluss gegeben, Ihrem Gespräch und Ihrem Argumentationstalent zuzuhören, aber als Fremder konnte ich nicht teilnehmen", antwortete der Kapitän sehr aufrichtig.

Master George war damit nicht zufrieden und wollte direkter sein. „Es ist das Recht auf Sezession, Captain – die Macht, das Recht durch die Verfassung aufrechtzuerhalten."

"Wahrscheinlich; Aber darf ich meine Unwissenheit bloßstellen, indem ich frage, was mit Sezession gemeint ist? und worauf wird es so häufig angewendet?" fragte der Kapitän .

"Oh! Mord Kapitän; Haben Sie noch nie von Annullierungszeiten gehört? Nun, Sir, Sie müssen über die Angelegenheiten unserer Regierung informiert sein." Also begann er mit einer fast einstündigen Analyse und lieferte darin einige erstaunliche Berichte über die wunderbare Staatskunst von Calhoun, Butler und Rhett, die er mit einem perfekten Feuer-und-Donner-Bericht über die militärischen Heldentaten von General Quattlebum und Captain abschloss Blanding. Der Kapitän begann sich zu strecken und den Mund zu öffnen, denn er litt unter der Ermüdung einer gefährlichen Reise, und Ruhe war das einzig wirksame Heilmittel. Er hatte das Gefühl, dass die Grenzen des Anstands völlig überschritten wurden und dass er Grund haben würde, sich an die erste Nacht zu erinnern, die er mit dem kleinen George, dem Sezessionisten, verbracht hatte.

„Aber, Kapitän! Mein Lieber Gefährte. Ich sehe, dass Sie unsere Position noch nicht verstehen. Wir wurden beleidigt; Ja, sie werden von der Bundesregierung am schelmischsten beleidigt, und das machen sie jedes Jahr so weiter. Wir können unsere Rechte nicht durchsetzen. Oh! Nein, Sir, so etwas wie Gerechtigkeit für South Carolina gibt es nach dem Wissen der Bundesbeamten nicht; und Sie müssen verstehen, Kapitän, dass es der größte Staat in der Union ist und es nichts gibt, was an Tapferkeit mit seinem Volk vergleichbar ist . Die politische Macht hat den Norden und den Westen erobert, die alte Verfassung wird zerlegt, um den Abolitionisten gerecht zu werden, und sie ziehen immer schneller die Absperrung um uns herum; Und jetzt sind sie wie Krieger mutig auf dem Weg zur Eroberung, lassen ihre Stimmen in den Sälen des Kongresses erklingen, appellieren an die menschliche und göttliche Macht, ihren Unsinn zu schützen, und stellen Missachtung unserer verfassungsmäßigen Rechte dar. Unsere Sklaven sind unser Eigentum, geschützt durch das Gesetz Gottes – durch diese inspirierte und übermenschliche Weisheit, die unsere große und herrliche Verfassung begründete. Jawohl! Es war eine Einrichtung, die uns von unseren Vorfahren übertragen wurde, und eine weise Vorsehung hat geeignete Gesetze geschaffen, mit denen wir diese armen, elenden Teufel aus hilflosen Sklaven, die nicht für sich selbst sorgen können, durchweg beschützen und sehen werden.“

„Aber wie wirkt sich das auf Sie und die Bundesregierung aus?“ fragte der Kapitän .

„Warum, Sir, ganz direkt!“ antwortete Meister George, verzog den Mund und gab seinem Kopf eine sehr gelehrte Haltung. „Direkt, Sir! – die Bundesregierung stimmt jedem Abschaffungsplan zu, der in diesem faszinierenden Nordpakt zur Bildung neuer Regierungen in den Gebieten vorgeschlagen wird. Sie gewährt designierten Politikern verfassungswidrige Privilegien, deren Hauptziel darin besteht, unsere heimische Institution zu entwurzeln und die Treue des Sklaven zu seinem Herrn zu zerstören, wodurch die Sklaven schutzlos über die Welt hinausgeworfen würden und wir ihrer Macht entwaffnet würden, um sie zu schützen. Ah! Herr, ich sage Ihnen, von allen Früchten der Fantasie wäre die verdammenswerteste, und der Sklave wäre der Leidtragende. Es wäre schlimmer für ihn, der arme Kerl; es wäre ein beispielloser Missbrauch menschlicher Macht. Was die politische Macht betrifft, sind wir nahezu entwaffnet. Der Bevölkerungszustrom findet seinen Weg in die geöffneten Alleen im Norden und Westen. Und was können wir erwarten, wenn die Meinungen gegen unsere Institutionen gerichtet sind und der verunreinigende Einfluss mit offenen Armen bereitsteht, die große Strömung anzunehmen? Es ist die zunehmende Macht, die durch den ausländischen Zustrom entsteht und unserer Regierung den Ton gibt. Wenn unsere Southern Convention standhaft bleibt, sind wir gerettet; Aber ich fürchte, es gibt zu viele zweifelhafte Schatten darin, die der Waffe nicht standhalten. „Das ist es, was bei uns immer so schlimm war", sagte George und schlug mit der Hand auf den Tisch. „Es gibt keine Begrenzung für ihre Interventionen, ihre Entschlüsse und ihre Vertagungen; was nicht meinen Grundsätzen entspricht, die Sache anzugehen und mit unseren Särgen auf dem Rücken zur Frage zu stehen. Diese Herablassung des Denkens und Fühlens entspringt den falschen Vorstellungen einiger weniger, die immer bereit sind, sich anzuschließen, aber niemals bereit sind, aktiv zu werden, und dürfen nicht als Beispiel für den Mut South Carolinas angesehen werden. Die Bundesregierung ist gegenüber South Carolina bösartig und sogar kindisch geworden; Und da die herkulische Macht des großen Calhoun verschwunden ist, behandelt es uns wie ein halbbarbarisches und zurückgezogenes Volk, das unseren Charakter verkennt. Aber wir werden der Bundesregierung noch eine Lektion lernen."

„Erlassen Ihre Gesetzgeber nicht Gesetze für Ihre Regierung, oder wie kommt es, dass Sie eine so unruhige Unzufriedenheit zum Ausdruck bringen? Regieren nicht dieselben Gesetze, die Sie regieren, auch die gesamten Sklavenstaaten?"

Little George hatte zuvor die gesamte Unterhaltung in seinen Händen gehalten, aber an diesem Punkt erklangen fünf oder sechs Stimmen, von denen jede eine Antwort auf die Frage des Kapitäns lieferte; und doch war die Antwort von der gleichen alten Prägung: Was South Carolina getan hatte – wie sie den mexikanischen Krieg gekämpft und gewonnen hatte – wie sie sich für Sklaven interessierte und wie sie sich immer noch davor fürchtete, den Schlag zu versetzen, weil eine Gruppe bloßer Abenteurer es getan hatte hatte das Recht, an ihren Wahlen teilzunehmen, und Feiglinge waren durch sie in die Legislative gelangt.

„Warum, meine Herren, hören Sie mir in diesem speziellen Fall zu. Wenn"-

„Deine Austern werden langsam kalt, George", unterbrach ein Blut zu seiner Linken ziemlich scherzhaft.

„Ich beanspruche den Respekt, der einem Gentleman gebührt, Sir! „Ein Südkaroliner wird keine Regeln der Etikette übertreten", sagte George, ergriff leidenschaftlich seinen Becher und zerschmetterte ihn auf der Marmorplatte, was im Lager ein plötzliches Aufbegehren auslöste. "Befehl! Befehl! Befehl!" wurde aus jeder Zunge erklangen. „Sie müssen keine Angst haben, Kapitän", sagte einer aus der Gruppe . „Das ist perfekt südkarolinisch – nur das Schwingen des Champagners; es wird nicht lange dauern."

Der Lärm war lauter als gewöhnlich und brachte Dutzende Menschen dazu, die Unruhe zu hören. George war in große Verzweiflung geraten, und es bedurfte mehrerer Personen, um ihn festzuhalten, während die übrigen, nicht mit Ausnahme des Kapitäns , mit der Befriedung beschäftigt waren. Die Szene war in ihrer Torheit sehr extravagant; und durch die freundliche Vermittlung von Freunden wurde die Angelegenheit zur ehrenvollen Zufriedenheit beider Parteien geklärt – die Frage wurde gestellt – der Kapitän rief nach einem Legitimierten, rieb sich die Augen, und der kleine George machte weiter. „Wenn mein Freund Thomas Y. Simmons Jr. in die Legislative gewählt worden wäre, hätte er die Lage in South Carolina verändert. All diese Korruptionen wären aufgedeckt worden, und die Ungleichheit der Parteien wäre in Vergessenheit geraten. Jeder echte Karolinier stimmte voll und ganz für ihn, aber wie wurde er besiegt? Meine Herren, können Sie antworten? Es wird mir eine große Freude sein, Ihre Meinung zu hören!" Eine Stimme antwortete: „Weil er nicht groß genug war!" „Nein, Sir", sagte George, „es lag daran, dass es in der Partei Intrigen gab und der Einfluss der Yankees ihn niederschlug. Die Welt wird noch von ihm hören. Er ist mein besonderer Freund und wird in den Sälen des Kongresses als der größte Staatsmann stehen, der jemals ein politisches Gefühl zum Ausdruck gebracht hat."

Georges Bericht über seinen besonderen Freund, Thomas Y. S., Jr., war so extravagant, und da er noch nie von ihm gehört hatte, war der Kapitän neugierig geworden, zu erfahren, wer er war und wo er wohnte. Wir wollen den Leser nicht mit Georges wunderbaren Memoiren über seinen Freund überfordern, sondern ihn lediglich darüber informieren, dass der „kleine Tommy Simmons", wie er in Charleston normalerweise genannt wird, ein genaues Vorbild von Meister George ist, mit Ausnahme seines Mundes, der es ist gerade und regelmäßig; und wenn wir uns zu den Extremen herablassen dürften, sollten wir sagen, dass der Cordwainer mehr für seine Fersen getan hatte. Sonst könnte keine Daguerreotypie ein korrekteres Gegenstück wiedergeben. Tommy ist ein sehr kleiner Anwalt in Charleston, der zwar selten zu sehen ist, wenn das Gericht überfüllt ist, aber viel Lärm macht, ohne Aufklärungskraft oder juristische Fähigkeiten an den Tag zu legen, sich aber stets geschickt verhält. Tommy war in zweierlei Hinsicht der kleine George: Er hatte Jura studiert und war ein großer Sezessionist. und wenn George nie praktiziert hätte , dann nur aus Neigung, die seiner Behauptung nach aus einem menschlichen Gefühl entsprang, das er nie überwinden konnte – dass er niemals jemanden unterdrücken wollte. Aber der größte Kontrast, den sich der Leser zwischen mentalen und physischen Objekten vorstellen kann, bestand zwischen Tommys Bestrebungen und dem physischen Menschen. Sein Geist und sein Selbstvertrauen waren groß genug, um die assyrische und chaldäische Armee gegen die Hebräer anzuführen. Zu diesem Zweck und um die Formel seiner Staatskunst weiter voranzutreiben, erklang, kaum war er einundzwanzig und die Ecke war gerade um die Ecke, als er seine Kriegstrompete erklingen ließ – Sezession oder Tod! – bestieg das Podium und „ stumpfte es, „um die Güte und Größe von South Carolina hervorzuheben und alle Ungläubigen in der Aufhebung völlig zu vernichten." Es war wie bei Jonah und dem Wal, nur dass das Schlucken, von dem der mutige Tommy versprach, dass es sein Büro sein sollte, wenn die Bundesregierung sich nicht daran hielt. Ja, Tommy war ein Kandidat für die Legislative und für den Südkongress (letzterer war ausschließlich ritterlich;) und der Leser darf sich nicht wundern, wenn wir ihm sagen, dass ihm nur ein paar Stimmen fehlten, um in den Südkongress gewählt zu werden. Das war die Stimme des Bezirks Charleston.

Das Abendessen war bis ins kleinste Detail besprochen worden, und alle äußerten ihre Zufriedenheit mit der Menge und lehnten es ab; aber George bestellte noch eine Flasche Champagner und bestand darauf, dass die Gesellschaft ein Abschiedsglas trinken sollte. Der Diener hatte begonnen, das Licht auszulöschen – ein sicheres Zeichen dafür, dass der Erfolg der Bar für diesen Abend zu Ende war. George tadelte den Neger – das kohlensäurehaltige Getränk wurde gebracht, Gläser aufgefüllt, berührt und mit dem stehenden Toast von South Carolina getrunken. Es wurde ein Antrag auf Vertagung gestellt und befürwortet, und die Gruppe, die mit der Erholung am Abend zufrieden war, zog entsprechend weiter.

KAPITEL VIII.
EINIGE PUNKTE DES GESETZES.

IN Charleston bedeutet ein solcher Aufenthalt in einer Bar oder einem Restaurant, wenn die Gesellschaft etwas genießt, was man einen „angenehmen Anlass" nennt, nicht einen Aufenthalt am heimischen Kaminfeuer; Auch die Unterschiede zwischen verheirateten und alleinstehenden Männern werden nicht berücksichtigt, obwohl häusliche Bindungen als bestimmend für die Gedanken und Gefühle angesehen werden können. Die praktische Definition einer solchen Vertagung bedeutet an einen Ort, an dem sich die Schönheit zurückzieht, um in Schande zu vergehen.

Die Gesellschaft stieg in den unteren Schankraum hinab, der zwar etwas dünner war, aber ein Bild von bis zum Wanken gebrachten Charakteren bot. Es wurde ein Antrag gestellt und nachdrücklich unterstützt, das üppige Haus einer bestimmten Dame zu besuchen, von der man annimmt, dass ein Fremder Charleston erst gesehen hat, als er ihn besucht hat. Der Kapitän protestierte dagegen und versicherte der Gruppe, dass er zum Schiff gehen müsse und Ruhe brauche. Wieder und wieder bestanden sie darauf und stellten den Charme und die Schönheit der Bewohner dar, aber er lehnte ebenso oft auf die positivste Weise ab. Unfähig, ihn in seinem Entschluss zu bewegen, begann einer nach dem anderen, ihm herzlich die Hand zu schütteln und ihm eine gute Nacht zu wünschen, und überließ dem kleinen Meister George die alleinige Ehre, ihn nach Hause zu begleiten.

Mitte des Raumes stand , umgeben von fünf oder sechs gut gekleideten, aber sehr schwachen Knien, ein beleibter Herr; mit sehr strahlendem Gesicht, scharfen dunklen Augen und einer Adlernase, die er häufig befingerte. Er strahlte Respekt aus, auch wenn sein Gesichtsausdruck kein besonders hervorstechendes Merkmal aufwies, das ihn von der gewöhnlichen Klasse respektabler Männer unterscheiden würde. Er sprach gut, hatte aber weder Geschmack noch Unterscheidungsvermögen in seiner Sprache, war ziemlich kahl und grau, hatte einen kleinen Kopf und eine geringe Wahrnehmungsfähigkeit; und nach dem besonderen Tonfall seiner Stimme und den von ihm verwendeten Schimpfwörtern zu urteilen, sollten wir annehmen, dass er zu den Pferdehändlern von Kentucky zählte oder in Arkansas kurze Reden hielt. Sein Kleid war eher knallig. Er trug einen auffälligen braunen Gehrock mit sehr weit nach hinten gelegtem Kragen und eine schicke weiße Weste, die seinen Hemdbusen fast bis zum Hosenbund freilegte, der aus grauen Streifen bestand. Aber die fantasievolleren Teile seines Kleides waren eine große und kostbare Anhängerkette, die sehr tief hing und ein riesiges Siegel trug, das einen glitzernden Stein enthielt, den er offenbar sehr gern mit der linken Hand baumeln ließ. Daran war ein sehr deutlich sichtbares schwarzes Band befestigt, das als Schutzkette diente und mit großer Sorgfalt über die Brust seines Hemdes gelegt wurde. Zusammen mit einem Halstuch in auffälligeren Farben als Josephs Mantel und einem Pariser Hut im Spätstil, dessen Krempe an den Seiten sehr schön umgeschlagen ist, machen sie unseren Mann aus.

Er diskutierte über Politik, wobei er sehr viele vernünftige Aussprüche äußerte, wenn auch keineswegs an eine vernünftige Argumentation heranreichte; und so seltsam es auch erscheinen mag, er war entschieden gegen die fanatischen Ansichten mehrerer umwerfender Sezessionisten, die ihn umgaben, und vertrat die Ansichten, die Mr. Butler in der Konvention dargelegt hatte. Wir haben dies besonders hervorgehoben, denn es war so ziemlich der einzige Fall, den wir gesehen haben, in dem ein öffentlicher Mann unabhängig genug war, um den Fanatismus der Sezession anzuprangern. Man kann sich kein amüsanteres Bild vorstellen als das, was die Haltungen – die Fragen darüber, ob South Carolina die Bundesregierung beschimpft –, die seltsam pompöse, zügellose Gasconade und die hochtrabende Ritterlichkeit der Würdenträger – nicht vorstellen können. Sie waren in vollkommener Ekstase von sich selbst und South Carolina und schworen, was auch immer kommen würde, sie wären bereit, es zu meistern.

Der kleine Meister George schien sehr darauf bedacht zu sein, dass der Kapitän ihn kennenlernte, und begann, ihm einen ungeheuerlichen Bericht über seine herausragenden Fähigkeiten zu geben. "Und das ist nicht alles!" sagte George; „Er ist nicht nur einer der großartigsten Charaktere in Charleston oder vielleicht im ganzen Staat, sondern er ist auch ein wirklich guter Kerl.“

Wir werden unterbrechen, indem wir dem Leser mitteilen, dass er einer der guten Leute war – eine zahlreiche Familie in Charleston –, die bei der Auswahl ihres Unternehmens niemals gute Instrumente verwenden; und den Spirituosenhändlern eine große würdige Anerkennung zollen. Es gibt keinen diskriminierenden Spielraum für die Familie der guten Gefährten, denn ihre Mitglieder können mit gleichermaßen erfreulichen Neigungen gefunden werden, von der höchsten Aristokratie bis zur Negerbevölkerung.

„Das, Sir, ist Col. S-e; gehört zu einer der ersten Familien, Sir. Er kann den alten Pettigru völlig niederschlagen; Seine Beredsamkeit ist so mitreißend, dass er mich immer an Perikles erinnert. Er kann den kleinen Thomas Y. Simmons Jr. in Stücke reißen, die beste Kurzrede halten, vor einer öffentlichen Versammlung eine Ansprache halten und deren Gedanken fesseln, eine Jury schneller zum Weinen bringen als jeder andere Mann, den schlimmsten Verbrecher davon freisprechen Wer jemals ein Verbrechen begangen hat – und er ist auch gutherzig –, kann die erstaunlichsten Vergleiche anstellen, um den Verstand dummer Geschworener zu verwirren und sie dazu zu bringen, den verdammten Unsinn zu glauben, den jemals ein

Mensch erfunden hat. Ja, Sir – wenn er eine Rede hält, hört ihm jeder zu, denn er sagt, was er will, und der alte Richter Withers, dessen Wille so willkürlich ist wie der von Julius Cäsar und der die Hartnäckigkeit von Tom Boyces Maultier hat, verdammt Versuchen Sie nicht , den Tenor seines Plädoyers zu kontrollieren. Und er kann die beste erfundene Geschichte aller Männer in der Stadt erzählen. Er hat den schurkischen Doktor Hines einst wegen der Farbe seiner Pantalons entlarvt.“

George wartete ungeduldig auf das Ende der politischen Kontroverse und war entschlossen, seinen Freund dem Oberst vorzustellen. Er hatte bald die Gelegenheit, denn der Oberst, der sich von einer Gruppe unvernünftiger Sezessionisten bedrängt sah, gab eine umfassende Erklärung ab. „Meine Herren“, sagte er, „lassen Sie mich Ihnen eine bescheidene Tatsache sagen: Sieben Achtel der Feuerspucker der Sezession wissen nicht, was die eigentliche Bedeutung von Regierung ist: Ich erhebe den Vorwurf gegen mein eigenes Volk – aber es ist wahr.“ .“ "Verräter! „Verräter! – Verräter an South Carolina“, erklang aus einem Dutzend Stimmen.

„Wenn ich also Ihrer Meinung bin, bin ich froh zu wissen, dass meine Gefühle meine eigenen sind. Gute Nacht!"

Mit diesen Worten verließ er die Gesellschaft und machte sich auf den Weg zur Tür, wo er von George begrüßt wurde, der ihn seinem Freund, dem Kapitän, vorstellte . Der Oberst war ein sehr geselliger, kommunikativer Mann; und während sie weitergingen, nahm er den Arm des Kapitäns und begann ein interessantes Gespräch über seine Reise und seinen ersten Besuch in der Stadt, wobei er gleichzeitig seinen gesunden Menschenverstand unter Beweis stellte, indem er nicht versuchte, ihm die großartigen Dinge von South Carolina aufzuzwingen.

Einige Wochen später hatten wir das Glück, die juristischen Fähigkeiten dieses Herrn in einem Plädoyer an der Anwaltskammer zu hören. Es enthielt viele gute Punkte, die, wenn sie nicht rechtlich dargelegt wurden, gut gesagt wurden ; Dennoch sollten wir ihn der lauten Schule zuordnen.

Der Kapitän hielt es für eine gute Gelegenheit, im weiteren Verlauf einige Nachforschungen über seinen Verwalter anzustellen, und begann wie folgt:

„Ich glaube, Ihre Gesetze in South Carolina sind sehr streng, Sir!“

„Nun, nein, Sir“, sagte der Oberst, „wenn wir diejenigen ausnehmen, die die Nigger regieren; sie müssen es notwendigerweise sein; Wir haben so viele Emeutes mit ihnen gehabt, dass kein Gesetz in seiner Anwendung zu streng gemacht werden kann. Wir werden von so vielen bösen Niggern befallen, dass die ganze Klasse korrumpiert wird.“

„Ihre Gesetze machen natürlich einen Unterschied zwischen guten und bösen Niggern und freien Negern?“ warf der Kapitän dazwischen .

„Wir machen keinen Unterschied zwischen den Farben – einige sind so weiß wie Sie; aber die Grade sind so komplex, dass es unmöglich wäre, ein gleitendes Gesetz für irgendeine feste Hautfarbe aufzustellen. Das Gesetz, das sie regiert, ist eindeutig und umfassend, um die weiße Bevölkerung vor ihrer Unkenntnis von Gesetzen und Beweisen zu schützen. Wir könnten sie niemals in ihren jeweiligen Bereichen regieren, es sei denn, die Gesetze würden in ihrer Wirkung strenger. Was die freien Nigger betrifft, sie sind das größte Ärgernis, das wir haben; Es ist unsere Politik, sie loszuwerden, und zu diesem Zweck besteuern wir sie streng. Die Beseitigung dieser Klasse von Niggern wäre ein wesentlicher Vorteil für unsere Sklaven, da aufgrund ihres Einflusses unsere Negergesetze strenger werden. Und das Schlimmste daran ist, dass sie schneller zunehmen. Aber wir legen großen Wert darauf, so viele freie Männer wie möglich mit Sklaven zu verheiraten, und die freien Frauen laufen davon. Sie, die Sie an die freien Institutionen Ihres Landes gewöhnt sind, mögen einige dieser Dinge zunächst für einzigartig halten; aber man gewöhnte sich schnell an sie und bewunderte sie wirklich, wenn man sah, wie schön sie funktionierten."

„Gibt es keinen Ermessensspielraum mehr?" fragte der Kapitän . „Es muss bedrückend sein, wenn es durchgeführt wird; Gute Männer – ob weiß oder schwarz – haben Anspruch auf die ihnen zustehenden Vorteile; aber wo Gesetze, wie Sie sie beschreiben, durchgeführt werden, kann die Absicht eines guten Mannes nicht weiß gemacht werden, da die Beweise eines guten Mannes schwarz sind. Nach meiner Vorstellung vom Naturgesetz liegen die Verdienste eines Menschen nun in seiner moralischen Integrität und seinem Verhalten ; Deshalb sollte ich die Regel aufstellen, dass ein guter Schwarzer besser ist als ein schlechter Weißer und ebenso Anspruch auf den Respekt und die Herrschaft des Gesetzes hat."

„ Hallo! – oh! Kapitän; In South Carolina ist es nicht angebracht, so zu reden. Ein Nigger stelle sich einfach vor, er sei genauso gut wie ein Weißer, und alle sieben Kodizes der Christenheit würden ihn nicht unterdrücken. Ah! Sie müssen noch ein oder zwei Dinge über Nigger lernen", unterbrach Master George, bevor der Colonel Zeit zum Sprechen hatte.

„Ich spreche nur aus meiner Beobachtung der menschlichen Natur; aber ich werde Ihre Gesetze vielleicht besser kennenlernen, wenn ich unter Ihnen bleibe", sagte der Kapitän .

„Wie ich bereits sagte, Sir", antwortete der Oberst, „sind unsere Niggergesetze so beschaffen, dass sie eine strikte Durchsetzung erfordern." Wenn wir das Vorrecht einer Ermessensbefugnis zulassen würden, würde dies den Weg zu einem endlosen System der Bevorzugung ebnen, das nur der Gnade und den Gefühlen derjenigen ausgeliefert ist, die es ausüben. So wie es jetzt ist, gelten für den weißen oder schwarzen Nigger, ob Mann oder Frau, das gleiche Gesetz und die gleiche Strafe. Selbst am Paddelgalgen machen wir keinen Unterschied. Der Paddelgalgen ist ein Rahmen mit zwei Pfosten und einer Schraubenschlüsselschraube an der Oberseite. Die Hände des Negers sind mit eisernen Handschellen gefesselt; In diesen wird dann ein Seil an einer Öse befestigt, und der Neger wird über den Schraubenschlüssel geführt und durch Drehen in eine qualvolle Position gebracht, bis seine Zehenspitzen kaum den Boden berühren. So schwebend und mit maximal gespannter Haut löst es sich nicht selten beim ersten Schlag des Paddels. Manchmal sind die Füße gesichert, wenn die Wirkung dieser modernen Wissenschaft, die Spannung des menschlichen Körpers zur Bestrafung zu demonstrieren, unter dem Paddel schmerzhafter wird. Die Einwohner von South Carolina lehnen diese Art der Bestrafung generell ab und lassen niemals zu, dass Fremde Zeuge davon werden. Es wird nicht, wie einige Autoren festgestellt haben, in Georgien praktiziert, wo wir mit Freude sagen können, dass die Bestrafung in den Gefängnissen und Gefängnissen, soweit sie auf legale Weise durchgeführt wird, auf humane Weise erfolgt; und anstatt die moderne Barbarei in eine Wissenschaft zu verwandeln, wie es in South Carolina geschieht, wird eine strikte Achtung vor dem Verbrecher gewahrt. Ich werde einige einzigartige Tatsachen erzählen, die mit der Strenge zusammenhängen, mit der wir South Carolinaner unsere Gesetze befolgen. Und jetzt, wo wir direkt damit verbunden sind, prägen sich seine Assoziationen noch stärker in mein Gedächtnis ein. Es bringt viele schmerzhafte Erinnerungen mit sich, und wenn wir in einer anderen Lage wären, würde ich mir wünschen, dass die Ursache beseitigt würde. Aber das kann nicht sein, und wir müssen das Gesetz befolgen, ohne Zugeständnisse zu machen, denn in diesen kleinen Nachsichten schleichen sich all jene Übel ein, die die Zerstörung unserer besonderen Institution bedrohen. In der Tat, Kapitän, handelt es sich um Rechtsfragen, die alle unsere Hausangestellten betreffen Stille steht; und als solche sind wir verpflichtet, unsere Möglichkeiten zu verstärken, sie strengstens durchzusetzen. Unsere Gesetze basieren auf der alten Weisheit unserer Vorfahren, und South Carolina hat sich nie selbst geschmäht oder seine rechtliche Reinheit verletzt. Wir haben unser System fast auf eine praktische Wissenschaft reduziert, die in ihren Grundsätzen und Regierungspunkten so vollständig ist, dass sie den höchsten und edelsten Zielen unseres Landes würdig ist. Und gleichzeitig ist der Geist und die Großmut unseres Volkes so groß, dass es bei der Ausarbeitung von Gesetzen zum Schutz vor den gefährlichen Einflüssen dieses Flügels unseres Landes, der seine ehrgeizigen Irrtümer verbreitet – seine verlockenden Reize – oberflächliche Kritik an winzigen und Einzelfällen – Wir haben überflüssige Theorien ohne Maß und Beobachtung aufgestellt und einen Maßstab für die Regierung der Sklaven auf der Grundlage törichter und kapriziöser Vorurteile geschaffen. Wir haben sorgfältig darauf geachtet, eine konservative Mäßigung gegenüber dem Sklaven zu wahren. Aber zu meinen Bemerkungen."

Die Gesellschaft war nun gegenüber dem früher als Jones's Hotel bekannten Ort angekommen, wo der Colonel stehen blieb, um den besonderen Fall zu erzählen, der seine Gefühle geschmerzt hatte, obwohl er sich sehr hartnäckig an das Gesetz hielt, wie es war, weil er fest an das Gesetz glaubte Weisheit der Justiz in South Carolina.

„Unser erstes und großes Ziel besteht darin, den Meinungsaustausch zwischen unseren inländischen Niggern, ob Sklaven oder Freie, und Niggern, die im Ausland leben oder unseren Staat verlassen haben, zu verhindern; Um dies zu erreichen, war es zwingend erforderlich, ein Gesetz zu erlassen, das es freien Negern verbietet, in den Staat einzureisen, und denjenigen, die sich im Staat aufhalten, das Verlassen des Staates, unter Androhung einer Gefängnisstrafe und einer Geldstrafe, wenn sie zurückkehren. Die Strafe belief sich auf den Verkauf auf ein Peon-Formular; und unterwarf den Täter dem Sklavensystem auf eine Weise, die er selbst selten wieder erlangte. Sie werden feststellen, Kapitän, dass die Strafe von unserem Volk nicht gewollt ist, da das Ziel darin besteht, sie an der Rückkehr zu hindern, und als solche muss sie im Sinne ihres Ursprungs verhängt werden. Eine weitere sehr kluge Vorkehrung wurde von unserem Gesetzgeber getroffen und hat dem Sklaven viel Leid erspart. Vor ein paar Jahren hat unser kluger Gesetzgeber ein Gesetz erlassen, um die Befugnis zur Emanzipation vom Richterrat, wo sie sehr missbraucht wurde, auf das Repräsentantenhaus selbst zurückzugeben. Und das Gesetz ist heute so, dass kein Herr seinen Sklaven ihre Freiheit geben kann, außer durch einen besonderen Akt der Legislative, und das mit einer solchen Vielfalt an Bestimmungen und Bedingungen, dass nur wenige es überhaupt versuchen. Aber ich möchte mich nun auf Fälle beziehen, in denen man sagen könnte, dass gewisse Änderungen notwendig gewesen wären, weil in ihnen die schlimmsten Keime für Abschaffungsspekulationen schlummern.

„Das, Kapitän, ist Jones' Hotel“, sagte der Colonel und zeigte auf ein seltsam aussehendes Haus aus antiker und gemischter Architektur mit einem großen konvexen Fenster über dem Flureingang im zweiten Stock. Dieses Haus liegt in der Broad Street , neben der aristokratischen St.-Michaels-Kirche, einem der öffentlichsten Orte der Stadt. „In den vergangenen Jahren wurde dieses Haus von Jones bewohnt, einem freien Nigger. Jones war fast weiß, ein gutaussehender, beleibter Mann, aktiv, unternehmungslustig, intelligent, ehrlich im Buchstaben, und an dessen Integrität und Verantwortungsbewusstsein nie Zweifel bestanden. Er lebte in jeder Hinsicht wie ein weißer Mann und pflegte, glaube ich, mit wenigen Ausnahmen nie Gesellschaft zu haben, nicht einmal mit klugen Leuten. Sein Haus war zweifellos das beste der Stadt und genoss einen weit verbreiteten Ruf. Nur wenige angesehene Persönlichkeiten besuchten Charleston jemals, ohne bei Jones einzukehren, wo sie nicht nur den Komfort eines Privathauses, sondern auch einen Tisch mit allem Luxus vorfanden, den die

Grafschaft zu bieten hatte. Der Gouverneur wohnte immer bei Jones; und wenn man ins Ausland reiste, sprachen Fremde von der üppigen Küche bei Jones's in Charleston und der Eleganz und Korrektheit seines Hauses. Aber wenn sein Haus und seine Kost die Prahlerei der Karoliner und die Bemerkung von Fremden waren, waren seine Höflichkeit und seine höfliche Aufmerksamkeit nicht zu übertreffen. Jones blieb viele Jahre lang in der Beliebtheit seines Hauses und zog eine schöne, intelligente und interessante Familie auf; Gleichzeitig kamen etwa vierzigtausend Dollar zusammen. Der interessanteste Teil seiner Familie waren drei wunderschöne Töchter, von denen die älteste mit einer Person verheiratet war, die jetzt in New York lebt. Sie war schöner als sieben Achtel der Damen, die sich in Charleston als Aristokratie bezeichnen und nachmittags über die King Street flanieren.

„Sie zog mit ihrem Mann, der jetzt in dieser Stadt lebt, nach New York, wo sie lukrative und respektable Geschäfte tätigte. Kurze Zeit später ihre zweite Schwester – sie ahnte nicht, dass das Gesetz so streng sein würde, dass es sie zum niedrigsten Nigger zählen würde, oder dass es ihr auch nur schmerzhaft in die Schuhe geschoben würde; denn die Familie war sehr hochgesinnt und hätte es als grobe Beleidigung empfunden, wenn man ihnen den schmählichen Namen „Nigger" gegeben hätte – stattete ihr einen Besuch ab. Die Öffentlichkeit erfuhr von der Tatsache, und zu seiner Überraschung wurde Jones von der Behörde darüber informiert, dass ihr die Rückkehr unter keinen Umständen gestattet werden könne – dass das Gesetz zwingend sei und keine Rücksicht auf die Umstände genommen werden dürfe, da dies praktisch der Fall sein würde Dadurch wurde seine Gültigkeit zerstört und ein Präzedenzfall geschaffen, dem unzählige Fälle folgen würden. Trotz aller Vorwürfe, die Jones vorbringen konnte, und des Einflusses einiger hochrangiger Freunde war er gezwungen, jede Hoffnung aufzugeben, dass seine Tochter zur Familie zurückkehren durfte. Die dargelegte Begründung war durchaus plausibel; Aber unser Respekt vor dem Gesetz ist so groß, dass wir gezwungen waren, auf unsere Gastfreundschaft zu verzichten und sie aufrechtzuerhalten, obwohl der Fall für unsere Gefühle schmerzhaft war. Sie sehen also, dass wir den Sinn und Geist des Gesetzes über alles andere stellen.

„Aber das Ende ist noch nicht da! Einige Jahre später erhielt Jones einen Brief, in dem ihm mitgeteilt wurde, dass seine Tochter sehr krank sei und nicht mehr am Leben sei – begleitet von dem Wunsch, den letzten beruhigenden Trost zu haben, ihre Eltern zu sehen. Da Jones ein liebevoller Mann war und seine Kinder über alles liebte, machte er sich sofort bereit, ohne auf die frühere Ermahnung zu achten, und reiste verkleidet nach New York. Eine sorgfältige Überlegung hätte ihn von dem Fehler eines so bekannten Menschen wie ihm selbst überzeugt, der sich der Anerkennung entziehen wollte.

„Sein Schwiegersohn Lee, ein edler Kerl, führte das Haus, und als man nach Jones fragte, wurde berichtet, dass er in seinem Zimmer eingesperrt war. Es wäre gut gewesen, wenn Jones sich in New York zurückgezogen hätte; aber er wurde von einem Charlestonianer erkannt , und da solche Berichte ungewöhnlichen Flügel haben, erreichte die Nachricht davon bald die Behörden; als ein entsprechendes Mandat erteilt wurde und Jones das Schicksal seiner Tochter über sich ergehen ließ. Mit der Affäre sind viele schmerzliche Umstände verbunden, die, wenn man sie gut erzählt, eine ziemliche Romanze ergeben würden", sagte der Oberst, dem der Kapitän alles mit großer Aufmerksamkeit zuhörte. „Seine Familie zog alle nach New York und seine Angelegenheiten wurden von seinem Schwiegersohn, der das Geschäft einige Jahre lang weiterführte, zur Regelung in die Hände von Anwälten hier gelegt."

„ Natürlich hat er sein Eigentum zurückgegeben bekommen?" unterbrach der Kapitän.

„Auf jeden Fall, Kapitän! „In South Carolina ist der Geist der Gerechtigkeit mit dem des ehrenhaften Gesetzes ebenbürtig", sagte George, der dem Colonel unbedingt die Antwort abnehmen wollte.

„Es ist etwas schwierig, das Geschäft eines Mannes gerichtlich zu regeln, wenn der Auftraggeber nicht anwesend ist. Die Verzögerungen des Gesetzes und die Beute der Anwälte machen die Zeit heilig und kostspielig", sagte der Kapitän .

„Da haben Sie recht, Kapitän", sagte der Oberst; „Und ich bezweifle – um ehrlich zu sein –, ob Jones jemals einen Großteil seines Eigentums bekommen hat. Es werden viele Geschichten erzählt und es gibt viele Geheimnisse darüber, die meinem Verstand erklärt werden müssen. Aber Sie sind ein Fremder, Captain, und das würde die Gefühle eines Schotten nicht berühren. Vielleicht erzähle ich Ihnen später noch ausführlichere Einzelheiten."

„Warum, Oberst!" sagte George, „Sie sollten bei Ihren Aussagen Rücksicht nehmen. Erinnern Sie sich an die immensen Schwierigkeiten, die Jones' Angelegenheiten mit sich brachten – sie sind noch nicht ganz geklärt."

„Stimmt, George; und ich fürchte, sie werden es nie sein; – aber es sind einige sehr seltsame Erscheinungen damit verbunden. Ich meine keine persönliche Respektlosigkeit gegenüber Ihren Cousins, die in den Fall verwickelt waren. „Es ist schlecht, Namen zu nennen, aber es ist ein Rätsel, dass ein gewisser Angehöriger unseres Berufsstandes reich wird, wenn der arme Jones erklärt, er habe nichts, und Lee das Haus aufgeben musste – ich verrate nicht, wofür." * * *

„Ja, seltsame Dinge müssen in manchen Teilen der Welt seltsam geheim gehalten und nur geflüstert werden, wenn kein Wind weht", sagte der Kapitän .

„Aber das ist der einzige Fall, Kapitän", sagte George; „Und der Oberst war indiskret, als er es erzählte; denn dadurch könnten Sie sich falsche Vorstellungen von den besten Institutionen und Gesetzen der Welt machen. Jones war ein alter Idiot, der von seiner niggerähnlichen Zuneigung zu seinen Mädels abgelenkt wurde. Er wusste nie, wann es ihm gut ging, und wollte immer mit Weißen zusammen sein, wenn er hier war. „ Es wäre viel besser gewesen, wenn er die jüngsten Mädels mit Pingree und Allston gehen ließe." Sie hätten die besten Mätressen abgeben können – wären wie Damen gehalten und nicht belästigt worden und hätten durch diese höllischen Abolitionisten all diesen Ärger auf ihren Kopf gebracht. Ich glaube wirklich, dass der alte Narr einmal dachte, irgendein Weißer würde sie heiraten."

„Welchen Schaden hätte das gehabt, vorausgesetzt, sie wären genauso weiß wie alle anderen, hätten viel Geld und wären gutaussehend? Es muss eine einzigartige Sensibilität in Ihrer Gesellschaft geben, die ich nicht verstehe," sagte der Kapitän lakonisch.

"Schaden! Du würdest den Schaden herausfinden. Lebe einfach ein oder zwei Jahre in South Carolina. „ Es liegt nicht an der hellen Hautfarbe – das bestreiten wir nicht –, sondern am Blut."

"Oh! dann ist der rechtliche Einwand", sagte der Kapitän , „das, was die Gesellschaft so abstößt, eh!" Es kann also sein, dass es in Zügellosigkeit verbreitet wird, und der Brauch erhält ein unmoralisches Element aufrecht, das die wesentlichen Bindungen der Gesellschaft verschlingt."

„Entschuldigen Sie, Captain", unterbrach der Colonel. „George, du stellst mir immer Mutmaßungen vor. Ich habe es dem Kapitän nur erzählt , um die Macht und Integrität unseres Gesetzes zu zeigen und zu zeigen, wie die Einwohner von South Carolina häufig ihre eigenen Interessen opfern, um es intakt zu halten. Nichts könnte für seine Vitalität verhängnisvoller sein, als Bestimmungen zu treffen, die rechtliche Präferenzen nach sich ziehen würden. Das Gesetz bezüglich der Ausreise freier Nigger aus dem Staat sollte eher im Lichte des Schutzes als der Entfremdung betrachtet werden, denn es dient dem Schutz von Eigentum und Gesellschaft. Wenn jedoch ein Fall mit solchen Umständen wie dem von Jones einhergeht, hätte eine gewisse Bereitschaft zur Anpassung gezeigt werden können, ohne die Souveränität des Staates zu gefährden. Und ich muss dir auch widersprechen, George, was die Selbstachtung der Mädchen betrifft. Es war für sie lobenswert, Ehemänner zu finden, mit denen sie im Rahmen der Ehe zusammenleben konnten. Mein Wort dafür, George, auch wenn ich aus dem Süden stamme und manchmal unangemessenen Verhaltensweisen freien Lauf lasse, kann nichts schädlicher für unsere Gesellschaft sein als dieses destruktive System unseres ersten Volkes, Geliebte zu behalten. Es ist im besten Fall eine Quelle des Elends, denn es kommt auf Zweckmäßigkeit statt auf Verpflichtung an und führt dazu, dass Kinder und Erben mit einer Belastung für ihr Leben zur Welt kommen, die verleugnet, von den väterlichen Rechten ausgeschlossen und der zarten Gnade des Gesetzes überlassen werden . Wir sehen den Fluch und unterstützen ihn dennoch – und während er häusliche Zuneigungen verschlingt und den Kern sozialer Verpflichtungen zerstört hat, betrachten wir ihn als einen Blumengarten, wenn wir am Wegrand vorbeigehen . Zwischen dem rechtmäßigen Erben kann es nur einen Schatten geben und der zweifelnde Sohn – ersterer mag die Fülle seines Erbes genießen, aber letzterer ist dazu verdammt, weder seinen Vater noch seinen Verwandten zu kennen, sondern die Zweifel und Ängste und die dunkle Düsterkeit zu ertragen, die über dem Leben eines Knechtes ruht."

„Bei-je-w-hu! Colonel, worüber zum Teufel predigen Sie? Sie müssen bei Bakers's zu viel Alkohol getrunken haben . Sie geben echten Abschaffungsgedanken Luft. Nutzen Sie Ihr Wissen über die Vorkehrungen, die für solche Kinder getroffen werden. „Der Kapitän wird sicherlich falsche Vorstellungen von uns haben", sagte George mit besorgter Miene. Er kannte die freie, offene und offene Art des Obersten, sich auszudrücken, und fürchtete, dass der berühmte Ruf des Rittertums durch seine unbewussten Enthüllungen Schaden nehmen könnte.

„Proviant! George, du kennst meine Gefühle gegenüber diesem Laster, das in unserer Gemeinschaft so allgemein praktiziert wird. Wenn Sie eine Bestimmung kennen, dann ist es mehr als ich. Vielleicht sind Sie älter und haben mehr Erfahrung. „Es ist das Fehlen einer solchen Bestimmung, das gerade unsere Institution der Sklaverei zerstört!"

An dieser Stelle unterbrach sie der Kapitän , bat den Colonel, die Geschichte über Jones zu Ende zu erzählen, und sagte, er hätte ihnen nach Ende der Geschichte noch ein paar Fragen zu stellen.

„Nun", sagte der Colonel, „Jones ist gestorben, glaube ich; aber seine Familie ist so fleißig wie eh und je und hat genug Geld verdient, um bequem zu leben ; Aber die Schurken haben sich als perfekte Gehilfen der Abolitionisten erwiesen und ihre Geheimdienste sind der Grund für viele Fluchtversuche. Aber Lees Fall ist genauso hart wie der von Jones. Sein Sohn ging nach New York, um seinen Großvater zu besuchen, und wurde aufgrund der gleichen Verjährungsfrist ausgeschlossen. Lee war jedoch ein sehr fähiger Kerl, und nachdem er es zwei Jahre lang versucht hatte und feststellte, dass es unmöglich sein würde, zu seinem Vater zurückzukehren, machte er sich sehr geschickt an ein Geschäft und beschäftigt sich nun hauptsächlich mit dem Konserven- und Gurkengeschäft. Lees berühmtes Einmach- und Konservenlokal in New York. Der Vater ist jetzt in dieser Stadt und verdient auf irgendeine Weise den Lebensunterhalt seiner Familie.

Er hat mehrere Versuche unternommen, sein kleines Anwesen zu verkaufen, aber es gibt einige Probleme mit dem Titel; und wenn er es verlässt, um seinen Sohn zu besuchen, weiß er, was die Konsequenzen sein werden; und es der Besiedlung zu überlassen, hieße, es aufzugeben, und zwar dem gleichen Schicksal, das Jones verschluckte. Daher kann weder der Sohn seinen Vater besuchen, noch kann der Vater den Sohn besuchen. Meiner Meinung nach treibt dies ein Verbot auf die Spitze; Und obwohl ich der Meinung bin, dass das Gesetz beibehalten werden sollte, kann ich nicht glauben, dass daraus irgendetwas Gutes für Leute wie die Familie Jones und Lee entsteht, allein schon aufgrund der Tatsache, dass sie nie mit Niggern verkehrten. „Wo es keinen Grund zur Angst gibt , kann es auch keinen Grund zum Handeln geben", fuhr der Oberst fort.

„Genau das, was ich wissen wollte", sagte der Kapitän . „Wie ich Ihnen mitgeteilt habe, werde ich in Not in Ihren Hafen getrieben. Wie Sie wissen, befindet sich Charleston in einer vorteilhaften Lage für die Umrüstung von Schiffen, die von den im Golf und auf den Bahamas häufig vorkommenden Katastrophen betroffen waren. Daher erwartete ich, hier gute Einrichtungen vorzufinden, ohne dass die Menschen sich unfreundlich fühlten" –

"Oh! Gott segne mich, Captain, Sie werden feststellen, dass wir die gastfreundlichsten Menschen der Welt sind", sagte der Colonel.

„Aber Ihr Lotse hat mir gesagt, dass ich Ärger mit meinem Verwalter bekommen würde und dass das Gesetz keinen Unterschied machen würde, ob er in Not an Ihre Küste geworfen wird und Ihrem Mitgefühl unterliegt, oder ob er freiwillig ankommt."

"Was!" sagte der kleine George. „Ist er ein Nigger, Captain? Der alte Grimshaw wird ihn genauso sicher schnappen, wie Sie ein Weißer sind. Er kauft und verkauft für die Gebühren einen Heiligen und erweitert die Bedingungen des Gesetzes so sehr, dass man von ihm keine besondere Gunst erwarten muss. Für ihn ist das Gesetz keine Fiktion. Es tut mir leid, Captain. Sie können sein Verhalten als ein Zeichen für das unseres Volkes beurteilen, und ich kenne ihn so gut, dass ich die Konsequenzen fürchte."

"NEIN!" sagte der Kapitän . „Mein Steward ist Portugiese, eine Art Mestino und einer der besten Männer, die jemals einen Fuß an Bord eines Schiffes gesetzt haben. Er ist willig, intelligent, immer bereit, seine Pflicht zu erfüllen, ist bei seinen Schiffskameraden ein großer Favorit und spart seinen Lohn wie ein guter Mann – aber er hat einen olivfarbenen Teint wie ein Spanier. Er segelt seit vielen Jahren unter britischer Flagge, war fast auf der ganzen Welt unterwegs und ist dem Dienst so verbunden, als wäre er ein Londoner, und er hat ein Registerticket. Nichts würde meine Gefühle mehr schmerzen, als ihn in einem Gefängnis zu sehen, denn ich denke, er hat einen genauso stolzen Begriff von Ehrlichkeit wie jeder andere Mann, den ich je gesehen habe, und ich weiß, dass er kein Verbrechen begehen würde, das ihm eine Gefängnisstrafe einbringen würde die Welt. Die Jungen haben den armen Kerl belästigt und ihm von einem alten Kerl namens Norman Gadsden erzählt, von dem sie den Piloten sprechen hörten; Sie sagen ihm, wenn er ihn fängt , würden sie ihn als Sklaven verkaufen.“

„Die Frage ist eine, über die Sie sich keine Gedanken machen müssen. Unser Volk ist nicht so unmenschlich, dass es einem Schiffbrüchigen nicht Unterschlupf gewährt und ihm die Annehmlichkeiten bietet, die allen menschlichen Menschen zustehen. Das Gesetz, nach dem Seeleute inhaftiert werden, ist das Gesetz, das freien Niggern die Einfahrt in unseren Hafen verbietet und meiner Meinung nach aus Gründen der Gebühren ins Leben gerufen wurde. Es ist nicht mehr und nicht weniger als eine Steuer und Einschränkung des Handels, und ich bezweifle, dass es jemals die Absicht der Verfasser war, es so auszulegen. Was Ihren Verwalter betrifft, wird jedoch niemals die Frage aufgeworfen werden, inwieweit ihn seine Hautfarbe dem Gesetz zugänglich machen wird; Der bloße Umstand, dass er ein Seemann in Not ist, wird, wenn man ihn auf unser Mitgefühl verlässt, alles sein, was Sie unter unserem gastfreundlichen Volk brauchen. Mir ist kein Präzedenzfall bekannt, aber ich werde seine Sicherheit garantieren, da ich die Gefühle unseres Volkes kenne. Unsere Kaufleute sind, mit wenigen Ausnahmen, in diesem Sinne gegen das Gesetz, aber die Macht und Kontrolle einer Klasse unerfahrener Gesetzgeber, die von einer äußerst unbedeutenden Clique von Amtsträgern angetrieben werden, ist so groß, dass ihre Stimme kein Gewicht hat. Ich bin gegen dieses System, Menschen unter jedem Vorwand vor Gericht zu ziehen. Es wird in unserer Stadt zu oft praktiziert , um seinem Namen zu schaden.“

Daraufhin begleiteten der Oberst und der kleine George den Kapitän zu seinem Schiff, drückten ihr tief empfundenes Bedauern über ihr Erscheinen aus und wünschten ihm eine gute Nacht. George versprach, ihn am nächsten Morgen zu besuchen, und der Oberst forderte ihn auf, sich keine Mühe zu machen über seinen Verwalter, dass er Mr. Grimshaw an diesem Abend sehen und alles in Ordnung bringen würde.

Damit endete die erste Nacht des Kapitäns in Charleston und bot ein Bild, aus dem er möglicherweise etwas andere Schlussfolgerungen als das tatsächliche Ergebnis hätte ziehen können. Ach! dass alle guten Kameraden und angenehmen Zusammenkünfte eines Volkes durch eine Absurdität, die aus seinen Ängsten entsteht, in Schande geraten sollten.

Der Colonel hätte viele andere ebenso schmerzhafte Beispiele nennen können wie das, was mit dem Transport von Jones und seiner Familie und den Fesseln zusammenhing, die dem armen Lee auferlegt wurden. Er hätte das Beispiel von Malcome Brown nennen können, einem wohlhabenden, fleißigen, ehrlichen, hochgesinnten und unkomplizierten Mann, der jetzt in Aiken in South Carolina lebt. Brown betreibt ein profitables

Maschinengeschäft, ist zweifellos der beste Gärtner im Staat und produziert die besten Früchte, die auf den Markt von Charleston gebracht werden. Was hat er getan, um in den Augen des Gesetzes erniedrigt zu werden? Warum wird er als gefährlicher Bürger angesehen und sein Einfluss gefürchtet? Warum wird ihm durch die Gesetze, die böse weiße Männer ausnutzen, eine Anhörung verweigert? Er ist gezwungen, sich denen zu unterwerfen, die dazu bestimmt sind, die schlimmsten Sklaven zu regieren! Und warum ist er dieser Ungerechtigkeit ausgesetzt, die ihm keine Stimme für sich selbst gibt, wenn die verdorbensten Weißen seine Ankläger sind? Kann es an der kleinen Kräuselung in seinen Haaren liegen? denn er hat eine schönere Haut als diejenigen, die Gesetze erlassen, um ihn zu unterdrücken. Wenn er die freie Atmosphäre aus dem Ausland eingeatmet hat, kann es dann sein, dass darin eine Ansteckung steckt und Malcome Brown das gefürchtete Medium ihrer Kommunikation ist? Und wenn die Aussage wahr ist, die uns in den Ohren klang, „dass die freien Farbigen des Nordens leiden, während der Sklave versorgt und behaglich ist", warum sollten wir uns selbst glauben? Malcomes Einfluss war und ist seit jeher bei den Weißen und hat sich offensichtlich positiv auf die Wahrung der Ordnung und des Gehorsams seitens der Sklaven ausgewirkt. Er geht seinem Beruf mit Elan und Unternehmungsgeist nach, während er niedrigen und unterdrückenden Gesetzen unterworfen ist. Sein Vater besuchte New York und durfte nicht zurückkehren. Er legte immer wieder Berufung ein, legte seine Ansprüche und seine Integrität gegenüber dem Staat und seinen Gesetzen dar, aber alles war erfolglos. Er wurde sozusagen hoffnungslos davon ausgeschlossen, seinen Sohn jemals wiederzusehen, es sei denn, dieser Sohn würde sein Eigentum opfern und sich der dauerhaften Verbannung aus dem Staat unterwerfen. Wenn wir über die vielen väterlichen Verbindungen nachdenken, die die Herzen von Vater und Kind erfreuen würden, wenn sie sich in glücklicher Zuneigung begegnen, können wir die Wirkung dieses Gesetzes erkennen, das die Trennung schmerzhaft macht und selbst der Sterbebettszene ihren letzten heiteren Trost verweigert.

Wir haben uns bei vielen Gelegenheiten mit dem armen Brown unterhalten und fanden, dass er ein sehr intelligenter Mann voller Humor ist und gern von Ereignissen aus der Geschichte seiner Familie erzählt – und sogar stolz auf seine gute Bonität in Charleston ist. Er spricht häufig von seinem Vater und der erfreulichen Hoffnung, ihn eines Tages wiederzusehen, wenn er seinen Gefühlen in Zuneigungsausbrüchen freien Lauf lassen kann. Er möchte, dass sein Vater zurückkehrt und bei ihm lebt, weil er weiß, dass sie zusammen glücklicher sein würden . „Ich gehe davon aus, dass das Gesetz in Gerechtigkeit erlassen wurde, und es ist richtig für mich, mich ihm zu unterwerfen", sagte er, wenn er über seine Strenge sprach; und es scheint ihm auch eine Art Trost zu sein, dass er nicht der einzige Leidtragende ist.

Wenn South Carolina zu seinem eigenen Interesse erwachen würde, hätte es mehr Angst vor der Strenge seiner eigenen Gesetze als vor dem Einfluss einiger Männer aus dem Ausland.

KAPITEL X.
Die Aussichten verdunkeln sich.

Nachdem der Colonel und der kleine George den Kapitän verlassen hatten , stieg er, wie wir im vorangegangenen Kapitel festgestellt haben, in die Kabine hinab und fand Manuel auf einem der Spinde sitzend, offenbar in großer Angst. Er wartete jedoch darauf, dass der Steuermann etwas sagte, bevor er sich an den Kapitän wandte . Der Maat erwachte und teilte dem Kapitän mit , dass wenige Minuten nach seiner Abreise ein schlanker, dunkelhäutiger Mann an Bord gewesen sei und besondere Erkundigungen über den Steward eingeholt habe; dass er wie ein Beamter sprach, schwarz gekleidet war und eine Brille trug.

„Ich habe ihn gefragt, ob wir Probleme mit Manuel haben würden, und habe versucht, ihm klarzumachen, dass er kein Schwarzer ist und dass unsere Situation uns möglicherweise von jeglichem Ärger über ihre eigenartigen Gesetze entlasten könnte. Aber der alte Kerl wirkte in allem ziemlich dumm und redete, als wüsste er nichts über nichts. „In South Carolina ist ein Nigger ein Nigger“, sagte er trocken und fragte nach einem Pfund Tabak, das ich ihm reichte, und er nahm eins, das groß genug für sechs war. Ich sagte: „Herr, nennen Sie einen Mann einen Nigger, was ist ein Portugiese und kein Schwarzer?“ „Es hängt davon ab, wie er geboren wurde“, sagt er. „Nun, aber man kann einen Weißen auf keinen Fall zum Nigger machen , weder in South Carolina noch in Schottland“, sage ich. „Nun, auf so etwas stehen wir hier nicht; „Wir können Ihnen Nigger zeigen, die so weiß sind wie Sie, Mr. Mate“, sagt er. „Aber, Herr, was soll man mit unserem Verwalter machen, dass Sie sich über ihn erkundigen? „Er hat nichts getan“, sagte ich. „Nun, Herr Mate; Es verstößt gegen das Gesetz, Nigger-Stewards in unseren Hafen zu bringen. Sie sind im Allgemeinen schlechte Kerle, und wir beanspruchen das Recht, sie einzusperren , um ihr gutes Benehmen sicherzustellen und ihren schlechten Einfluss von unseren Sklaven fernzuhalten. Das ist nicht mein Büro. „Ich habe Ihre Ankunft und Ihren zerstörten Zustand beobachtet und bin nur gekommen, um einen Blick darauf zu werfen“, sagte er. „Nun, Herr, unser Verwalter hält genauso viel von sich selbst wie jeder andere und würde sich auf keinen Fall mit Ihren Niggern abfinden. Aber Herr! Wird es keinen Unterschied machen, weil wir in Not an deiner Küste landen?“, sage ich. „Keinen Deut! Es verstößt gegen das Gesetz, und das Gesetz hat nichts mit Wind und Wetter zu tun. Wir lieben die Souveränität unseres Rechts zu sehr, um irgendeine Diskriminierung vorzunehmen. Wir sind ein gastfreundliches Volk und geben den Leuten immer reichlich zu essen, aber wir erlauben niemals irgendwelche Gefälligkeiten im Gesetz. „Ich rufe dich morgen früh an“, sagte er und ging.

Bei dieser Person handelte es sich um Mr. Grimshaw, den Hauptakteur der Machthaber, obwohl er behauptete, dass es nicht sein Büro sei und dass er nur herumgelaufen sei, um einen Blick darauf zu werfen.

Während seines Besuchs an Bord war Manuel nicht an Bord einer Bostoner Barke, wo er einen weißen Steward traf, der ihm ein trauriges Bild vom Charleston-Gefängnis und der grausamen Behandlung vermittelte, die den Gefangenen dort durch Hunger zugefügt wurde. Er erzählte ihm, dass er einmal wegen einer geringfügigen Straftat angeklagt worden sei und fast verhungert wäre, bevor er freikam. „Du wirst sicher dorthin gehen, Manuel", sagte er, „denn sie machen keinen Unterschied; Und wenn ein Mann ein Ausländer ist und nicht für sich selbst sprechen kann, hat er überhaupt keine Chance. Ich würde ihnen entgehen, bevor ich eine weitere Strafe erleiden würde", fuhr er fort.

Dies wirkte sich so sehr auf den Geist des armen Kerls aus, dass es keine große Rolle mehr spielte, ob er über Bord sprang oder auf dem Schiff blieb. Er wartete, bis der Steuermann zu Ende gekommen war, und fing dann an, auf höchst erbärmliche Weise an den Kapitän zu appellieren. Die Schande, eingesperrt zu sein, schien schlimmer als die Strafe; und er schien die Absicht nicht zu verstehen, dass er in den Vereinigten Staaten wegen keinem Verbrechen inhaftiert werden sollte, obwohl er um die Welt gesegelt war und die meisten ihrer Häfen, sowohl barbarische als auch zivilisierte, ohne Belästigung besucht hatte. Er wollte, dass der Kapitän ihn auszahlte und ihn am nächsten Morgen mit einem Schiff abfahren ließ. Der Kapitän versuchte, seine Befürchtungen zu zerstreuen, indem er ihm versicherte, dass keine Gefahr einer Inhaftierung bestehe; dass die Leute von Charleston zu viel gutes Gefühl in sich hatten, um einem in Not geratenen Seemann gegenüber grausam zu sein; dass die Macht des Konsuls eine ausreichende Schutzgarantie darstellte. „Du gehörst nicht zu den Patagoniern, Manuel", sagte er. „Es nützt nichts, den Kopf in Fieber zu versetzen, man wird hier genauso gut versorgt und geschätzt wie in London." Diese Zusicherung hatte die Wirkung, sein Gemüt zu beruhigen, woraufhin er entspannter die Kajüte verließ und mit seinem kleinen Gefährten Tommy aufs Vorderdeck ging, um sich dort niederzulassen. Sobald die Flut kam, waren Männer zu den Pumpen abkommandiert worden, und der Kapitän zog sich an seinen Liegeplatz zurück.

Es schien, als gäbe es zwischen Piloten und Offizieren ein gegenseitiges Verständnis hinsichtlich der Ankunft farbiger Stewards; und der Lotse ging, nachdem er das Schiff verlassen hatte, direkt zu Mr. Grimshaws Büro und meldete eine Nuss, die er knacken sollte: Dies brachte ihn zum Kai, um sich „umzuschauen".

Am frühen Morgen war die Besatzung im Einsatz. Der Maat begann, Befehle zum Aufräumen des Decks zu erteilen, und Manuel begann, die

Vorbereitungen für das Frühstück zu treffen. Er hatte kaum angefangen, als zwei Männer, die Herren Dunn und Dusenberry, mehrere Minuten lang am Kai auf und ab gingen, dann standen sie nebeneinander und starrten, als wollten sie die Annäherung eines Schiffes beobachten. Als Dusenberry schließlich sah , wie Manuel mit einem Eimer in der Hand an die Gangway kam, ging er an ihre Seite, stieg an Bord, packte ihn am Kragen, zog ein Papier aus seiner Tasche und sagte: „Du gehörst mir." Häftling! Sie müssen ins Gefängnis – kommen Sie, seien Sie schnell, Sir; Sie dürfen nicht anhalten, um Ihre Sachen zu holen; Sie müssen nach ihnen schicken, nachdem Sie sich verpflichtet haben."

Der Maat und einige der Besatzungsmitglieder, die in der Nähe waren, versammelten sich sofort um ihn. Zur gleichen Zeit kam ihm Dunn zu Hilfe, der am Ende des Kais stand und auf das Ergebnis wartete, weil er glaubte, Dusenberry sei dagegen. Die Offiziere und die Besatzung kannten den Respekt, der den Gesetzen gebührt, zu gut, um jegliche Hindernisse für die Polizisten bei der Erfüllung ihrer Pflichten zu bekämpfen. Der Maat bat in sehr höflicher Weise um einen Gefallen, den Mann ein paar Minuten zu verlassen, bis der Kapitän an Deck käme. Sie gaben seiner Aufforderung nach langem Murren nach. Die Verhaftung löste bei den Seeleuten ein tiefes Gefühl aus, aber niemand empfand es so sehr wie der kleine Tommy; Er hörte den Lärm an Deck und kam mit Tränen in den Augen gerannt und rief: „Oh! Manuel, warum Manuel, warum werden sie dich mitnehmen? Werde ich dich nicht wiedersehen, Manuel?" Die Einfachheit des kleinen Kerls berührte die Gefühle aller Anwesenden. Aber der lahme Beamte Dunn stand mit Handschellen in der Hand da, so ungerührt wie ein Stoiker, während Dusenberry seine Ungeduld zum Ausdruck brachte und anfing, den Jungen wegzustoßen und ihm zu signalisieren, ihn wegzuführen.

„Warte noch ein bisschen!" sagte der Kumpel. „Der Kapitän wird in ein paar Minuten an Deck sein; er will ein oder zwei Worte mit dir."

„Wir können nicht aufhören, wenn wir nicht für unsere Zeit entschädigt werden. „Es nützt nichts, zu verzögern –" zwei nützen nichts; Er ist in jeder Hinsicht ein Nigger. Ich weiß es an der Locke in seinem Haar – sie können mir nicht entkommen, ich hatte zu viel mit ihnen zu tun!" sagte Dunn. „Ja, natürlich kann ich einen Nigger am Ohr erkennen, wenn seine Haut so weiß wie Kreide ist!" sagte Dusenberry . „Es ist völliger Schwachsinn, kluge, ausgefallene Männer hierher zu bringen und zu versuchen, sie für Weiße auszugeben. „ Zwei bleiben nicht hängen – du musst herkommen und dich registrieren lassen, und du wirst eine schöne Zeit im Gefängnis haben, mein Junge; Da sind viele kluge Mädels drin, und man kann eine Frau haben, wenn man weiß, wie man mit dem Werben umgeht."

Der Kapitän kam nun an Deck; und begann zu intervenieren und bettelte darum, dass sie Manuel nicht mitnehmen würden, bis er den britischen

Konsul gesehen hätte. „Ich weiß, dass ich alles klarstellen kann . Es gibt keinen Anlass, meinen Verwalter einzusperren – er ist weder ein Nigger noch ein böser Mann; und ich verspreche Ihnen meine Ehre, dass er das Schiff nicht verlassen oder auch nur den Kai betreten wird, wenn Sie mir nur erlauben, den Konsul zu sehen, bevor Sie weitere Maßnahmen ergreifen", fuhr er fort.

„Das liegt außerhalb unserer Macht, Sir; Sie müssen unbedingt zum Sheriff gehen – Sie werden ihn frühmorgens in seinem Büro finden. Aber Sie können Ihren Einspruch genauso gut in die Tasche stecken oder ihn an Königin Victoria schicken, denn Konsul Mathew kann alles für Sie tun. Seit zwei Jahren macht er viel Aufhebens; aber er könnte genauso gut vor einem Ziegelstein pfeifen, als seinen Unsinn über englische Nigger nach South Carolina zu erzählen. Er wird noch geteert und gefiedert, wenn er sich bei seinen Bewegungen nicht zu sehr scheut. Tut mir leid, Captain, wir können Sie nicht unterbringen, aber wir agieren nur für den Sheriff, und seine Befehle sind zwingend erforderlich, um ihn sofort nach oben zu bringen. Wir müssen den Kerl einsperren. Wir machen weder das Gesetz, noch haben wir die Macht, es zu kontrollieren." Mit diesen Worten holte Dunn einen kleinen Schlüssel aus seiner Tasche und begann, ihn in den Handschellen zu drehen.

"Was!" sagte der Kapitän – „ versuchen Sie nicht, meinem Mann diese Dinge anzulasten, auf eigene Gefahr." Ist das die Art und Weise, wie man einen armen Schiffbrüchigen in South Carolina, dem Staat der gepriesenen Gastfreundschaft, behandelt? Nein Sir! Ich werde mein Leben opfern , bevor sich mein Mann so etwas unterwirft", sagte der Kapitän mit geweckter schottischer Energie.

"Kapitän!" sagte Dunn, „wir würden dich nicht ausnutzen, weil du ein Fremder bist, aber es ist das Gesetz; Und wenn wir Ihnen entgegenkommen , geschieht das sicherlich auf unser eigenes Risiko. Aber wie auch immer, Kapitän, Sie würden mich und diesen Herrn lange warten lassen , und es wäre nicht verkehrt, uns die übliche Vergünstigung zu gewähren. Sie werden es nicht verpassen, und wir haben in diesem Jahr für geringe Gebühren eine Menge zu tun Wir entschädigen für die Entgegenkommen, die wir jedem geben müssen – und der Zeitverlust ist der Geldverlust."

„Geben Sie eine Vergünstigung! – Nein, in der Tat; Ich bezahle nie für solche Gefälligkeiten. Warten Sie einen Moment. Ich werde Sie selbst begleiten, wenn Sie mir nicht die Ehre für sein gutes Benehmen auf dem Weg ins Gefängnis nehmen", fuhr der Kapitän fort .

„Captain, sicher brauchen Sie sich sowieso keine Sorgen zu machen; Wir nehmen Ihnen die Ehre, dass er nicht wegläuft, und wenn er es tut, werden Sie dem Sheriff standhalten. Sicherlich würde ein Fall Mr. Grimshaws Beobachtung niemals entgehen; Aber um euch zu erfreuen und angesichts des Wracks werden ich und Dusenberry ihn draußen unterbringen“, sagte Dunn.

Während des Gesprächs flehte Manuel energisch darum, vor dem Konsul gehört zu werden, da er die falsche Vorstellung hatte, dass der Konsul ihn vor allen Gefahren schützen könnte; und dass er mit Sicherheit freigelassen würde, wenn er eine Anhörung vor sich bekommen würde. Der Kapitän schüttelte ihm die Hand und sagte ihm, er solle zufrieden sein, bis das Büro des Konsuls öffnete, dann würde er ins Gefängnis kommen und ihn sehen. Manuel wandte sich dann an die Mannschaft, schüttelte jedem die Hand, nahm sein kleines Bündel in die eine Hand und hielt mit der anderen den kleinen Tommy fest (der ihn bis zum Anfang des Kais begleitete) und war bald außer Sicht.

Aber wird der Leser glauben, was die Praxis dieser Unteroffiziere war? Wir können ihnen versichern, dass solche Fälle wie der von uns beschriebene nicht nur in Charleston in unbegrenztem Umfang praktiziert werden , sondern dass diese Tatsache sowohl den Richtern als auch der Öffentlichkeit wohlbekannt ist; Erstere behandeln es als Mondschein und Letztere schimpfen dagegen, ergreifen aber nie die richtigen Maßnahmen.

Kaum hatte der kleine Tommy sie am Anfang des Kais verlassen, als sie ankündigten, dass es gut wäre, über einen Morgendrink nachzudenken. Zu diesem Zweck betraten sie einen „holländischen Tante-Emma-Laden“, gingen ins Hinterzimmer und machten allerlei Andeutungen, die nicht missverstanden werden konnten. "Also! Komm, wer bezahlt den Schuss?“ sagte Dunn, trat an die Theke und deutete mit dem Finger auf die Nase auf einen Holländer mit Knödelgesicht, der hinter der Theke stand und darauf wartete, dass sein Mann es nannte. Der Niederländer war sehr klein und sehr dick, was den Eindruck erweckte, als sei er in jungen Jahren in seinem eigenen Land sehr deprimiert gewesen. Er rieb sich die Hände und flirtete ängstlich mit den Fingern: „Every ting vat de shentleman „Vant ihn – ich wage es nicht , meinen Zin und meine Brondty zu mögen, damit er mit Ze Zity bekam “, sagte Dutchy.

„Meine Herren, ich würde mich freuen, wenn Sie mit mir trinken würden, wenn es angebracht wäre, darum zu bitten“, sagte Manuel.

"Oh! „Ja – auf jeden Fall, ja! – genau das, weswegen wir hier sind, etwas, um die Spinnweben wegzuschneiden – „ Es wäre nicht angebracht, im Morgennebel ohne Futter hinauszugehen“, sagte Dunn.

„Nennen Sie es! Nenn es! Shentlemen “, rief der Holländer aus, während er mit den Fingern auf die Theke klopfte und ungeduldig schien, seine schmutzigen Sachen hervorzuholen. Sie gaben ihren Getränken jeweils einen anderen Namen. Da Manuel kein Charleston-Absolvent im Beruf des Mixens von Getränken und dem Anbringen umgangssprachlicher Namen war, verpflichtete sich Mr. Dusenberry , ihn in eine Wahl einzuweisen. Der

Niederländer war ein Experte im Mixen, und schon bald wurden die „Morgengetränke" zur äußersten Zufriedenheit von Dunn und Dusenberry zubereitet . "In Ordnung! Gib ihr den Tipp, mein alter Freund; Keiner von euch ist wegen so einem Schnaps verärgert. „Wir trinken auf dem legitimen Tisch in Charleston und können es beiseite legen, bis wir Sterne sehen", sagte Dusenberry und wandte sich an Manuel, der ein schiefes Gesicht machte, während er sich anstrengte, das halsabschneiderische Zeug zu schlucken.

Dusenberry überließ Manuel nun die Verantwortung für Dunn und sagte, er würde sich um ein Geschäft kümmern. Manuel zog ein Viertel einer kolumbianischen Dublonen aus seiner Tasche, warf sie auf die Theke und forderte den Holländer auf, ihm Wechselgeld zu geben. Der Holländer hob es auf, drehte es mehrmals um, blinzelte es an und erkundigte sich auf sehr unprätentiöse Weise nach seinem Wert. Er wusste es bereits, doch dies geschah nur, um Manuel auf die Probe zu stellen. Im selben Moment zwinkerte er Dunn zu, der auftrat und es bedeutungsvoll auf die Theke warf. „Der Teufel etwas mehr als zwei Dollar; „Alles klar, Swizer ", sagte er.

„Es sind vier Dollar , West Inge – ich will mein Wechselgeld", sagte Manuel und zuckte mit den Schultern. „Ich will nicht mehr als mein eigenes; und kein Mann, der mich betrügt.

„Machen Sie sich keine Sorgen um Ihre vier Dollar – sicher sind Sie jetzt nicht im West Inges ; Und Geld gibt es in Charleston in Hülle und Fülle, und ich kann nicht so viel – halb so viel – zur Sprache bringen. Kümmere dich nicht um deinen West-Inge-Unsinn. Wenn Ihr versucht, hier Aufsehen zu erregen, werde ich dem Kapitän Leid zufügen. Ihr müsst lernen, dass es für einen Nigger nicht in Ordnung ist, einem Weißen in Charleston Konkurrenz zu machen; wir würden euch nach dem gleichen Gesetz aufregen; Wir haben es unseren eigenen Niggern gegeben, und du hast es aufgerichtet und ungefähr fünfzig Paddel auf deinem nackten Hintern. Der Holländer legte einen Dollar und siebzig Cent hin, aber Manuel weigerte sich, ihn anzunehmen; Als dieser Kerl, Dunn, vorgab, der Freund von Manuel zu sein, seine Hand ausstreckte und dem Barkeeper sagte, er solle noch einen Dollar hineinwerfen, was er auch tat, gab er ihn eilig in Manuels Hand und forderte ihn mit einem Pass dazu auf steckte es in seine Tasche.

Für den Niederländer war nun gute Geschäftszeit angebrochen, und seine Kunden kamen in großer Zahl mit ihren Flaschen und Kannen herein. Der Ort war ein kleines schmutziges Loch, sehr schwarz und schmutzig, etwa zwölf Fuß lang und sieben Fuß breit, mit einer hohen Theke fast in der Mitte . Der einzige Handelsvorrat, der es schmückte, waren ein paar Fässer Lagerbier; mehrere Fässer, auf denen Namen aufgemalt sind, die die verschiedenen Qualitäten der Spirituosen verdeutlichen; ein Scheffelkorb, der etwa zur Hälfte mit Zwiebeln gefüllt war, und ein paar Salzfische in einem Fass, das neben der Tür stand. Rund um den Raum standen mehrere Bänke, ähnlich denen in Wachhäusern. Auf zwei von ihnen lagen zwei zerlumpte und schmutzig aussehende Neger, die aussahen, als hätten sie die Nacht in Ausschweifungen verbracht. Dunn hinkte, als wolle er seine Autorität unter Beweis stellen, auf sie zu und fing an, ihnen mit seinem Hickoryholzstock auf unbarmherzige Weise auf den Rücken zu schlagen, bis ein armer alter Kerl mit lahmer Hand aus vollem Halse um Gnade schrie.

„Es ist ein schlechtes Geschäft, diese Nigger die ganze Nacht hier zu behalten, Swizer – du weißt, ich habe die saubere Sache schon mehrere Male mit dir gemacht", sagte Dunn und zeigte mit dem Finger auf den Holländer. Er zwinkerte, kam hinter der Theke hervor, drückte ihm etwas in die Hand, und als er zur Tür ging, äußerte er eine bedrohliche Sprache gegenüber den Negern, falls sie jemals in seinen Laden zurückkämen . Ein großer Teil derjenigen, die wegen Alkohol kamen, waren Neger, die aussahen, als würden sie ihren letzten Cent für ein Genussmittel ausgeben, denn sie waren zerlumpt und schmutzig und brauchten mehr Brot als Alkohol. Ihr Zustand schien äußerst erbärmlich, und doch wurde der niederländische „Eckladenbesitzer" durch ihren Brauch tatsächlich reich, und er war so sehr auf ihre Schirmherrschaft bedacht, dass er sie mit viel mehr Höflichkeit behandelte als seine weißen Kunden.

Diese „holländischen Tante-Emma-Läden" sind berüchtigte Orte in Charleston und werden von angesehenen Bürgern herabgesetzt, weil sie zum Treffpunkt von „Niggern" werden, die sich schlechte Gewohnheiten aneignen und die Geschäfte ihrer Herren oder Geliebten vernachlässigen. Dennoch üben die Hüter bei Wahlen einen solchen Einfluss aus, dass die Beamten sie nicht nur fürchten, sondern, um sich ihre Gunst zu sichern, ihre Schurkerei unbehelligt lassen. Nun könnte ein Autor im Charleston Courier vom 31. August 1852 sagen:

„Wir waren wie viele andere erstaunt über die pauschalen Anschuldigungen, die in den Resolutionen erhoben wurden, die beim HUTCHINSON-Treffen in Hatch's Hall verabschiedet wurden, und waren bereit, uns sofort zu engagieren, um unsere Stimme zu leihen, um eine ‚Regierung' zu etablieren, die es zwei Jahre lang erlaubte, moralisches Gefühl aufzugeben, Wahrhaftigkeit zu missachten, Ehrfurcht vor der Religion auszulöschen, Schutz der Religionsfreiheit zu verweigern, Zügellosigkeit zuzulassen und eine ordnungsgemäße Verwaltung von Lastern zu vernachlässigen. Diese Anschuldigungen sind unwiderlegt Mit nur ein oder zwei Ausnahmen haben wir noch nie einen dieser illegalen Tante-Emma-Läden erlebt, die von der gegenwärtigen Regierung strafrechtlich verfolgt wurden. Und das nur in den Einzelfällen, in denen sie dazu getrieben wurden, die eklatantesten Missbräuche zu bemerken.

Es sei streng „gesetzwidrig in Charleston", einem Neger Alkohol zu verkaufen, ohne den Befehl eines Weißen; Die Strafe lautet Geldstrafe und

Freiheitsstrafe. Doch der Missbrauch ist so eklatant geworden, dass es berüchtigt ist, dass eine bestimmte Klasse niederländischer Spirituosenverkäufer den Beamten Schweigegeld zahlt. In fast allen Straßen von Charleston, wo es eine Baracke oder einen Winkel gibt, der groß genug ist, um eine Theke und ein paar Gläser unterzubringen, kann man diese Unglücklichen finden, die ihre giftigen Drogen an eine arme, halb verhungerte Klasse von Negern verteilen, die zu allem greifen Arten von unehrlichen Mitteln, um Geld zu bekommen, das sie an ihren Schaltern ausgeben können. Diese Orte werden fast alle von Ausländern bewohnt, deren gnadenloser Geiz vor nichts zurückschreckt, auch wenn es noch so gemein ist. Sie verfügen bald über beträchtliche Mittel, und durch ihre Höflichkeit und Unterwürfigkeit gegenüber dem Neger – denn sie sind die einzige Klasse von Weißen, die ihn um Verzeihung bitten wird, wenn sie ihn beleidigt haben – führen sie untereinander eine Art aktive Rivalität um die seinen Brauch. Aus diesen elenden Höllen stammen sieben Zehntel der Verbrechen, für die der arme Neger ins Arbeitshaus gezerrt und unter dem Paddel leiden muss.

Und doch erheben sich genau diese Männer, deren Duldung von Lastern und Verbrechen vom Gesetz missachtet wird, und nehmen Stellung in der Gesellschaft – nicht nur indem sie sich auf respektablere Geschäfte einlassen – sondern sie schließen sich auch der Phalanx an, die das Lebenselixier des alten Südstaatlers sucht, und wie eine stille Motte arbeitet er an seinem Verfall. Die Antwort, die in Charleston so häufig auf die Frage gegeben wird, hat eine tiefe Bedeutung: „Wer lebt in dieser prächtigen Wohnung – es scheint das Herrenhaus eines Prinzen gewesen zu sein, ist aber etwas heruntergekommen?"

"Oh! Gott segne mich, ja! Es war einst das Herrenhaus der So-und-So, einer der ersten Familien, aber jetzt sind sie sehr arm. Mr. Wie Sie sie nennen mögen , besitzt es jetzt – sie sagen, er habe es nicht ehrlich verstanden. Er betrieb einen kleinen Grogladen in der Bucht oder verkaufte Speck und Whisky in der Bucht und erhob schreckliche Anschuldigungen gegen den armen So-und-so, und nach einem langen Prozess im Kanzleramt bekam er sein Haus. Er ist ein großer Kerl; Jetzt, das sage ich Ihnen, wird er das Haus für sich selbst herrichten!"

Dunn sagte Manuel, er solle Platz nehmen, es bestehe kein Grund zur Eile; es wäre in Ordnung, wenn er um neun Uhr im Büro des Sheriffs ankäme ; und begann dann über die schöne Zeit zu debattieren, die er im Gefängnis verbringen würde. „Da sind richtig viele Kameraden, mein Junge; Ihr werdet Geigen und Tanzen haben, viele Mädels und eine lustige Zeit haben; Und du bist kein Verbrecher, weißt du, also wird es überhaupt nichts sein , behalte nur eine steife Unterlippe. Komm, lass uns noch etwas trinken; Ich fühle mich heute Morgen mächtig heiser!" sagte er.

Genau zu diesem Zeitpunkt kam Dusenberry wieder herein, schnaufend und pustend, als wäre er in einen Wettlauf verwickelt. „Ein weiterer Vogel für den alten Grimshaw, am Commercial Wharf! Ich wusste, dass sie einen an Bord hatte, weil ich ihn vom Kai aus ausgesät habe", sagte er in völliger Ekstase, zog einen Bleistift heraus und machte sich eine Notiz in einem kleinen Buch.

„Sei kein Kind", sagte Dunn. „Komm, wir haben gerade noch einen Drink vorgeschlagen; Du machst natürlich mit; Du sagst nie nein , was, Duse?" Sie traten an die Theke, und Dunn zeigte wieder mit dem Finger auf die Nase auf den Holländer, der mit ausgebreiteten Händen auf der Theke stand, und bestellte Gin und Bitter, Stoughton Light. Er drehte sich zu Manuel um, der offenbar in tiefer Meditation auf einer Bank saß, den Kopf auf die Hand gestützt, packte ihn grob am Kragen, zerrte ihn zum Tresen und sagte: „Kommt bei den Pfeifern, Erwecke deinen Mut und schmollen Sie nicht, mein alter Portugiese ; nimm noch ein O-be-joyful, und es wird dir gut gehen, und du wirst eine Hornpipe tanzen wie ein Jim -Crack."

"Entschuldigen Sie bitte; Ich glaube, ich habe genug genommen; Bringen Sie mich bitte entweder zu meinem Schiff zurück oder wohin Sie wollen. Das ist kein Ort für mich!" sagte Manuel.

„Sicher, was bedeutet; Reden Sie hier nicht über Ihr Problem; Ein Nigger darf einen Weißen nicht überwältigen. Komm, es hat keinen Sinn, einen Rückzieher zu machen. Sie müssen ein Glas Lagerbier von Swizer trinken", sagte Dunn.

Manuel schaute sich um, und dann schloss er sich sehr widerwillig, der Holländer füllte sein Glas mit schaumigem Bier, und die drei berührten die Gläser und tranken. Dann zogen sie sich auf eine Bank zurück und begannen, über die Angemessenheit eines Punktes ihrer offiziellen Privilegien zu diskutieren, während Manuel am Tresen stehen blieb.

„Wer zahlt die Mehrwertsteuer für das Getränk ? " fragte der Holländer, der darauf bedacht war, zwei kleine Nigger zu bedienen, die gerade mit Flaschen in der Hand hereingekommen waren.

„Es war ein Leckerbissen für unseren Freund; Kommen Sie, mein Guter, machen Sie das Saubere gemäß der Wissenschaft des Südens. Wir werden beim Gefängniswärter ein gutes Wort für Sie einlegen; Sie werden dadurch nichts verlieren", sagte Dusenberry .

„Meine Freunde, ich arbeite hart für mein Geld und habe nichts, was ich törichterweise ausgeben könnte. Die kleine Menge ist von geringer Bedeutung, aber ich würde es Ihnen viel lieber schenken, als mich durch Vortäuschung betäuben zu lassen . Ich habe keine Lust, den Neigungen anderer nachzugeben. Was auch immer du mit mir machen wirst, tu es; und lass mich mein Schicksal wissen. Ich bin krank und müde und brauche einen

Arzt. Bring mich in ein Gefängnis oder wohin du willst. Ich habe kein Verbrechen begangen; Ich will Schlaf, keine Bestrafung. Wenn ich das nächste Mal Schiffbruch erleide, gehe ich auf Planke und über Bord, bevor ich nach Charleston komme." Mit diesen Worten zog er fünfzig Cent heraus und warf sie auf die Theke, und der Holländer warf sie in die Schublade, als wäre alles in Ordnung und „nur das Wechselgeld".

„Halt die Klappe, du schwarzer Schlingel, du; so darf man in South Carolina nicht reden; Wir werden dich auf den Rahmen spannen und für Unverschämtheit zu einem weißen Mann paddeln. „Verdammt, wenn du es so eilig hast, dann komm einfach vorbei", sagte Dusenberry ; Er reichte Dunn die Hand, nahm ihm die Handschellen ab und versuchte, sie Manuel an die Handgelenke zu legen. Der arme Kerl kämpfte und bettelte mehr als zehn Minuten lang und überwältigte sie beinahe, als Dusenberry ein langes Dolchmesser aus seiner Brust zog, es drohend an seine Brust hielt und einen dieser wilden Schreie ausstieß, wie sie heute üblich sind üblich bei Sklavenjägern, deren Aufgabe es ist, entlaufene Nigger mit Bluthunden zu jagen und zur Strecke zu bringen . „Unterwerfe dich, du schwarzer Bösewicht, oder ich kriege dein Herzblut; Bringen Sie ein Seil mit, und wir werden ihn hier hochseilen . Spring, sei schnell, Swizer !" sagte er und wandte sich an den Holländer. Der Holländer rannte in die vordere Wohnung; holte eine Schnur hervor, die einer Wäscheleine ähnelte; und begann, es rückgängig zu machen.

„Gibst du jetzt auf?" sagte Dusenberry und hielt immer noch das Messer auf ihn gerichtet. Manuel pflegte, wenn er in fremden Ländern an Land war, einen Dolch bei sich zu tragen und legte seine Hand an die Brusttasche, um danach zu tasten. Er erinnerte sich, dass er es in seiner Brust gelassen hatte und dass Widerstand gegen eine Gruppe, die solch eine Feindseligkeit ihm gegenüber zum Ausdruck brachte, nutzlos wäre. Die Fesseln wurden ihm mit brutaler Gewalt um die Hände gelegt.

"Oh! Bin ich ein Mann oder bin ich ein Rohling? Was habe ich getan, um eine solche Behandlung zu erhalten? Möge Gott auf mich herabblicken und mir meine Übertretungen vergeben; denn in seinen Händen liegen meine Rechte, und er wird mir Gerechtigkeit verschaffen", sagte Manuel und sah seinen grausamen Folterern ins Gesicht.

"Ein Mann! Nein, beim Himmel, du bist ein Nigger; und es ist so, dass wir es dir beibringen würden! Komm, keine deiner Predigten hier, trab los! Wir geben dir ein Taschentuch, um deine Hände zu bedecken, wenn du beim Gehen durch die Straßen so empfindlich bist", sagte Dunn, warf ihm ein altes rotes Taschentuch zu und führte ihn durch die Broad Street . Dusenberry überließ ihn nun ganz der Obhut von Dunn; während er, wie er sagte, zum Adger's Wharf ging , um ein anderes Schiff im Auge zu behalten, das sich dem Dock näherte. Die Tricks dieses Mannes, Dunn, waren denen bekannt, die mit der Polizei und dem Büro des Sheriffs zu tun hatten. aber anstatt wegen seiner vielen Vergehen entlassen zu werden, wurde er von ihnen als der beste Offizier auf der Liste angesehen; und wenn es darum ging, schelmische Nigger zu fangen , galt er als perfektes Vorbild. In diesem Fall begnügte er sich nicht mit den Gräueltaten, die er Manuel im holländischen Grogladen zugefügt hatte, zu dem er ihn gezwungen hatte, sondern er blieb auf der öffentlichen Straße stehen, um sich mit jeder Bucht, die er traf, zu unterhalten und die Armen zu beschützen Ein Mann, der für die Öffentlichkeit dasteht, wie eine angekettete Unschuld, die auf das Nicken eines Bösewichts wartet. Das Bild wäre vollständig gewesen, wenn ein Monster in Menschengestalt im Vordergrund platziert worden wäre, das die Peitsche ausübt, gemäß den Gesetzen von South Carolina.

KAPITEL XI.
Das Büro des Sheriffs.

Es ist neun Uhr morgens am 24. März 1852. Manuel wurde in das Büro des Sheriffs geführt, das sich im Gerichtsgebäude an der Ecke Broad Street und Meeting Street befindet. In der Mitte des Raumes stand ein großer Tisch, bedeckt mit verschiedenen alten Papieren und einem Tintenfass. Auf der einen Seite stand ein altes Sofa, das eindeutig darauf hinwies, dass es auf Kosten des Staates abgenutzt war. Ein paar Bücherständer aus Kiefernholz und bemalt, mehrere Kippstäbe, alte Stühle mit kaputter Rückenlehne und nicht zuletzt eine Holzsäge eines Holzsägers standen hier und da in wunderschöner Unordnung im Raum; während, als ob er die immense Bedeutung des Amtes verdeutlichen wollte, auffällig über dem alten Sofa ein Dreispitz mit dem Richterschwert hing. Auf der linken Seite öffnete sich eine Tür, die in das Büro des Angestellten führte, wo die Bücher und Archive des Büros aufbewahrt wurden. Herr Kanapeaux , der Amtsinhaber, zeigte ein großes Maß an gutem Gefühl, dem der Sheriff nichts von seinem Ruf eingebüßt hätte, wenn er ihm nachgeahmt hätte, und hielt sein Amt in sehr respektabler Ordnung.

„Kommen Sie herein, Manwell , oder wie auch immer Sie heißen", sagte Dunn, als er in die Gegenwart von Mr. Grimshaw voranging, dem hageren, hager aussehenden Mann, den wir zuvor beschrieben haben. Seine dunklen, feigen Gesichtszüge, als er durch seine Brille die Morgennachrichten betrachtete, gaben ihm das Aussehen eines Mannes, von dem wenig zu erwarten war, was diejenigen erwarteten, die das Pech hatten, in seine Hände zu fallen.

"Ah! Dunn, Sie sind der beste Offizier der Stadt; „Bei meiner Seele, diese Kerle können dir nicht entkommen!" Wo hast du diesen Nigger abgeholt?" sagte er mit einem zufriedenen Blick.

„Ein fetter Gebührenfall, Mr. Grimshaw, ‚gesetzwidrig'; Er ist ein portugiesischer Nigger. Ich hatte noch nie in meinem Leben so viel Ärger mit einem Nigger; Ich wusste es nicht, aber der Kerl wollte eine Predigt halten. Der Kapitän – er gehörte einem gescheiterten Engländer – wollte beim Schinkenspiel mitkommen und ihn für einen Weißen halten; Aber sicher konnte er dieses Spiel gegen mich und Duse sowieso nicht gewinnen", sagte Dunn.

Ohne ein Wort zu sagen, erhob sich Manuel vor seinen Anklägern wegen dieser seltsamen Anschuldigung des „Verstoßes gegen das Gesetz".

Als er seine Ankläger ansah, sagte er: „Was habe ich getan, um das Schicksal eines Mörders zu erleiden? Soll ich wegen der Heimsuchung Gottes als Sklave verkauft werden? Ich habe keinen Mord begangen! Nein! – noch habe ich in deinem Land gestohlen! und warum haben mich diese Männer dazu verführt?" –

"Schweigen! Schweigen! „Sie sind im Büro des Sheriffs", sagte Dunn und zeigte mit dem Finger auf seine Nase. „Du kannst nicht zu deinem John-Bull-Nigger nach South Carolina kommen."

Dies brachte den Angestellten des Sheriffs zu der Tür, die in den Flur führte. „Dunn, ich habe dich schon mehrmals vor diesen Dingen gewarnt; die Öffentlichkeit bekommt davon Wind; Sie werden dieses Amt noch in Verruf bringen. Sie sollten wissen, welche Auswirkungen die Verbindung der Beamten mit diesen „Tante-Emma-Ladenbesitzern" bereits auf die Gemeinde hat", sagte er.

„Woher zum Teufel weißt du, wovon du redest? Sicherlich ist es seine Ehre und überhaupt nicht Ihre", sagte Dunn, indem er sich an Mr. Kanapeaux wandte und dann Mr. Grimshaw ansah.

"Herr. Kanapeaux , Sie dürfen die Offiziere und ihre Pflichten nicht beeinträchtigen; Kümmern Sie sich um Ihr Geschäft und bereiten Sie Ihr Buch vor, um diesen Niggerjungen zu registrieren", sagte Grimshaw.

„Nun, mein guter Freund", fuhr Grimshaw fort, „ich mag dieses Geschäft überhaupt nicht; Es zahlt mir nicht genug für all die Mühe, die ich damit habe. Es handelt sich nur um eine kleine Gebührenfilterung, die die Pflichten meines Büros äußerst lästig macht. Aber wir müssen das Gesetz respektieren. Wir tun diese Dinge, um unsere Institutionen zu schützen und sie so leicht wie möglich zu machen. Ich könnte Ihnen viel Ärger bereiten; Ich habe die Macht, aber ich lege Wert darauf, in Ihrem Fall die Männer in Betracht zu ziehen, und wir sorgen dafür, dass Sie sich so wohl fühlen, dass Sie nicht daran denken, inhaftiert zu werden. Sie müssen verstehen, dass es „gesetzwidrig" ist, auf diese Weise unter unsere Nigger zu kommen; es gibt ihnen fantasievolle Ideen. Es ist so ein höllisch unvollkommener Zustand, in den diese Abolitionisten alles geraten lassen . Wir müssen die Kommunikation beobachten, die zwischen den designierten Menschen und unseren Sklaven stattfindet. Wir sind ein gastfreundliches Volk – das weiß die Welt – und haben religiösen Respekt vor unseren Gesetzen, die wir ohne Rücksicht auf Personen durchsetzen. Wir würden Sie gerne in der Stadt herumlaufen lassen, aber dann ist das „gesetzeswidrig". Entscheide dich, mein Guter, dass du zu den humanen Menschen gehörst, die versuchen werden, dir unter den Männern deiner Klasse zu helfen. Machen Sie sich glücklich – und betrachten Sie mich als einen Freund, dann werden Sie sich nie täuschen lassen. Ich kontrolliere das Gefängnis und meine Gefangenen sind mir genauso verbunden wie einem Vater."

„Es muss die Menschheit sein, die mir diese Symbole der Schande in die Hände legt", sagte Manuel; „Das sperrt mich in einen Kerker, damit ich nicht ein Wort der Freiheit in Ohren hauche, die es nur als Fabel kennen."

Niemand hatte ihn gebeten, sich zu setzen, und als er die Auswirkungen seiner Übelkeit und Müdigkeit spürte, drehte er sich um, als suche er nach etwas, woran er sich ausruhen konnte. „Du darfst dich nicht hinsetzen , – nimm deinen Hut ab!" sagte Grimshaw.

Der arme Kerl bemühte sich, konnte es aber mit den Fesseln an seinen Händen nicht schaffen ; Daraufhin trat Dunn vor, riss es sich vom Kopf und warf es auf den Boden. „Sie sollten Manieren lernen, mein Guter", sagte Grimshaw, „wenn Sie in das Büro eines Sheriffs kommen. Es ist ein Ort von Bedeutung, und die Menschen zollen ihm immer Respekt, wenn sie ihn betreten. Ein paar Monate in Charleston würden Sie genauso höflich machen wie unsere Nigger."

„Wäre es nicht besser, dem armen Kerl die Eisen von den Händen zu nehmen? Er sieht aus, als wäre er müde", sagte Herr Kanapeaux , der Angestellte, der wieder an die Tür kam und Manuel mit einer Miene des Mitleids ansah. Die Worte des Mitgefühls berührten seine Gefühle zutiefst; Es war ein einfaches Wort zu seinen Gunsten , das sich so sehr von dem unterschied, was ihm seit dem Verlassen des Schiffes begegnet war, dass er das Gefühl hatte, ein freundlicher Freund hätte in seinem Namen gesprochen, und er gab seinem Gefühl in einem Schwall von Tränen nach.

„Guter Vorschlag, Herr Kanapeaux !" sagte Grimshaw. „Nehmen Sie sie besser ab, Mr. Dunn; Ich glaube nicht, dass er dir noch mehr Schwierigkeiten bereiten wird. Er scheint ein „wahrscheinlicher Kerl" zu sein und weiß, dass er geschnappt wird, wenn er irgendeinen Nigger-Schurken in Charleston vernichtet. Nun, mein Guter, zeigen Sie Ihr gutmütiges Gesicht und stehen Sie gerade wie ein Ladestock. Herr Kanapeaux , bereiten Sie Ihr Buch vor, um ihn zu registrieren", fuhr Grimshaw fort.

Manuel stand nun unter einer Rutsche auf, und seine Größe und seine allgemeinen Gesichtszüge wurden auf folgende Weise notiert, um die souveräne Würde des Gesetzes von South Carolina zu beschwichtigen, das so viele seltsame Mittel hat, um seine Bedeutung zu zeigen: „Im Widerspruch zum Gesetz." " Verstoß gegen das Gesetz von 1821 in der geänderten Fassung usw. &C. Manuel Pereira vs. Bundesstaat South Carolina, Steward an Bord der britischen Brigade Janson, Kapitän Thompson. Eingetragen am 24. März 1852.

Höhe: 5 Fuß 8 1/2 Zoll.

Teint, helloliv, (hell.)

Merkmale, scharf und adlerförmig.

[Haare und Augen, dunkel und glatt; ersterer neigte dazu, sich zu kräuseln.]

Allgemeine Bemerkungen: – Alter: neunundzwanzig; gebürtiger Portugiese; spricht eher gebrochen, aber höflich; ist intelligent, wohlgeformt und sieht gut aus. Gebühren an den Sheriff:

Zur Verhaftung, 2 $ – Register, 2 - 4 00 $ zur Anerkennung . 1,31 $ – Constable. 1 $ – 2,31 $ Für Zusage und Entlastung: 1,00 $

7,31 $

Bei Entlassung kommen noch Gefängnisgebühren hinzu.

Nachdem diese Bemerkungen ordnungsgemäß eingegeben worden waren und Herr Grimshaw ihm einen weiteren Vortrag über die Bedeutung des Rechts von South Carolina und die Freundlichkeit, die er von seinen Händen erhalten würde, wenn er sich zufrieden geben würde, vorgelesen hatte, wurde ihm gesagt, dass er gehen und dort sein könne engagiert. Der arme Kerl war aufgestanden, bis er fast erschöpft war; Dennoch reichte es nicht aus, die Gefühle dieses elenden Schurken Dunn zu befriedigen. Kaum hatte er das Büro des Sheriffs verlassen oder zwei Quadrate vom Gerichtsgebäude entfernt, betrat er einen anderen holländischen Grogladen, der von der Erscheinung her etwas respektabler war – aber nicht vom Charakter her. Sie traten durch eine Seitentür ein, die in eine Hinterwohnung führte, die mit einem Tisch und zwei Holzsofas ausgestattet war. Als Dunn eintrat, wurde er von zwei Negern erkannt , die am Tisch Domino spielten. Sie standen auf und rannten durch den Vorderladen auf die Straße, als wäre ein böser Geist unter sie herabgestiegen. Der Holländer sprang nach den Dominosteinen und warf sie schnell in ein Blechmaß, das er unter der Theke versteckte.

"Ah! Drydez !" sagte Dunn; „Du Vagabund, du; wieder die alten Tricks anwenden? Ihr Holländer seid schlimmer als der Teufel ! Ich selbst werde dafür sorgen, dass du eine Fünf gibst. Kommen Sie, machen Sie es gerade und murmeln Sie nicht Ihren holländischen Jargon!“

„Vat zue trinken mit mir am Morgen? Herr „Dunz ist der beste Vat-Comez- Kollege in meinem Laden“, sagte Drydez .

"Ah! Hören Sie auf , sich Sorgen zu machen, und machen Sie Ihren holländischen Holzfäller nicht wegen eines Iren fertig! Legen Sie die fünf Dollar hin, und wir nehmen die Getränke gleich mit; „Ich und mein Freund hier werden auf deine Gesundheit trinken“, sagte Dunn und zeigte auf Manuel, der den Kopf schüttelte, als wollte er ablehnen. Der Holländer öffnete nun seine Schublade, rollte einen Geldschein zwischen seinen Fingern zusammen und reichte ihn wie unbemerkt in die Hände von Dunn.

„Nun, Drydez “, sagte Dunn, „wenn du es sauber machen willst, gib ein paar Brandy-Spritzer hinein – keinen von deinem verdammten holländischen Cut-Throat-Brandy – das beste alte Zeug.“ Komm, mein alter Chuck, (dreht sich zu Manuel um und zieht ihn an den Schnurrhaaren) Kopf hoch, ein weiterer guter Kerl wird dich wieder in Schwung bringen. South Carolina ist ein großartiger Staat, und ein Mann, der in Charleston nicht glücklich sein kann, sollte von den Abolitionisten bei Tageslicht besiegt werden."

Der Holländer bereitete bald die Smashes vor, versorgte sie mit Strohhalmen, stellte sie auf den Tisch und stellte Stühle in die Nähe. "Verzeihung!" sagte Manuel, „ich habe schon genug getrunken und möchte mich hinlegen. Ich fühle mich unwohl und spüre die Wirkung dessen, was ich bereits eingenommen habe. Ich bin zu schwach. Bitte sagen Sie mir, wie weit das Gefängnis von hier entfernt ist, und ich werde selbst gehen."

„Geh, nicht wahr? – der Teufel , du wirst damit fortfahren, bis du den Smash getrunken hast. Keiner von euch Portugiesische Unabhängigkeit hier. Wir bringen den Niggern die Höflichkeit der Gintlemen in Charleston bei, mein Bock!" und er packte ihn am Kragen, zerrte ihn zum Tisch, dann ergriff er mit der anderen Hand das Glas und hielt es sich vors Gesicht. "Siehst du das? Und, Gott sei Dank, ihr werdet es trinken und euch nichts vormachen , sonst würde ich den Inhalt in euren Phiz stecken", sagte er.

Manuel nahm das Glas, während der Holländer dastand und über den sehr schönen Spaß und die Würze von Mr. Dunns Witz, wie er es nannte, kicherte. „Vat , um ihn auch zum Vat'e no vants zu machen ? Du bringst mich so zum Lachen, ven „Zu kommt hierher, ich mag es , mich selbst zu töten ", sagte Drydez .

Jetzt sah man im Vorderladen einen aufgeweckten Mulatten, der dem Holländer fragende Zeichen machte; der seine Bedeutung verstand und keine Zeit verlor, ein Glas, das fast zur Hälfte mit Brandy und Wasser gefüllt war, in seine Tasche zu stecken; und als er hinter die Abteilungstür trat, reichte er es listig an den Mulatten weiter, der es ebenso listig in seine Kehle schob; und legte dem Holländer ein Stück Geld in die Hand und trat an die Theke, als wollte er auf sein Wechselgeld warten. "In Ordnung!" sagte der Holländer und sah sich in seinen Regalen und dann wieder unter der Theke um.

„Nein!" sagte der Mulatte; „Ich möchte vier Pence; Du hast es geschafft vor ' mehrmals; Ich will mein Geld."

„Geh aus meinem Laden, oder ich schmeiße dich raus", sagte der Holländer, holte einen großen Knüppel ein, rannte hinter der Theke hervor und begann, dem Neger auf äußerst unbarmherzige Weise Schläge auf den Kopf zu geben. Daraufhin zog sich der Mulatte auf die Gasse zurück und forderte den Holländer mit einer Salve der abscheulichsten Schimpfwörter heraus, herauszukommen, und er peitschte ihn.

Dunn rannte zum Tatort und befahl dem Neger, wegzugehen und gegenüber einem Weißen nicht die Sprache zu verwenden, dass es „gesetzeswidrig" sei, und er würde ihn zum Arbeitshaus bringen.

„Warum, Massa , ich weiß, was sie respektieren, weiße Männer, was für Edelsteine wie Yersef sind , aber dieser Holländer steht da „A'n't no gentlem

', er hat mein Geld sieben Mal tieffe gegangen; Und ich peitsche ihn auf jeden Fall aus, damit er hier rauskommt. Es ist mir egal, wahr, und Gott sah, dass ich in der nächsten Minute im Wukhouse gepeitscht werde . Er ist tief , eine Lüge und er betrügt mich." Der Holländer stand mit dem großen Stock in der Hand an der Tür – der Neger mitten auf der Gasse, die Fäuste in kämpferischer Haltung, kühn und drohend, während der hinkende Dunn als Vermittler an der Seite des Holländers stand . Manuel nutzte die Gelegenheit und leerte sein Glas durch eine große Öffnung im Boden.

In Charleston ist es eine berüchtigte Tatsache, dass der Neger, egal ob Schwarzer oder Weißer, dem eigentlichen Weißen in völligem Gehorsam unterworfen ist, ganz gleich, welchen Rang er einnimmt. Dennoch ist dies sein habgieriger und herablassender Charakter diese Groggery Keeper, dass sie dem Neger gegenüber höflich werden und sich einer gleichberechtigten Geselligkeit unterwerfen. Der Neger, der diese Vertrautheit ausnutzt, wird die beleidigendsten und beleidigendsten Ausdrücke gegenüber dieser Klasse von Holländern verwenden, die es entweder aus Feigheit oder aus Angst, ihren Beruf zu verlieren, niemals verübeln. Wir könnten in der Sprache von Dunn sagen, als er gefragt wurde, ob Neger in Charleston solche Freiheiten gegenüber weißen Männern hätten: „Ein Nigger kennt einen niederländischen Ladenbesitzer besser als er sich selbst kennt – ein Nigger wagt es nicht, mit irgendjemand anderem so zu sprechen."

Der Holländer erhält vom Neger einen doppelten Gewinn und verbreitet damit ein doppeltes Laster unter ihnen, wofür sie die härteste Strafe erleiden müssen. Es verstößt streng gegen das Gesetz, etwas von einem Neger zu kaufen, ohne die Erlaubnis zu haben, es von seinem Herrn zu verkaufen. Doch wie wird das gewertet? Der Ladenbesitzer verzichtet auf das Ticket, ermutigt den Lagerhausneger zum Stehlen und kauft seine Diebstähle wahllos für etwa die Hälfte ihres Wertes. Wir könnten fünfzig verschiedene Verhaltensweisen aufzählen , die von „guten" rechtmäßig wahlberechtigten Bürgern praktiziert werden – völlig unabhängig vom Gesetz – und die einen zehnmal schlimmeren Einfluss auf den Neger ausüben, als der, der sich aus der Unterhaltung einiger weniger angesehener Männer einer befreundeten Nation ergeben könnte .

Nachdem Dunn den Mulatten von der Tür vertrieben und den Holländer für seine Feigheit getadelt hatte, kehrte er zum Tisch zurück, klopfte Manuel auf die Schulter, trank den Rest seines Schluckes aus und sagte: „Komm, mein guter Kerl, wir müssen das tun." Das Ding ist jetzt braun; Wir haben den Niederländer an seinem eigenen Haken festgenagelt. Wir müssen ein anderes Horn haben; es ist einfach das Zeug in unserem Klima; Die „Old Jug's" sind ganz in der Nähe und sie werden dich zum Pfarrer machen , wenn du dort ankommst. Wir hatten eine wirklich lustige Zeit; und du darfst deine Pfeife nicht nass machen, wenn du vor den Toren stehst ."

„Ich bitte nicht um solche Gefälligkeiten und werde nichts mehr trinken", sagte Manuel.

„Füll sie auf, Drydez ! fülle sie auf! Noch zwei Volltreffer – bester Brandy und kein Fehler. „Du musst noch einen trinken, mein alter Trottel – wir werden dir in Charleston die frommen Gedanken verkünden", sagte Dunn und drehte sich zu Manuel um.

Der Holländer füllte die Gläser, und Dunn legte seinen großen Stock aus Hickoryholz auf die Theke, nahm eins in jede Hand und ging direkt zu Manuel: „Na, nimm es und trink es aus – kein Schwindel; „Deine Mutter hat nie solche Milch gegeben", sagte er.

"Entschuldigen Sie bitte; Das werde ich auf keinen Fall tun!" sagte Manuel, und kaum hatte er die Worte lispelt, warf ihm Dunn den ganzen Inhalt ins Gesicht. Wütend über dieses ungeheuerliche Verhalten hielt der arme Kerl es nicht länger aus und versetzte ihm einen Schlag, der ihn zu Boden schleuderte.

Der Holländer eilte Dunn zu Hilfe und es gelang ihm, ihn aus seiner wenig beneidenswerten Lage zu befreien. Da sie jedoch nicht damit zufrieden waren, gelang es ihnen nach hartem Kampf, ihn auf den Boden zu bringen, als der Holländer ihn niederhielt, nachdem er einen elenden Neger zu Hilfe gerufen hatte, während Dunn ihn mit seinem Stock schlug. Seine Schreie „Mord" und „Hilfe" hallten durch die ganze Nachbarschaft , und obwohl sie versuchten, ihn zu knebeln, brachten sie mehrere Personen zur Stelle. Unter ihnen war ein bekannter Baumeister aus Charleston – ein sehr muskulöser und sehr menschlicher Mann. Die Schurkerei von Dunn war für ihn nichts Neues, denn er hatte sie praktisch an seinen eigenen Negern demonstriert, die in die „Tante-Emma-Läden" gelockt worden waren, mit dem doppelten Ziel, dass die Holländer ihr Geld bekamen und die Offiziere es bekamen Schweigegeld vom Eigentümer.

Als er Dunn sah, rief er: „Ah! du Vagabund!" und mit der Geschicklichkeit einer Katze anspringend versetzte er dem Holländer einen Schlag, der ihn, seine Länge messend, in eine Ecke zwischen vielen leeren Kisten schleuderte; Dann packte er Dunn am Kragen, schüttelte ihn wie einen Welpen und versetzte ihm mit der offenen Hand eine Ohrfeige, die sein Gesicht doppelt färbte und ihm einen Strahl Rotwein aus der Nase spritzte; während der elende Nigger, der sich bemüht hatte, Manuel festzuhalten, seinen Griff losließ und rannte, als sei sein Leben in Gefahr. Die Szene war äußerst widerlich. Manuel stand auf, sein Gesicht war an mehreren Stellen verletzt, seine Kleidung war mit Schmutz vom Boden verschmiert und sein Hals und sein Hemdbusen waren mit Blut bedeckt; während die entsetzten Gesichtszüge von Dunn mit seinem roten, verfilzten Haar und seinen grellen, bösartigen Augen, die mit dem Blut seines Opfers und seinem eigenen

Nasenorgan bespritzt waren, ihm das teuflischste Aussehen verliehen, das man sich vorstellen kann.

Nachdem der Herr den Holländer dafür gerügt hatte, dass er diese erbärmlichen Praktiken fortführte, die eine Schande für die Gemeinschaft darstellten und den Sklaven Leid, Hunger und Tod brachten, wandte er sich an Dunn und wandte sich an ihn. „Sie sind ein hübscher Gesetzeshüter! Ein Bösewicht auf der Straße – eine Schande für Ihre Hautfarbe und ein Makel für diejenigen, die Sie im Amt halten. Ein Mann, der den Frieden und jeden Grundsatz der ehrlichen Pflicht verletzt hat, ein Mann, der jeden Tag die schlimmste strafrechtliche Strafe verdient, die in der Gunst der Stadtverwaltung gehalten wird, um deren Namen zu beflecken. Wenn es in der Polizeibehörde noch einen Funken Ehrlichkeit gibt, werde ich meinen Einfluss nutzen, um Ihr Verhalten zu stoppen. Der Galgen wird noch dein Verhängnis sein. Du darfst nicht denken, weil du im gleichen Verkehr bist.“

Dunn betrieb eines der schlechtesten und berüchtigtsten Trinklokale in Charleston, aber um sein Amt mit der strengen Vorschrift in Einklang zu bringen, die in Charleston niemals etwas „Gesetzeswidriges“ zuließ, machte er seine Frau zur „Freihändlerin“. Dieser besondere Teil von South Carolina kann tatsächlich zu seinen vielen einzigartigen Gesetzen gezählt werden. Es hat eine äußerst entgegenkommende Wirkung auf bankrotte Ehemänner und fungiert als Tarnbatterie für unzählige Sünden im geschäftlichen oder offiziellen Bereich. Hin und wieder kommt es vor, dass einer der „fairen freien Händler“ durch die Gewalt eines rücksichtslosen Gläubigers in die Schwebe gerät; und der „Prison Bounds Act“, der in seiner Anwendung sehr heikel ist, fordert häufig die Tapferkeit der ritterlichen Herren der Anwaltskammer von Charleston heraus, damit Sie ungestraft davonkommen. Und Sie, Drydez “, sagte er und wandte sich an den Holländer, „ich werde Sie in die Informationsliste eintragen, sobald ich in die Stadt hinuntergehe.“

„ Zeu may tu vat zeu Plas mit me- te Mayor Bees, mein Freund, und er weiß es wähle mich, bin . Yuz sieht Zel no bronty , no zin! Abstimmung Geht es dir gut , ah?“ * * *

„Ich würde gerne sehen, dass Sie das Gleiche tun, Herr ….“ Es wäre nicht nötig, sich einen Haftbefehl und einen weiteren wegen Körperverletzung und Körperverletzung zu ersparen! Sicherlich ist Richter Gyles ein erstklassiger Freund von mir, und er würde nicht zulassen, dass ich ihm aufgedrängt werde. „Der verdammte Nigger war hartnäckig und wollte nicht ins Gefängnis gehen“, sagte Dunn feige und wimmerte.

„Oh ja , ich habe gehört, dass ich geschworen habe , dass er nicht nach Zale gehen soll !“ erwiderte der Holländer besorgt.

„Erzähl mir keine deiner Lügen“, sagte er; „Ihr seid beide die größten Schurken der Stadt und führt eure gemeinsame Schurkerei so dreist, als ob ihr die Kontrolle über die Stadt in euren Händen hättet.“ Manuel zitterte unter den Gefühlen der Trauer und Rache. Sein portugiesisches Blut hätte sich an der Spitze des Dolches gerächt, aber glücklicherweise hatte er es in seiner Brust gelassen. Er sah, dass er einen Freund an seiner Seite hatte, und ergab sich mit der Ernsthaftigkeit eines Kindes seiner Aufgabe.

Nach wenigen Minuten herrschte Ruhe, und der Herr äußerte den Wunsch, zu erfahren, wie die Unruhe entstanden sei, und erkundigte sich bei Manuel, wie sie zustande gekommen sei. Aber kaum hatte er mit seiner Geschichte begonnen, wurde er von Dunn unterbrochen, der sein Recht geltend machte, nach den Gesetzen von South Carolina seine Erklärung abzugeben, die weder durch die Aussage des Negers noch durch eine Zeugenaussage vor Gericht widerlegt werden könne; Und im nächsten Moment sprang er auf, packte Manuel am Kragen und befahl ihm, mit ins Gefängnis zu kommen. und wandte sich an den Herrn und forderte ihn auf, sich in seine Pflicht einzumischen.

„Ich weiß sehr gut, wie man Leute ins Gefängnis bringt. Ich werde jetzt dafür sorgen, dass Sie diese Pflicht ordnungsgemäß erfüllen und keine Gefangenen von Ort zu Ort foltern, bevor Sie dort ankommen. Wenn Sie arme, hilflose Menschen ins Gefängnis bringen, verhängen Sie eine schlimmere Strafe, als sie nach ihrer Ankunft erleiden müssen!“ sagte er; und schloss sich sofort Manuel an und ging mit ihm zum Gefängnis.

KAPITEL XII.
DAS ALTE GEFÄNGNIS.

In Charleston gibt es drei Institutionen – von denen jede den Namen der Zivilisation beflecken würde –, die als Sinnbild der seit jeher etablierten Vorstellungen eines Volkes und seiner gehegten Liebe zu den Relikten der Vorfahren einer vergangenen Zeit stehen. Nichts könnte zielsicherer als diese düsteren Denkmäler auf die Distanz hinter der Zeit hinweisen, die das Denken und Handeln der Charlestonianer kennzeichnet. Sie sind das Armenhaus, das Krankenhaus und das Gefängnis; Da letzteres jedoch nur unser gegenwärtiges Thema betrifft, sprechen wir lieber nur davon und überlassen die anderen einer anderen Gelegenheit. Man kann sagen, dass das Arbeitshaus eine Ausnahme bildet, da es sich um ein neues Gebäude handelt, das kürzlich nach einem europäischen Plan errichtet wurde. Es ist sehr geräumig, mit einem extravaganten Äußeren und überragt von hohen halbgotischen Wachtürmen, ähnlich den alten Burgen am Rhein. Der Widerstand gegen den Bau dieses prächtigen Tempels eines Arbeitshauses war so groß und die „offenbarliche Abstammung" betrachtete ihn so widersprüchlich, jenseits des Fortschritts der Zeit, dass er dem Bürgermeister bei den folgenden Wahlen eine Niederlage einbrachte. „Young Charleston" wurde für seinen gewagten Fortschritt gerügt, und das Gebäude trägt den einzigartigen Beinamen „Hutchinson's Folly". Was etwas seltsam ist: Dieses prächtige Gebäude ist ausschließlich Negern vorbehalten. Eine Tatsache wird zeigen, wie fortschrittlich die Rechtswissenschaft war, um den Neger zu regieren, während die Gesetze, denen der Weiße unterworfen ist, denen ähneln, die ihnen das gute alte England vor einigen Jahrhunderten verliehen hat. Für schwere Straftaten und Einbruchsdelikte wird ein weißer Mann ins Gemeinschaftsgefängnis gesperrt; dann zum Marktplatz geschleppt, ausgezogen und ausgepeitscht, damit die Neger lachen und „sehen können, wie Buckra es fängt"; während ein Neger in das Arbeitshaus geschickt, für längere Zeit in seiner Zelle eingesperrt und dann gemäß der modernen Wissenschaft ausgepeitscht wird – aber niemand sieht es außer mit besonderer Erlaubnis. Somit hat der Neger den Vorteil von Wissenschaft und Privatsphäre.

Das Gefängnis ist ein düster aussehendes Gebäude, an dessen Außenseite alle Zeichen der Antike deutlich hervorgehoben sind. Es ist von einer hohen Ziegelmauer umgeben und seine Fenster sind mit doppelten Gitterreihen versehen, die stabil genug für ein modernes Gefängnis sind. Insgesamt weckt sein dunkles, düsteres Erscheinungsbild bei jedem, der sich ihm nähert, den Gedanken und die Assoziation einer uralten Grausamkeit. Man tritt durch eine eisenvergitterte Tür ein und auf beiden Seiten eines schmalen Portals, das nach rechts führt, befinden sich vier kleine Zellen und eine schmutzig aussehende Küche, die einer altmodischen Räucherei ähnelt. Diese Zellen sind die Schuldner; und als wir nach dem Besuch bei einem Freund ohnmächtig wurden, stand ein lahmer „ Molatto -Typ", der kaum mit Lumpen bekleidet war, um seine Nacktheit zu bedecken, und unbeschreiblich schmutzig war, an der sogenannten Küchentür. „Dieser arme, niedergeschlagene Gegenstand", sagte unser Freund, „ist der Koch. Ihm droht ein Vergehen – eine der eigentümlichen Schattierungen, für die ein Nigger mit dem Gefängnis geehrt wird." „Es scheint also, dass Kochen in Charleston eine Strafe ist, und der Neger erleidet die Strafe", sagten wir. "Ja!" sagte unser Freund; „Aber der arme Kerl hat einen souveränen Trost, dessen sich nur wenige Nigger in Charleston rühmen können – und keiner der Gefangenen hier hat ihn – er kann genug zu essen bekommen."

Der arme Kerl streckte seine Hand aus, als wir an ihm vorbeigingen, und sagte: „Massa, gib dem armen Abe ein Stück Bacca?" Wir haben ihm alles, was in unserem Besitz war, freiwillig gegeben.

Auf der linken Seite, nachdem man die Haupttür aus Eisen passiert hat, befinden sich die Wohnungen des Gefängniswärters. Durch eine weitere Eisentür steigen Sie eine schmale, krumme Treppe hinauf und erreichen den zweiten Stock. Hier sind etwa acht oder neun elende Zellen – manche groß und manche klein – schlecht belüftet und völlig bar jeder Art von Möbeln: und wenn sie im Sommer schlecht belüftet sind, sind sie ebenso schlecht mit Mitteln ausgestattet, um sie im Winter zu wärmen. In einem dieser Räume befanden sich neun oder zehn Personen, als wir ihn besuchten; und der krankhafte Gestank, der davon ausströmte, war so groß, dass wir uns gezwungen sahen, unsere Taschentücher vors Gesicht zu halten. Diese Etage ist für Verbrechen wie Körperverletzung und Körperverletzung vorgesehen; Körperverletzung und Körperverletzung mit Tötungsabsicht; feuerfeste Seeleute; Deserteure; Verstoß gegen die Satzung; Verdacht auf Brandstiftung und Mord; Zeugen; alle Arten von Verbrechen, vom Schuldner bis zum echten Mörder, Einbrecher und Schwerverbrecher. Wir hätten unter anderem alle (farbigen) Verwalter aufzählen sollen, egal ob aus dem In- oder Ausland, die sich dieser einzigartigen Anklage „gegen das Gesetz" schuldig gemacht haben. Und es hätte hinzugefügt werden sollen, auch wenn es an unseren „gastfreundlichen Küsten" verworfen wurde. Unter all diesen verschiedenen Schattierungen von Kriminellen muss es einige sehr böse Männer geben. Und wir könnten drei aufzählen, die uns als sehr gefährliche Männer angezeigt wurden, denen jedoch die Gunst dieses Stockwerks und seiner Assoziationen zugestanden wurde. Einer davon war ein irischer Seemann, der vom Gericht der Vereinigten Staaten wegen Revolte und eines verzweifelten Versuchs, den Kapitän eines Schiffes zu ermorden, zu drei Jahren und neun Monaten Haft verurteilt wurde; Der nächste war ein Deutscher, ein Soldat der US-Armee, der wegen der Tötung seines Kameraden zu einem Jahr und acht Monaten Gefängnis verurteilt wurde;

und der dritte war ein englischer Seemann, der eine Frau tötete – aber da sie zufällig von zweifelhaftem Charakter war, verurteilte ihn der Vorsitzende Richter der Sitzungen zu einer leichten Haftstrafe, die der Gouverneur nach einigen Wochen sehr herablassend begnadigte.

Die beiden ersteren fungierten als Wärter oder stellvertretende Gefängniswärter; mit Ausnahme des Drehens des Schlüssels, ein Privileg, das ausschließlich dem Gefängniswärter vorbehalten war. Der Grundsatz mag merkwürdig erscheinen, dass Männer, denen solch schwerwiegende Anklagen auferlegt werden, eine höhere Stellung als Gefangene einnehmen; und kann im Hinblick auf die Disziplin selbst fraglich sein.

Von dieser Etage aus öffnete sich eine weitere Eisentür, und ein gewundener Gang führte in das dritte und obere Stockwerk, wo eine dritte Eisentür in einen Vorraum führte, rechts und links davon befanden sich Gittertüren, die mit schweren Riegeln und Stangen gesichert waren. Diese öffneten sich zu schmalen Portalen mit dunklen, düsteren Zellen auf jeder Seite. Im Boden jeder dieser Zellen befand sich ein großer eiserner Ringbolzen, der zweifellos dazu gedacht war, widerspenstige Gefangene daran anzuketten; Wir wurden jedoch darüber informiert, dass solche Gefangenen in engen Steinzellen im Hof gehalten wurden, die üblicherweise von Negern und zur Todesstrafe Verurteilten bewohnt wurden. Der ominöse Name dieser dritten Geschichte war „Mount Rascal", was zweifellos als bezeichnend für die darin enthaltene Klasse von Gefangenen gedacht war. Man sagt, dass Genie niemals untätig ist: Der Boden dieser Zellen wies einige sehr schöne Exemplare von Schnitzereien und Schnörkelarbeiten, die mit einem Messer ausgeführt wurden, auf den Boden dieser Zellen. Darunter befand sich ein gut ausgeführtes Kruzifix; mit dem Erlöser auf Golgatha – ein Symbol der Hoffnung, das zeigt, wie der Mann die müden Momente seines Lebens erlebte. Wir haben mit vielen der Gefangenen gesprochen und ihre unterschiedlichen Geschichten gehört, von denen einige wirklich schmerzhaft waren. Ihre Verbrechen wurden unterschiedlich dargelegt, von Mord, Brandstiftung und Taschendiebstahl bis hin zu dem Verbrecher, der ein Paar Schuhe gestohlen hatte, um seine Füße zu bedecken; Einer hatte ein Paar Pantalons gestohlen, und ein kleiner Junge hatte ein paar Türschlüssel gestohlen. Drei Jungen wurden wegen Mordes verurteilt. Ein Mann von vornehmem Aussehen, der zu verschiedenen Zeiten zu drei Jahren Gefängnis und zu zweihundertzwanzig Peitschenhieben auf dem Markt verurteilt worden war, beklagte sich bitterlich über die Ungerechtigkeit seines Falles. Einige waren auf dem Markt ausgepeitscht worden und warteten darauf, erneut ausgepeitscht und entlassen zu werden; und andere wurden wegen Verdachts festgehalten und mehr als sechs Monate lang in dieser engen Haftanstalt festgehalten, bis sie auf ihren Prozess warteten. Wir stellten fest, dass diese schlimmste Ungerechtigkeit, die „Verzögerung des Gesetzes", von denen, die wegen des Verdachts eines geringfügigen

Diebstahls inhaftiert waren, noch schlimmer empfunden wurde und denen, selbst wenn sie von einer Jury für schuldig befunden worden wären, nicht mehr als eine Woche Haft auferlegt worden wäre . Dennoch war das Festhalten an diesem alten System der englischen Strafrechtsprechung so groß, dass es für die unschuldigste Person fast unmöglich war, eine Anhörung zu bekommen, außer bei den regulären Sitzungen, „die selten stattfinden und große Zeitabstände dazwischen haben". In Charleston gibt es tatsächlich ein Stadtgericht, dessen Rechtsprechung etwas moderner ist als die Sitzungen. Es hat seinen Stadtsheriff und seine Stadtbeamten und hält seine Amtszeiten häufiger. Somit ist Charleston doppelt mit Sheriffs und Beamten ausgestattet. Beide streben eine unterschiedliche Zuständigkeit für Zivil- und Strafsachen an. Gefangene scheinen bloße Federbälle zwischen den Sheriffs zu sein, mit einem klaren Vorteil zugunsten des County-Sheriffs, der in Rey über das Gefängnis der Alleinherrscher ist; und jeder Kriminelle, der das Glück hat, vor dem Stadtrichter vernommen zu werden, kann sich gegenüber dem Bezirkssheriff für diesen Gefallen besonders verpflichtet fühlen.

Wir bemerkten, dass diese Zellen viel sauberer waren als die darunter liegenden, dennoch entströmte ihnen ein übelriechender Geruch. Wir fanden heraus, dass dies darauf zurückzuführen war, dass die Wannen vierundzwanzig Stunden lang in den Räumen stehen durften, in denen die Kriminellen eng eingesperrt waren, was allein aufgrund der feuchten, erhitzten Atmosphäre dieses Klimas ausreichte, um eine Ansteckung hervorzurufen . Wir sprachen über den Mangel an Belüftung und die giftigen Dämpfe, die fast pestilenzhaft wirkten, aber sie schienen sich daran gewöhnt zu haben und sagten uns, dass die Räume auf der Südseite heller und komfortabler seien. Viele von ihnen sprachen fröhlich und bemühten sich, ihre Gefühle zu zügeln, aber die Furchen auf ihren hageren Gesichtern brauchten keine Zunge, um ihre Geschichte auszusprechen.

Der Hunger war der große Kummer, über den sie klagten; Und wenn ihre Geschichten wahr waren – und wir hatten später überzeugende Beweise dafür –, lag eine mutwillige Missachtung der allgemeinen Menschlichkeit und ein äußerst verwerflicher Machtmissbrauch vor. Das Tagesgeld bestand aus einem Laib schlechtem Brot mit einem Gewicht von etwa neun Unzen und einem halben Liter dünner, abstoßender Suppe, die so ekelerregend war, dass nur der nötigste Appetit dazu gezwungen werden konnte, nur um das Tierleben zu erhalten. Dies wurde in einer schmutzig aussehenden Blechpfanne serviert, ohne einen Löffel zum Servieren. Ein Mann erzählte uns, dass er sich fast fünf Wochen lang von Brot und Wasser ernährt hatte – dass er sich nachmittags zum Schlafen hingelegt und geträumt hatte, dass er etwas Gesundes zu sich nahm, um seinen Heißhunger zu stillen, und als er aufwachte, trauerte er darüber war nur ein Traum. Auf diese Weise wurde sein Appetit doppelt gesteigert, doch er konnte bis zum nächsten Morgen nichts bekommen, um seine Bedürfnisse zu stillen. Um diese Grausamkeit noch zu verstärken, fanden wir zwei Männer in enger Haft vor, die ausgemergeltesten und erbärmlichsten Exemplare der Menschheit, die wir je gesehen haben. Wir fragten uns: „Herr Gott! Sollte es sein, dass die Menschheit so tief sinken sollte?" Das erste war ein verlassenes, niedergeschlagen aussehendes Wesen mit niedergeschlagenem Gesichtsausdruck, in dessen Zügen kaum etwas Menschliches zu erkennen war. Sein Gesicht war mit Haaren bedeckt und so völlig mit Schmutz verfilzt und durch die groben Haarbüschel, die ihm in die Stirn hingen, so teuflisch geworden, dass ein Schauer des Grauens unsere Gefühle überfiel. Er hatte keine Schuhe an den Füßen; und ein Paar zerlumpte Pantalons und die Fetzen eines gestreiften Hemdes ohne Ärmel, das mit einer Schnur um die Taille befestigt war, bildeten seine einzige Kleidung. Tatsächlich hatte er kaum genug an, um seine Nacktheit zu bedecken, und diese war so schmutzig und voller Ungeziefer, dass er seine Schultern und Hände fleißig beschäftigte; während seine Haut so mit Schmutz verkrustet war, dass keine Spur von ihrem ursprünglichen Teint zurückblieb. Auf diese Weise wurde er eng eingesperrt gehalten und glich eher einem wilden Tier, das nur seine Wächter sah, wenn sie kamen, um ihm sein Futter zuzuwerfen. Ob er wegen seiner dunklen Taten auf diese Weise festgehalten wurde oder um die Schande derer zu verbergen, die über sein Elend spekuliert haben, überlassen wir dem Urteil des Lesers.

Wir fragten diesen armen Sterblichen, was er getan hatte, um eine solche Strafe zu verdienen? Er hielt den Kopf gesenkt und bewegte seine fiebrigen Lippen. "Aussprechen!" sagten wir: „Vielleicht können wir dich rausholen." „Ich hatte keine Schuhe und nahm ein Paar Stiefel von dem Herrn, mit dem ich arbeitete", sagte er mit leiser, murmelnder Stimme.

„Gnädig, Mann!" sagten wir: „Ein Paar Stiefel! Und ist das alles, weshalb Sie hier sind?"

"Jawohl! Er lebt am Kai, ist sehr wohlhabend und ein guter Mann. Es war nicht seine Schuld, denn er wollte mich rausholen, wenn ich die Stiefel bezahlen würde, aber sie ließen ihn nicht."

„Und wie lange bist du schon so eingesperrt?" sagten wir.

„Besser als fünf Monate — aber das liegt daran, dass oben kein Platz ist . Sie versprechen mir schon seit langem ein paar Klamotten, aber sie kommen nicht", fuhr er fort.

„Und wie lange haben Sie noch Zeit, in diesem Zustand durchzuhalten?"

„Nun, sie sagen ‚bei Gerichtsverhandlungen im Oktober; es sind ungefähr zwei Monate Pause; Die Grand Jury wird dann das Gefängnis besuchen, und vielleicht finden sie eine Gesetzesvorlage gegen mich, und ich werde vor

Gericht gestellt. Es ist mir egal , wenn sie mich auf dem Fischmarkt nicht auspeitschen."

„Dann wurden Sie noch nicht vor Gericht gestellt? Nun, möge Gott diesem Mann Frieden geben, damit er seine Großzügigkeit genießen kann, der ein armes Objekt wie dich einer solchen Grausamkeit überlassen würde!" sagten wir.

„Ich bin in Charleston aufgewachsen – kann weder lesen noch schreiben – ich habe keinen Vater, und meine Mutter ist verrückt im Armenhaus, und wenn ich unterwegs bin, arbeite ich in der Stadt, um meinen Lebensunterhalt zu verdienen!" sagte er. Die einfache Geschichte dieses armen Kerls bot Anlass zum Nachdenken und wir fanden sie richtig, wie vom Gefängniswärter bestätigt.

„Bekommst du genug zu essen?" wir fragten.

„Oh nein, tatsächlich! Ich könnte doppelt so viel essen – das ist das Schlimmste daran – allein dafür wäre es nicht schlecht. „ Morgens gebe ich mir ein Brot und um zwölf Uhr Suppe, aber abends habe ich nichts zu essen, und schon bevor es Zeit ist, sich hinzulegen, hat jeder große Hunger", sagte er.

Wir schauten uns im Zimmer um und da wir nichts zum Schlafen sahen, fragten wir ihn aus Neugier, wo er geschlafen habe.

„Das Gefängnis erlaubt uns eine Decke – die gehört mir in der Ecke: Ich breite sie nachts aus, wenn ich zu Bett gehen will", antwortete er ganz zufrieden. Wir haben den armen Kerl verlassen, denn unsere Gefühle konnten es nicht länger ertragen. Der Zustand der Gesellschaft, der einen Menschen auf diese Weise degradieren würde, erforderte mehr Mitleid als die schwieligen Knochen, die auf ein solches Bett reduziert wurden. Sein Name war Bergen.

Der andere war ein junger Ire, der in Hemd, Hose und Hut ins Gefängnis geschleppt worden war, weil er verdächtigt wurde, einem Kameraden sieben Dollar gestohlen zu haben. Er saß seit fast vier Monaten im Gefängnis und war in Bezug auf Schmutz und Ungeziefer das Gegenstück zum anderen. Ein totenähnlicher Geruch, der so widerlich war, dass wir auf der Schwelle stehen blieben, entströmte dem Zimmer, sobald sich die Tür öffnete, und reichte aus, um eine allgemeine Verfassung zu zerstören, von der seine abgemagerten Gliedmaßen den stärksten Beweis trugen.

Den Gefangenen im zweiten Stock wurde zu bestimmten Stunden des Tages das Vorrecht auf den Hof gewährt, den Schuldnern zu allen Stunden des Tages; Dennoch wurde allen derselbe Tarif auferlegt. Im Hof befanden sich mehrere sehr enge Zellen, in denen, wie bereits erwähnt, Neger, widerspenstige Kriminelle und zur Todesstrafe Verurteilte untergebracht waren. Diese Zellen schienen als Schrecken für die Kriminellen gedacht zu sein, und das war auch so, denn wir haben noch nie etwas Schlimmeres für die Behausung der Menschen gesehen.

KAPITEL XIII.
WIE ES IST.

Unser Ziel ist es, dem Leser zu zeigen, wie viele grobe Machtmissbräuche es in Charleston gibt, und ihn auf die Ursache hinzuweisen. Dabei wird die Aufgabe zu einer heiklen Aufgabe, denn es gibt so viele Dinge, die wir uns wünschen könnten, wenn sie nicht so wären, denn wir wissen, dass es in der Gemeinschaft viele gute Männer gibt, deren Gefühle auf der rechten Seite stehen, deren Macht aber nicht gleichwertig ist; und wenn es so wäre, wird es durch einen entgegengesetzten Einfluss gestoppt.

Die intelligenteren unteren Klassen betrachten das Thema Politik im richtigen Licht – sie erkennen die verheerende Wirkung, die die Doktrin der Nichtigkeit auf ihre Interessen hat; Doch obwohl ihre Zahl nicht gering ist, ist ihre Stimme klein und kann nicht über die Kanäle klingen, die den Einfluss der Bevölkerung ausmachen. Somit werden alle Kasten der Gesellschaft von undurchführbaren Abstraktionen beherrscht.

Das Gefängnis gehört dem Landkreis – die städtischen Behörden haben darin keine Stimme; und der Staat hat in seiner gesetzgeberischen Wohltätigkeit dreißig Cent pro Tag für den Unterhalt jedes Gefangenen bereitgestellt. Diese kleine Summe kann im Bundesstaat South Carolina, wo die Versorgung äußerst hoch ist, als dürftiger Hungerlohn betrachtet werden; Dies gilt jedoch umso mehr, wenn man die großartigen Ansprüche South Carolinas berücksichtigt und einen Vergleich zwischen diesem dürftigen Budget und dem anderer Staaten anstellt. Sogar Georgia, ihr Schwesterstaat und einer, dessen schlichte Bescheidenheit seiner unternehmungslustigen Bürger wirklich würdig ist, hat eine aufgeklärtere Sicht auf die Umstände eines Kriminellen – er zahlt 44 Cent pro Tag für seinen Unterhalt und behandelt ihn, als wäre er wirklich ein Krimineller menschliches Wesen. Aber für diese Ungleichheit und die mutwillige Vernachlässigung menschlicher Gefühle entschuldigen sich die Südkaroliner mit der Begründung, sie hätten kein Gefängnis; Sie glauben auch nicht an dieses Strafsystem und behaupten, dass es einen ungebührlichen Wettbewerb mit dem ehrlichen Mechaniker schafft und dem Verbrechen Vorschub leistet, weil es versucht, die Kriminellen zu verbessern. Das Gemeinschaftsgefängnis wird zum Ort der Inhaftierung, während der Prügel und der Hunger die Korrekturen liefern.

Wenn der Sheriff zum absoluten Funktionär ernannt wird, mit unbegrenzten Befugnissen zur Kontrolle des Gefängnisses in all seinen vielfältigen Funktionen, ohne Kommissare oder Gefängnisausschuss, welchen Zustand kann man von der Verwaltung erwarten? Das Gericht gibt bei der Verurteilung eines Straftäters keine konkreten Anweisungen zur Wohnung oder Art der Unterbringung; Folglich wird es zu einer erwiesenen

Tatsache, dass das dem Sheriff entgegengebrachte gesetzgeberische Vertrauen als Mittel für Gefälligkeiten verwendet wird, die so verteilt werden, wie es den Gefühlen oder Interessen des Amtsinhabers am besten entspricht. Eine solche Macht in den Händen eines willkürlichen, rachsüchtigen oder geizigen Mannes bietet unbegrenzte Möglichkeiten des Missbrauchs und ohne Angst vor Enthüllung.

Aus dem, was wir gesagt haben, lässt sich schließen, dass der Gefängniswärter seinen Pflichten nicht nachkam. Dies ist jedoch nicht der Fall, denn wir haben gute Beweise dafür, dass nie ein gutherzigerer und gütigerer Mann das Amt bekleidete. Aber seine Macht wurde durch diejenigen, die die absolute Kontrolle hatten, so stark eingeschränkt, dass sein Amt nur noch ein Schlüsseldienst war, für den er einen Hungerlohn von etwa fünfhundert Dollar pro Jahr erhielt. So erfüllte er seine Pflicht gemäß den Anweisungen des Sheriffs, der das Gefängnis bekanntlich als Mittel zur Spekulation betrachtete; und bei der Verwirklichung seiner Absichten gab er sehr wohlwollende Anweisungen in Worten und hielt gleichzeitig die Mittel zurück, sie auszuführen, wie der sehr gute Mann, der immer predigte, aber nie praktizierte .

Nun, wie ist es? Wie sieht die Ordnung dieses Gefängnisses aus und wie wird sie bereitgestellt? Von der mühsamen Pflicht, die der Gefängniswärter für sein kleines Geld verrichtet, wollen wir nichts sagen; noch der Bericht, dass das Büro des Sheriffs vierzehntausend Dollar pro Jahr wert sei: Diese Dinge sind zu etabliert. Aber das Gesetz sieht dreißig Cent pro Tag für den Unterhalt des Gefangenen vor, die der Sheriff erhalten soll, der für jeden Mann ein Pfund gutes Brot und ein Pfund gutes Rindfleisch pro Tag beschaffen soll. Nun ermöglicht diese Vorrichtung eine sehr elastische Konstruktion. Der arme Verbrecher erhält einen Laib schlechtes Brot, der etwa drei Cent kostet, und ein Pfund Fleisch, das in seinem Aussehen am ungesundsten und kränklichsten ist und fünf Cent kostet. Wenn wir jedoch eine Marge berücksichtigen, können wir sagen, dass der Amtsinhaber einen sehr schönen Gewinn von 18 bis 20 Cent pro Tag für jeden Gefangenen hat. Da jedoch keine Vorkehrungen gegen die Möglichkeit getroffen werden, dass der Kriminelle sein Fleisch roh verzehrt, wird er ganz vorsichtig zu einer Alternative gezwungen, die für den Sheriff noch ein weiteres gewinnbringendes Thema mit sich bringt; die, einen halben Liter verdünntes Wasser zu sich zu nehmen, was zu Unrecht als Suppe bezeichnet wird. Auf diese Weise wird das alte englische Gesetz umgesetzt, dessen Anerkennung sich selbst das Land heute schämt. Unsere Gefühle werden natürlich gegen die Begehung solcher Missbräuche an der leidenden Menschheit geweckt. Wir kämpfen zwischen dem Wunsch, gut über die Person zu sprechen, deren Macht es ist, sie in die Tat umzusetzen , und der zwingenden Pflicht, die uns befiehlt, für diejenigen zu sprechen, die nicht für sich selbst sprechen können.

Diese Dinge könnten nicht existieren, wenn die öffentliche Meinung ausreichend aufgeklärt wäre. Es ist unnötig, viele Worte zu verschwenden, um solche offensichtlichen Missbräuche aufzudecken oder den Grund für ihre Existenz und ihr Fortbestehen herauszufinden. Eine Ursache hierfür ist die vorsätzliche Blindheit und die alberne Gaskonade einiger derjenigen, die die öffentliche Meinung leiten und formen. Mit den Bewohnern South Carolinas wird in South Carolina nichts getan, was nicht größer wäre als je zuvor in den Vereinigten Staaten – es wurden nie Schlachten ausgetragen, die South Carolina nicht gewonnen hätte – kein Staatsmann war jemals Herrn Calhoun ebenbürtig – keine Konföderation wäre ihm ebenbürtig in den Süden, mit South Carolina an der Spitze – keine politischen Doktrinen enthalten ein so lebenswichtiges Element wie die Sezession, und keine Gesellschaft in der Union ist South Carolina in puncto Kaste und Eleganz ebenbürtig – nicht mit Ausnahme der würdigen und gelehrten Aristokratie von Boston.

Der Wille, zu tun, was es will, und zu handeln, wie es will, ohne nationale Beschränkungen, ist der große Nachteil, unter dem South Carolina seine jammernde Geschichte der politischen Not erzählt. Möge sie ihren zweifelhaften Ruhm im richtigen Licht betrachten – möge sie die Rechte anderer beachten und feststellen, dass ihre Taten gerechtfertigt sind! – vernichte ihren gierigen Geist, und sie wird eine Kraft finden, die zu ihrer eigenen Erhaltung ausreicht. Dann kann sie der Welt zeigen, dass sie die Massen ermutigt, und ist entschlossen, an dieser gemäßigten und nachsichtigen Politik festzuhalten, die sich selbst Schutz verschafft, im Ausland Bewunderung statt Tadel verdient und die keiner großartigen militärischen Inszenierung bedarf, um Frieden zu schaffen an der Spitze des Bajonetts.

KAPITEL XIV.
MANUEL PEREIRA ENGAGIERT.

Es war fast elf Uhr, als sie die Gefängnistreppe hinaufstiegen und an der Klingel klingelten, um Einlass zu erhalten. Der Gefängniswärter, ein kräftiger, rau aussehender Mann, öffnete die Eisentür, und als Manuel gerade über das steinerne Fensterbrett steigen wollte, gab Dunn ihm einen plötzlichen Stoß, der ihn kopfüber zu Boden warf. „Himmel! was jetzt?" fragte der Gefängniswärter mit einem erstaunten Blick, und im nächsten Moment hob Dunn seinen Fuß, um Manuel ins Gesicht zu treten.

„ Du höllisches Biest!" sagte der Gefängniswärter, „du bist eher ein Wilder als ein Mann – du bist jetzt betrunken, du Vagabund", und sprang zwischen sie, um ihn vor der Wirkung des Schlages zu retten. Während er dies tat, versetzte der Herr, der sie vom „Eckladen" begleitete, als Schutz vor Dunns Grausamkeit Dunn einen Schlag in den Nacken, der ihn gegen eine Tür taumeln ließ und eine solche Verwirrung hervorrief, dass er Aufregung erregte das ganze Gefängnis. Er wandte sich an Manuel, hob ihn mit Hilfe des Gefängniswärters vom Boden auf und führte ihn in das Gefängnisbüro. „Herr Gefängniswärter", sagte Dunn, „der Gefangene gehört mir, bis Sie die Zusage erhalten, und ich verlange von Ihnen Schutz vor diesem Mann." Er hat zwei gewalttätige Angriffe auf mich verübt, obwohl ich meine Pflicht getan hätte."

„Du hast alle Pflichten verletzt und bist eher wie ein fleischgewordener Unhold. Zuerst lockt man Männer in Rumläden, und dann plündert und misshandelt man sie, weil man denkt, sie seien schwarz und könnten keine Wiedergutmachung bekommen. Sie haben diesen Mann unbarmherzig misshandelt, weil Sie wussten, dass seine Aussage gegen Sie nicht gültig war!" sagte der Herr, indem er sich an den Gefängniswärter wandte und ihm Einzelheiten darüber erzählte, was er im „Eckladen" gesehen hatte und welche Grausamkeiten er bei früheren Gelegenheiten von Dunn beobachtet hatte.

Der Gefängniswärter blickte Manuel mitleidig an und reichte ihm einen Stuhl, auf dem er sich niederlassen konnte. Der arme Kerl war aufgeregt und müde, denn er hatte an diesem Tag nichts gegessen und wurde von dem Zeitpunkt an, als er das Schiff verließ, bis zu seiner Ankunft im Gefängnis eher wie ein Tier denn wie ein Mensch behandelt. Er nahm das freundliche Angebot bereitwillig an und begann, die Geschichte seiner Behandlung zu erzählen.

„Du brauchst es mir nicht zu sagen – ich weiß bereits zu viel über diesen Mann. Es ist mir schon lange ein Rätsel, warum er im Amt bleibt."—

Hier unterbrach Dunn. „ Sicher würde ich deinem Herrn gehorchen und nicht dir selbst , und ich würde tun, was ich mit Gefangenen tun würde , und es ist seine Sache und nicht deine ." Wenn es nach dir ginge, würdest du bestimmt aus jedem Nigger, dem du den Schlüssel umdrehst, einen weißen Mann machen ."

„Sag mir nichts von deiner Unverschämtheit", sagte der Gefängniswärter. „Sie haben keine Autorität außerhalb meiner Tür. Ihre brutale Behandlung von Gefangenen hat mir eine Menge Ärger bereitet – mehr, als mein dürftiger Lohn mich dazu bewegen würde, hier zu bleiben . Angenommen, Sie würden wegen dieser Verbrechen angeklagt? Was wäre das Ergebnis?" fragte der Gefängniswärter.

„ Klar , ich selbst könnte für den Sheriff einstehen, ohne dass Sie sich darum kümmern müssen ." Ich würde nicht für dich arbeiten , sondern für ihn; und er ist sowieso dein Herr und weiß alles darüber. Geben Sie mir die Quittung, und das ist alles, was ich Ihnen sagen würde . Wenn ein Nigger nichts gegen mich hat, lasse ich ihn einfach die Freude eines Hickorystocks spüren."

„Ja, wenn du die Schande eines Mannes in dir hättest, würdest du dich nicht mit Alkohol zum Biest machen und diese armen Verwalter wie Hunde behandeln", sagte der Gefängniswärter.

„In der Tat könnten Sie ein oder zwei Dinge lernen, wenn Sie ein Politiker wie ich wären und der Sezessionspartei angehörten. Und wenn seine Ehre, der Sheriff – denn er ist ein anständiger Mann – wüsste, dass Sie in dieser Form predigen würden, würden Sie den ganzen Morgen nicht im Gefängnis bleiben . Lassen Sie mich raus und machen Sie viel aus dem Nigger; Ihr habt ihn da."

Der Gefängniswärter schloss die Tür auf und ließ ihn mit einer entsprechenden Zurechtweisung ohnmächtig werden. Für Dunn war dies nur eine Kleinigkeit, denn er kannte die Gefühle seines Herrn zu gut und wurde von ihm in seinen unerträglichsten Unternehmungen unterstützt. Als er ins Büro zurückkehrte, blickte er auf die Zusage und dann noch einmal auf Manuel. „Ich verstehe, Herr Manuel, es handelt sich hierbei um einen Fall, der gegen das Gesetz verstößt. Auch Sie sind ein geeigneter Kerl, der dazu in der Lage ist", sagte er.

"Ja. Wenn ich ihn richtig verstehe, ist er ein Schiffbrüchiger und gehört zu einem fremden Schiff, das in Seenot hierher gefahren ist", sagte der Mann. „Es ist ein hartes Gesetz, das einen farbigen Seemann einsperrt, der freiwillig hierher kommt; Aber es scheint unvorstellbar, einen Schiffbrüchigen auf diese Weise einzusperren, besonders wenn er so respektabel erscheint. Es gibt keine Umstände, die die Durchsetzung eines solchen Gesetzes rechtfertigen würden." Mit diesen Worten verließ er das Gefängnis.

Was den Gefängniswärter betrifft, so tat er zu seiner Ehre, was die persönliche Freundlichkeit anbelangte, sein Möglichstes: Er brachte ihm Wasser, um sich zu waschen, und gab ihm saubere Kleidung. Danach wurde er wie folgt in den Kriminalkalender eingetragen:

„24. März 1852. – Manuel Peirire . – [Begangen von] Sheriff – Sheriff. Verbrechen – im Widerspruch zum Gesetz.“

Nun hatte der Gefängniswärter seine Pflicht getan, soweit es seine Gefühle betraf; aber die strengen Anforderungen des Gesetzes waren so streng und seine Funktionen wurden durch Mr. Grimshaw so eingeschränkt, dass er es nicht wagte, Unterscheidungen zu treffen. Er rief Daley, einen der Kriminalhelfer, an und befahl ihm, dem Gefangenen sein Zimmer zu zeigen.

„Hier, mein Junge, nimm deine Decke“, sagte Daley; Er warf ihm eine grobe , schmutzig aussehende Decke zu und sagte ihm, er solle sie zusammenrollen und ihm folgen. „Es ist im zweiten Stock, wir werden euch unter die Verwalter setzen; Es gibt eine Menge davon, um dir Gesellschaft zu leisten , und du wirst eine tolle Zeit haben, mein Junge.“ Manuel folgte ihm durch die zweite Eisentür, bis er zu einer großen Tür kam, die mit schweren Riegeln und Riegeln gesichert war, die Daley zurückzuziehen und aufzuschließen begann. „Nehmen Sie es nicht übel; Es ist ein wirklich gutes Kinderbett, das das Bett spart , und das ist das Schlimmste daran. Pech gehabt für den alten Grimshaw, und er selbst denkt, dass die Knochen von jedem so schmutzig sind wie seine eigenen“, sagte Daley und öffnete die schweren Türen, wobei er diese bedrohlichen Gefängnisgeräusche von sich gab. "Alle hier? Ah! Ihr seid ein hübsches Paar Lämmer, wie der britische Konsul es nennt . Habt ihr jemals einen Tropfen übrig?“ Daraufhin kamen drei oder vier respektabel aussehende schwarze Männer zur Tür und begrüßten Manuel. „Komm, rede es ihr aus, denn der alte Mann wird auf der Spur sein.“ Daraufhin fuhr einer der eingesperrten Verwalter, ein großer, gutaussehender Mulatte, mit der Hand in eine große Öffnung in der Wand und holte eine kleine, mit Monongahela-Whisky gefüllte Limonadenflasche hervor. Ohne genügend Zeit für Höflichkeit zu lassen, ergriff Daley die Flasche, steckte sie an den Mund, maß etwa die Hälfte ihres Inhalts in sein Homony -Depot ab, schmatzte mit den Lippen, wischte sich den Mund mit der Manschette ab, gab den Rest zurück, schloss sie und verriegelte sie wieder die Tür, nachdem er gesagt hatte: „Viel Glück bis dahin , und ich wünsche ja eine fröhliche Zeit.“ Der Leser kann sich vorstellen, welche Vorkehrungen der Staat oder der Sheriff für das Wohlergehen dieser armen Männer getroffen hatte, von denen einer inhaftiert wurde, weil es „gesetzwidrig“ war, in Not in den Hafen von Charleston gefahren zu werden, und der Rest friedlich war , harmlose Bürger aus fernen Staaten und Ländern, die sich keinem Verbrechen schuldig gemacht haben, wenn wir den Raum und das Regime beschreiben, dem sie unterworfen waren. Der Raum war etwa sechs

Meter lang und zehn Fuß breit. Die Ziegelwände waren verputzt und mit einer Art blauer Lasur bemalt, die jedoch durch Schmutz und die Feuchtigkeit des südlichen Klimas so stark verwischt war, dass nur noch wenig von ihrer ursprünglichen Farbe zu sehen war. Die Wände waren mit der kondensierten Feuchtigkeit der Atmosphäre bedeckt, Spinnen hingen ihr geschmücktes Netz über den Köpfen, und Kakerlaken und Ameisen, diese domestizierten Schädlinge South Carolinas, liefen in Schwärmen über den Boden und verachteten jeden gesetzlichen Anspruch auf Rationen mit größter Verachtung. Zwei kleine Öffnungen in der Wand, etwa vierzehn Zoll im Quadrat groß und mit schwerem Flacheisen doppelt vergittert, dienten dem Einlass von Licht und Luft. Der Leser kann sich so ein Bild von seinem düsteren Aussehen machen und davon, was für eine elende, ungesunde Zelle es gewesen sein muss, in der die Männer untergebracht wurden, die gerade vom Meer angekommen sind. Es gab nicht den ersten Rest von Möbeln im Raum, nicht; sogar eine Bank zum Sitzen, denn der Staat hat mit seiner großzügigen Gastfreundschaft vergessen, dass Männer im Gefängnis jemals sitzen; aber es entsprach allen anderen Dingen, die der Staat der Kontrolle seiner Beamten überließ.

„Soll ich an diesem elenden Ort bestraft werden? Ich kann nicht erkennen, wohin ich gehe. Und habe ich nichts, worauf ich mich hinlegen kann, als den Boden und das, auf dem es von lebenden Geschöpfen wimmelt?" erkundigte sich Manuel bei denen, die bereits an die Strapazen gewöhnt waren.

"Nichts! Nichts! Bringen Sie Ihren Geist dazu, das Schlimmste zu erkennen, und vergessen Sie die Grausamkeit, während Sie sie erleiden; Sie ließen uns einen Teil des Tages raus. „Wir sind heute eingesperrt, weil einer der Assistenten den Alkohol meines Freundes gestohlen hat und er es gewagt hat, ihn des Diebstahls zu beschuldigen, weil er ein weißer Mann war", sagte ein großer, gut aussehender Mulatte namens James Redman , der Steward an Bord eines Schiffes aus Thomastown (Maine) war und erklärte, er habe Charleston schon einmal besucht und sei durch die Zahlung von fünf Dollar an einen der Offiziere unbehelligt an Bord des Schiffes geblieben.

„Und wie lange werde ich auf diese Weise leiden müssen?" fragte Manuel. „Kann ich nicht mein eigenes Bett und meine eigene Kleidung haben?"

„Oh ja", sagte Redman; „Du kannst sie haben, aber wenn du sie hierher bringst, werden sie nichts mehr wert sein, wenn du gehst; und die Gefangenen auf dieser Etage sind so verhungert und mittellos, dass sie gezwungen sind, alles zu stehlen, was ihnen in den Weg kommt; und die Assistenten sind ebenso involviert wie die Gefangenen. Es wird dir schwer fallen; Aber tun Sie einfach, was wir tun, in Ruhe, warten Sie, bis der Wind weht, und beten Sie für das Beste. Wenn Sie etwas sagen oder sich darüber beschweren, wird der Sheriff Sie im dritten Stock einsperren lassen, und das ist schlimmer als der Tod selbst. Als Erstes bereiten Sie etwas zum Essen vor. Wir zahlen hier dafür, bekommen es aber nicht; und du würdest verhungern, bevor du essen würdest, was sie den armen weißen Gefangenen geben. Sie leiden schlimmer als wir, nur dass sie sauberere Zimmer haben."

„Ich bete für meine Befreiung von einem Ort wie diesem."

Seine Manieren und sein Auftreten erweckten sofort den Respekt der Anwesenden, und sie machten sich sofort daran, es ihm mit allen Mitteln bequem zu machen. Joseph Jociquei , ein junger Mann, der von einem gerade aus Rio eingetroffenen Schiff entführt worden war und mehr Glück als die anderen hatte, eine Matratze zu haben, als er Manuels schwachen Zustand sah, entfernte sie sofort von ihrem Platz und breitete sie auf dem Boden aus. lud ihn ein, sich hinzulegen. Die Einladung war von Seiten Jociqueis ebenso annehmbar wie freundlich , und der arme Kerl legte seine müden Glieder darauf und fiel fast gleichzeitig in einen tiefen Schlaf. Manuel schlief weiter. Sein Gesicht und sein Kopf waren an mehreren Stellen vernarbt; die mit Gipsstücken, die der Gefängniswärter geliefert hatte, bekleidet und bedeckt waren. Seine Gefährten – so nennen wir diejenigen, die bei ihm eingesperrt waren – saßen um ihn herum und besprachen die Umstände, die ihn dorthin geführt hatten, und die Art und Weise, wie sie sein Leiden am besten lindern könnten. „Es ist genau so, wie ich es mir vorgestellt habe ", sagte Redman. „Und ich wette, dieser rothaarige Polizist, Dunn, hat ihn erzogen und ihn in all diesen niederländischen Geschäften beschimpft. Ich kannte das Gesetz nicht, und er verlangte von mir, ihm drei Dollar zu geben, damit er mir keine Handschellen anlegte, und dann musste ich ihn in jedem Grogladen, den wir besuchten, behandeln. Ja, und der letzte Laden, in dem wir waren, er Er warf mir Alkohol ins Gesicht, verfluchte den Holländer, der den Laden führte, trat mich und versuchte auf jede erdenkliche Weise, Aufsehen zu erregen. Wenn ich das Gesetz hier nicht zu gut gekannt hätte , würde ich ihn auf jeden Fall auspeitschen. Seit ich hier bin, leide ich unter dem Mangel an diesen drei Dollar. „ Twould hat mich auf einen Kaffee eingeladen . Wir haben heute Abend weder Kaffee noch Brot, denn wir haben den weißen Gefangenen unser Kontingent an schlechtem Brot gegeben, aber wir müssen etwas tun, um es dem armen Kerl bequem zu machen. Ich weiß, dass der Polizist ihn den ganzen Tag aufgehalten hat, und er wird hungrig sein, sobald er aufwacht."

„Wird er heute nicht sein Taschengeld erhalten wie ein anderer Gefangener?" erkundigte sich Copeland, ein untersetzter, gut gebauter, dunkelhäutiger Negersteward, der früher einen Friseurladen in der Fleet Street in Boston geführt hatte, jetzt aber dem Schoner Oscar Jones, Kellogg, Kapitän, angehörte.

"Oh! Nein, Sir", sagte Redman, „das verstößt gegen die Regeln des Gefängnisses – hier wird alles nach Vorschrift erledigt, sogar die Bezahlung für das, was wir nicht bekommen, und das Aushungern der Gefangenen."

Wer nicht vor elf Uhr ankommt, bekommt erst am nächsten Morgen eine Ration. Ich weiß es, weil ich am ersten Tag meiner Einlieferung einen Aufruhr mit dem Gefängniswärter darüber hatte; aber er schenkt mir ein Brot aus seinem eigenen Haus. Der alte Sheriff lässt nie zu, dass etwas außerhalb der Regeln geschieht, denn er ist strenger als eine Falle. Es ist nicht das, was du in dieser Zelle erleidest, aber es ist das, was du nicht essen kannst; Und wenn dieser arme Kerl kein Geld hat, wird er sich noch einmal neben der Kombüse wünschen, bevor er aussteigt." Die armen Kerle waren bis zum Äußersten gezwungen, für den Lebensunterhalt zu sorgen. Sie rafften ihre wenigen Mittel zusammen, und indem sie dem schwarzen Jungen des Sheriffs (einem Mann, der intelligenter, vornehmer und großzügiger als sein Herr war) eine Summe gaben, brachten sie eine Portion Kaffee, Zucker und Brot mit. Es war notwendig die Mutter des Erfindergeistes war bei ihnen, denn sie hatten sich für fünfundzwanzig Cent ein Fass besorgt und es als Tischplatte dienen lassen. Mit ein paar Chips, die ihnen von einer gutherzigen farbigen Frau gebracht wurden, die ihre Wäsche wusch und viele kleine Gesten der Freundlichkeit schenkte, machten sie ein Feuer, ertrugen die Belästigung durch den dichten Rauch aus dem alten Kamin und bereiteten sich vor ihr kleines Abendessen. Sobald es auf dem Tisch lag, weckten sie Manuel und luden ihn ein, an ihrem bescheidenen Essen teilzunehmen. Der arme Kerl stand auf, blickte sich in dem düsteren, höhlenartigen Ort um und seufzte tief. „Es ist schwer, umsonst dazu gebracht zu werden!" sagte er; „Und meine Knochen tun so weh, dass ich mich kaum bewegen kann. Ich muss den Kapitän und den Konsul sehen ."

„Das wird nichts nützen; Du könntest genauso gut ruhig bleiben und deinen Kaffee trinken. Ein Gefangener, der in diesem Gefängnis das Geringste sagt, ist am besten dran", gab Redman zurück.

Manuel nahm seine Tasse Kaffee und ein Stück Brot, aß es mit gutem Appetit und fragte, wann es Frühstück gäbe. „Es ist das erste Mal, dass ich in einem fremden Land misshandelt wurde. Ich bin Portugiese, aber Bürgerin Großbritanniens und habe meinen Schutz erhalten . – Wenn es mich nicht rettet, werde ich nie wieder nach South Carolina kommen und auch nicht dorthin segeln, wo mich eine Flagge nicht beschützt. Wenn ich unter Patagoniern bin, weiß ich, was sie tun; Aber wenn ich in die Vereinigten Staaten segele oder dort aufgegeben werde, weiß ich nicht, was sie tun, weil ich gute Leute erwarte." * * *

„Macht nichts, mein Guter", sagte Redman; „Mach dir gute Laune, nimm es wie ein guter Seemann einen Sturm, und am Morgen bekommst du ein kleines Laib saures Brot und einen Eimer Wasser zum Frühstück, wenn du dafür an die Pumpe gehst. Achten Sie darauf , Ihren Appetit gemäß den staatlichen Vorschriften beim Frühstück zu zügeln; denn Sie müssen genug sparen, um tagsüber auszukommen, und wenn Sie den „Banyan-Tag", wie die Blaunase es nennt, einhalten können, sind Sie genau der richtige Mann für diese Institution, und das ist kein Zweifel. Komm, ich sehe, du hast Hunger; trinke noch eine Schüssel Kaffee und iss viel Brot; dann wirst du wieder gut schlafen können.“

„Ja, aber ich erwarte nicht, lange hier zu bleiben. Aber sagen Sie mir, bekommen wir nichts weiter als ein Brot? Hat uns das Gefängnis nicht dieses Abendessen gegeben?“ erkundigte er sich überrascht.

„Abendessen, tatsächlich! – es verstößt gegen die Regeln, dass Gefangene Kaffee trinken; das sind unsere privaten Fixierungen; aber du bekommst morgens ein Pfund blutiges Nackenbein, das man Rindfleisch nennt. Ich habe meins zweimal dem Hund zugeworfen, aber er scheint es mir nicht zu danken; Also habe ich dem Koch gesagt, dass er seine Stahlwerke nicht noch einmal für mich aufwühlen muss.“

Redmans Gespräch wurde durch ein Geräusch unterbrochen, das wie das Läuten der Gefängnisglocke aussah, und ein besorgter Gesichtsausdruck, den Manuel zum Ausdruck brachte, deutete an, dass er damit rechnete, dass jemand zu ihm kommen würde. Er wurde nicht enttäuscht, denn einige Minuten später hörte man, wie sich die Riegel zurückzogen und die schwere Tür zurückschwang. Da war, getreu seinem Auftrag, der kleine Tommy, in seinem schönsten blauen Gewand, mit dem Stil eines Kriegsmannes, mit seinem aus Palmen geflochtenen Hut, über dessen Rand ein langes schwarzes Band zu sehen war, und mit gekämmtem Haar so glatt, und sein kleines, rundes Gesicht und die roten Wangen so rundlich und voll der Kühnheit eines Seemannsjungen, mit seinem blauen, geflochtenen Hemdkragen, der über seine Jacke gelegt und um den Hals abgesetzt ist, mit einem daran befestigten schwarzen indischen Taschentuch die Kehle mit dem Gelenk des Rückgrats eines Hais. Er sah aus wie das Bild und Muster eines Simon-Pure-Salzes. Er war durch seltsame Straßen und Gassen geschlendert, mit einem großen Rucksack unter dem Arm, den Daley ihm an der Tür abgenommen und unter seinem Arm ins Zimmer gebracht hatte. Sobald Manuel ihn erblickte, stand er auf und umarmte den kleinen Kerl liebevoll in seinen Armen. Keine Begrüßung könnte berührender sein. Manuel jubelte, als er seinen kleinen Begleiter sah; aber Tommy sah betrübt aus und fragte: „Aber was hat dein Gesicht so vernarbt, Manuel? Du hast nicht so ausgesehen, als du die Brigg verlassen hast. Wir hatten heute eine Menge Leute, die uns besuchen wollten.“

„Oh, das ist nichts! – nur ein kleiner Sturz, den ich erlitten habe; Sagen Sie es nicht dem Kapitän: Morgen wird alles gut.

„Hier, Jack, nimm deinen Rucksack; Hast du jemals einen Tropfen Schnaps für den Verwalter mitgebracht?“ sagte Daley, wandte sich an Tommy und legte das Paket auf den Boden.

„Ja, Manuel!" sagte Tommy, „der Kapitän hat dir schönes Brot und Schinken, ein paar Orangen und Rosinen und eine Flasche guten Rotweins geschickt – denn der Konsul sagte ihm, dass man ihnen im Gefängnis nichts zu essen gab." Und ich hatte einen Ruck mit ihnen , sage ich Ihnen. Ich habe mich einmal verlaufen und einen gutmütigen schwarzen Jungen gebeten, mich für einen Victoria- Dreipence zu steuern – aber er trug das Bündel nicht gern ins Gefängnis, aus Angst vor seinem Herrn. „Der Kapitän wird gleich morgen früh aufstehen, wenn er dem Geschäft entfliehen kann", sagte der kleine Teer, öffnete den Rucksack und holte seinen Inhalt heraus, um den hungrigen Appetit der Menschen um ihn herum anzuregen.

Daley nahm die Flasche Rotwein ganz kühl am Hals, hielt sie zwischen sich und das Licht und blinzelte wie ein Mond, als ob er an ihrem Inhalt zweifelte. und dann legte er es ab und rief: „Ah! Der Teufel , einen Rotwein, den ich dir für deinen Rotwein geben würde. Klar, warum hast du nicht ein Andenken an gute alte Hardware mitgebracht?" "Hardware! Was ist Hardware?" fragte Manuel. "Ah! Belästigung für die Truppe – ein Schluck alten Whiskys, der würde den Genuss f'nent machen . Habt ihr von allen noch nie einen Tropfen gehabt ? " Als er eine verneinende Antwort erhielt, drehte er sich mit einem Kilkenny-„Das hat keine Bedeutung" um und stapfte zur Tür, die er offen ließ, um auf Tommys Rückkehr zu warten. Redman kannte Daleys Neigung nur zu gut, und da er Augenbeweise dafür hatte, dass er das andere Auge so lange benetzt hatte, dass es mehr als gewöhnliche Anstrengung erforderte, eines davon offen zu halten, lehnte er es ab, seinen sehr bedeutsamen Hinweis anzuerkennen .

Sobald Daley sich zurückgezogen hatte, lud Manuel seine Gefährten ein, an dem Geschenk des Kapitäns teilzunehmen , was sie mit allgemeiner Zufriedenheit taten.

Kapitel XV.
Die Kompliziertheit des Gesetzes.

WÄHREND der Aufführung der Szenen, die wir im vorangegangenen Kapitel beschrieben haben, wurden mehrere sehr interessante Szenen im Büro des Konsuls und an anderen Orten aufgeführt, die wir beschreiben müssen. Die britische Regierung machte Herrn Mathew in ihren Anweisungen klar, dass er sehr vorsichtig sein müsse, damit er die Interessen der örtlichen Institutionen in seinem konsularischen Zuständigkeitsbereich nicht in irgendeiner Weise beeinträchtige. keine Anfragen zu stellen, die mit den örtlichen Gesetzen unvereinbar sind; sondern einen vernünftigen Weg zu verfolgen, um die Angelegenheit der Untertanen Ihrer Majestät ordnungsgemäß zur Prüfung durch die Justizbehörden zu bringen und auf den wahren Missstand hinzuweisen; und da es sich um eine Frage von Rechten handelte, die die Interessen und Freiheiten ihrer Bürger berührten, die Ausübung der richterlichen Gewalt zu verlangen, von der sie ein Recht hatte, Gerechtigkeit zu erwarten. Das Hauptziel bestand darin, die Frage zu prüfen, ob diese besondere Konstruktion des örtlichen Gesetzes, das es freien farbigen Männern verbietet, sich innerhalb der Grenzen des Staates zu bewegen, in ihrer Anwendung auf diejenigen rechtmäßig ist, die in seine Häfen kommen, die im Zusammenhang mit der Verfolgung von Schifffahrtsinteressen stehen eine ehrliche Berufung und die Absicht, das Schiff zu verlassen, sobald es bereit war. Der Konsul wurde in mehreren Sklavenstaaten von der Presse getadelt, weil er es wagte, die Angelegenheit vor die örtliche Legislative zu bringen. Wir müssen sagen, dass Konsul Mathew, der die vorherrschenden Vorurteile der Karoliner kannte, dabei klug gehandelt hat. Erstens kannte er den hartnäckigen Wert, den sie auf Höflichkeit legten; zweitens der Streitpunkt zwischen South Carolina und der Bundesregierung (und, wie ein gelehrter Freund in Georgia einmal sagte: „Ob South Carolina zu den Vereinigten Staaten gehörte oder die Vereinigten Staaten zu South Carolina;") und drittens die Recht auf staatliche Souveränität, das South Carolina für von größter Bedeutung hielt. Das erste zu ignorieren wäre eine Beleidigung der Gefühle ihres Volkes gewesen; und wenn die Frage zuerst mit der Bundesregierung diskutiert worden wäre, wäre der Zorn der Einwohner von South Carolina entfacht worden; Die Verunglimpfung, sie in eine zweitrangige Position zu versetzen, hätte die Kriegstrompete der Eingriffe in die Abschaffung der Abschaffung ertönen lassen, während Letzteres als Vertrauensbruch und als ungerechtfertigte Missachtung ihrer Geltendmachung staatlicher Rechte gewertet worden wäre. Die Exekutive übermittelte die Dokumente an die Versammlung, diese verwies sie an Sonderausschüsse, und die Herren Mazyck und McCready meldeten sich, wie jeder in South Carolina erwartet hatte, und erteilten dem britischen Konsul praktisch eine sehr bedeutsame Einladung, seine Petitionen in der Tasche zu behalten die Zukunft und seine „schwarzen Lämmer" aus dem Staat, sonst könnte es ihre domestizierten Ideen stören. Damit war das Recht eindeutig ihnen selbst vorbehalten und die Frage für die gesetzgebende Körperschaft des Bundesstaates geklärt. Der nächste Weg für Herrn Mathew bestand darin, Berufung bei der Justiz einzulegen und, sollte eine Wiedergutmachung verweigert werden, diese als Mittel zur Klageerhebung vor die Bundesgerichte zu nutzen.

Wir können nicht umhin zu sagen, dass der energische Widerstand, der gegen diesen Appell der gemeinsamen Menschlichkeit geführt wurde, auf politischen Einfluss zurückzuführen war, der von einer Gruppe von Ultraparteien unterstützt wurde, deren theoretische Einschränkungen, unterstützt durch die Stimme der Presse, dem Kriegsgeist der USA entsprachen Abstraktionisten.

Der britische Konsul als Vertreter seiner Regierung wusste um das persönliche Leid, dem die Untertanen seines Landes durch den erbärmlichen Zustand des Charleston-Gefängnisses und seiner Leitung ausgesetzt waren, und versuchte, keine Beschränkungen aufzuheben, die zum Schutz ihrer gefährlichen Personen notwendig sein könnten Institutionen, sondern um dieses Leid zu lindern. Er hatte die Behörden auf den erbärmlichen Zustand des Gefängnisses und das unmenschliche Regime hingewiesen, das darin herrschte; aber sei es durch jene überragende Sorglosigkeit, die sich im Geiste der Gesellschaft so deutlich manifestiert hat – diese Gleichgültigkeit gegenüber dem Unglück, die die Reichen gegenüber den fleißigen Armen und den Sklaven so deutlich zum Ausdruck bringen – oder durch eine Verachtung seiner Meinungen, weil er den Prinzipien gefolgt war Gemäß den Anweisungen seiner Regierung gingen die Dinge in der gleichen vernachlässigten Weise weiter und es wurde ihnen keine Beachtung geschenkt.

Nun wagen wir zu behaupten, dass ein großer Teil der Aufregung, die die Frage hervorgerufen hat, auf persönliches Leid zurückzuführen ist, eine Folge des erbärmlichen Zustands der Gefängnisbestimmungen, der in South Carolina herrscht und der, gelinde gesagt, erniedrigend ist Geist und Charakter eines stolzen Volkes. Wenn man sich als Entschuldigung auf die zerrütteten Finanzen des Staates berufen könnte, könnten wir einen Teil des Missbrauchs tolerieren. Dies ist jedoch nicht der Fall; und wenn seine Privilegien auf Menschen übertragen werden, die das Leiden zu einem Mittel machen, um ihren eigenen Interessen zu dienen, wird seine Existenz zu einer Empörung.

Ein stärkerer Beweis für die Ursache dieser Vorwürfe seitens der britischen Regierung ist die Art und Weise, wie sie in Georgien vorgebracht wurde. Der britische Konsul des Hafens von Savannah, ein Herr, dessen

Intelligenz und menschliche Gefühle nicht weniger bemerkenswert sind als die von Herrn Mathew, hatte nie Gelegenheit, die Exekutive von Georgia auf den Machtmissbrauch als Folge der Inhaftierung farbiger Seeleute aufmerksam zu machen gehört zu den Schiffen Großbritanniens in diesem Hafen. Der Seemann wurde eingesperrt und somit seiner Freiheit beraubt; aber es gab kein Leid, das über den Verlust der Freiheit während des Aufenthalts des Schiffes hinausging; denn die Gefangenschaft selbst war eine nominelle Sache; der Inhaftierte wurde gut versorgt; Er hatte gute, komfortable Wohnungen, sauber und ordentlich, abseits der Kriminellen und reichlich gutes, gesundes Essen. Darin lag sogar eine Genugtuung, denn der Mann bekam, wofür er bezahlte, und wurde behandelt, als wäre er wirklich ein Mensch. Mit Ausnahme der Einschränkung der menschlichen Freiheit und des Übels, das diejenigen, die am Handel interessiert sind, als eine Steuer auf die Seeinteressen des Hafens zur Unterstützung einer städtischen Polizei betrachten würden , weil es eine Steuer und ein belastendes Ärgernis darstellt Wenn sie Besitzer für etwas belohnen, woran sie kein Interesse haben und woraus sie keinen Nutzen ziehen können, hat die Einhaltung des Gesetzes mehr Strafe in seelischer Angst als in körperlichem Leiden zur Folge. Wir waren manchmal nicht in der Lage, die Beschränkung zu erklären, selbst als sie in Georgia existierte, und vor allem, wenn wir den Charakter derjenigen bedenken, die die unternehmerischen Geschäftsangelegenheiten von Savannah kontrollieren und entwickeln.

Aber wir müssen nach South Carolina zurückkehren. Wenn wir dieses Gesetz als Polizeivorschrift betrachten, eröffnet es uns nur einen größeren Handlungsspielraum. Wenn eine Gemeinschaft etwas in sich trägt, das für ihr Wohlergehen gefährlich ist, ist es angebracht zu untersuchen, ob nicht ein unvollkommener Zustand der Gesellschaft vorliegt und ob diese Politik dem Wohlergehen des Staates nicht schadet. Das Böse, auch wenn es eine beschämende Tatsache ist, entspringt einer seltsamen Vorstellung von Kaste und Hautfarbe, die das Mitgefühl anhand der Hautfarbe misst. Es gibt keinen Beweis dafür, dass farbige Seeleute irgendwelche Ansteckungen unter den Sklaven verursacht hätten oder versucht hätten, die Gefahren ihrer besonderen Institution zu erhöhen.

Kapitel XVI.
Plädoyer für gerechte Rücksichtnahme und falsche Beständigkeit der Gesetze.

Das Büro des Konsuls öffnete um neun Uhr. Der Kapitän erschien mit seinem Registerkoffer und den Frachtpapieren unter dem Arm bei Mr. Mathew, überreichte ihm seine Papiere und berichtete über seinen Zustand. Dieser Herr machte sich sofort daran, alle Möglichkeiten zu schaffen, um seine unmittelbaren Bedürfnisse zu befriedigen und sein Geschäft voranzutreiben. Der Konsul war ein Mann von schlichtem, bescheidenem Benehmen, offenherzig in seinen Äußerungen und stark durchdrungen von einem Gefühl für seine Rechte und dem Glauben an seine Regierung – bereit, sich aktiv an der Erlangung von Gerechtigkeit zu beteiligen, und ein tödlicher Gegner davon Unrecht, ungeachtet der aktiven Feindseligkeit, die ihn umgab. Nachdem er die Vorkommnisse seiner Reise und die Umstände erzählt hatte, die mit Manuels Verschleppung ins Gefängnis zusammenhingen, fragte er : „Kann es möglich sein, dass das Gesetz so extrem getrieben wird?" sagte er und ließ seinen Gefühlen freien Lauf.

„Ihre Leute scheinen eine seltsame Art zu haben, ihre Gastfreundschaft zu zeigen", antwortete der Kapitän .

"Das ist wahr; aber es reicht nicht aus, sich an die Beamten zu wenden." Mit diesen Worten bereitete der Konsul die Bescheinigung vor, setzte seinen Hut auf und begab sich ins Gefängnis. Hier befragte er Manuel zu den Umständen seiner Verhaftung, seinem Geburtsort und mehreren anderen Dingen. „Ich bin nicht sicher, ob ich dich rausholen kann, Manuel, aber ich werde mein Bestes geben; Die Umstände, unter denen Sie in Not hierher gefahren wurden, sollten in Ihrem Fall berücksichtigt werden. Dennoch ist die Stimmung nicht günstig und wir können nicht viel erwarten."

Von dort ging er zum Büro von Herrn Grimshaw, wo er diesen Beamten traf, der in der ganzen Würde seines Amtes saß.

„Guten Morgen, Herr Konsul. Heute Morgen wieder einer Ihrer Schwarzen an meiner Stelle", sagte Mr. Grimshaw.

"Ja; Aus diesem Grund habe ich Sie angerufen. Ich denke, Sie hätten den Zustand dieses Mannes und seine Rechte nicht berücksichtigen können, sonst hätten Sie ihn nicht eingesperrt. Gibt es keine Möglichkeit, ihn zu entlasten?" fragte der Konsul, der von seinen Händen wenig erwartete, aber die Mühe wagte.

"Herr! Ich mache nie etwas, was im Widerspruch zu meinem Büro steht. Das Gesetz gibt mir in diesen Fällen die Macht, und ich übe sie nach meinem Ermessen aus. Für Schiffswracks werden keine Ausnahmen gemacht, und ich bin der Meinung, dass Sie kein Recht haben, mich in den Räumlichkeiten zu befragen. Es verstößt gegen das Gesetz, Nigger hierherzubringen; und wenn Sie nachweisen können, dass er ein weißer Mann ist, gibt es das Gesetz; aber Sie müssen den Prozess abwarten."

„Aber machen Sie keine Ausnahmen?" fragte der Konsul. „Ich möchte seine Entschädigung nicht auf dem Rechtsweg beantragen; das würde die Kosten und die Verzögerung erhöhen. Ich habe die Bitte aus Gefälligkeit gestellt; Wenn Sie es nicht in diesem Licht betrachten können, kann ich nur sagen, dass meine Erwartungen enttäuscht sind. Aber wie kommt es, dass der Mann von Ihren Beamten misshandelt wurde, bevor er verhaftet wurde?"

„Das sind Dinge, mit denen ich nichts zu tun habe; Sie stehen zwischen den Offizieren und Ihren Niggern. Wenn sie hartnäckig sind, müssen die Beamten Gewalt anwenden, und wir haben das Recht, sie alle zu bügeln. Eure Nigger machen mehr Ärger als unsere eigenen und sind eine Gruppe widerspenstiger Kerle. Wir geben ihnen Vorteile, die sie nicht verdienen, indem wir ihnen zu bestimmten Tageszeiten den Hof überlassen. „Ihr Engländer seid mit nichts , was wir tun, zufrieden", erwiderte Mr. Grimshaw gleichgültig und schien sich davon zu überzeugen, dass das Gesetz ihm das Recht gab, in den Räumlichkeiten zu tun, was er wollte. Was die Nigger betraf, schien in seinem Kopf nur eine einzige Idee zu stecken, und auch keine Argumentation konnte ihn dazu bewegen, etwaige mildernde Umstände in Betracht zu ziehen. Ein Nigger war für ihn ein Nigger, ob weiß oder schwarz – ein Geschöpf für Schwein, Homony und Knechtschaft.

„Ich habe wenig erwartet und nichts bekommen. Ich hätte es vielleicht vorhersehen können, da ich die Kosten kenne, die Ihnen durch eine Inhaftierung entstehen. Ich werde mich bei einem höheren Gericht um Entschädigung für den Mann bemühen, und ich werde Wiedergutmachung für die wiederholten Misshandlungen beantragen, die Ihre Offiziere diesen Männern zugefügt haben", sagte der Konsul und wandte sich zur Tür.

„Das können Sie tun, Sir", sagte Mr. Grimshaw; „Aber Sie müssen bedenken, dass zur Untermauerung der Anklage weiße Beweise erforderlich sind. Wir nehmen die Aussagen Ihrer Nigger nicht entgegen."

Gerade als der Konsul das Büro verließ, traf er auf Oberst S., der eintrat. Der Oberst zeigte stets seine Bereitschaft, die vielen Fälle von Unterdrückung und Verfolgung zu lindern, die sich aus schlechten Gesetzen und missbräuchlicher Amtspflicht ergeben. Er hatte Mr. Grimshaw am Morgen der Verhaftung aufgesucht und von ihm die Zusicherung erhalten, dass der Fall geprüft, die günstigste Entscheidung getroffen und alles, was in seiner Macht stehe, für den Mann getan werde. Ungeachtet dessen müssen wir, um zu zeigen, wie sehr man solchen Zusicherungen vertrauen kann, dem Leser nur mitteilen, dass er die Offiziere eine Stunde zuvor losgeschickt hatte

.

Der Oberst kannte seinen Mann und zögerte nicht, seine Meinung zu äußern. Er trat auf ihn zu: „Mr. „Grimshaw", sagte er, „wie bringen Sie Ihre Aussage und Ihre Versicherungen mir gegenüber heute Morgen mit Ihrem weiteren Verhalten in Einklang?"

„Das ist meine Sache. Ich handle für den Staat und nicht für Sie. Raten Sie diesen Niggern, dass Sie so darauf bedacht sind, sie unter unseren Sklaven freizulassen? Sie scheinen daran mehr Interesse zu haben als dieser störende Konsul. Lassen Sie diese Yankee-Nigger und britischen Nigger heute Abend einfach raus, und wir würden noch vor dem Morgen einen weiteren Aufstand erleben; Es ist besser zu verhindern als zu heilen", sagte Grimshaw.

„Der einzige Aufstand hätte in deinem Herzen stattgefunden, wegen des Verlusts von Honoraren. Wenn Sie mit dem, was Sie gesagt haben, nicht gemeint haben, warum haben Sie mich dann mit solchen Aussagen getäuscht? Ich kenne die Gefühle unseres Volkes genauso gut wie Ihre, wenn es darum geht, Menschen in diesem Gefängnis einzusperren. Daraufhin teilte ich dem Kapitän mit , was meiner Meinung nach das wahrscheinliche Ergebnis sein würde, und heute Morgen begab ich mich aufgrund Ihrer Aussage zu seinem Schiff, um ihn zu beruhigen. Stellen Sie sich meine Demütigung vor, als er mir mitteilte, dass sein Verwalter am frühen Morgen ins Gefängnis geschleppt worden war und dass sich diese beiden Raufbolde, mit denen Sie die Gemeinde in Schande bringen, auf die empörendste Art und Weise verhalten haben. Es liegt in Ihrer Macht, diesen Mann zu entlasten, und ich bitte Sie darum als Gefallen und im Namen der Gefühle der Bürger von Charleston, wie ich weiß."

„Ihre Bitte, Colonel", sagte Mr. Grimshaw etwas selbstgefälliger, „hat zu sehr die Form einer Forderung. Der Staat lässt mir keinen Ermessensspielraum, und wenn Sie eine höhere Macht haben, zahlen Sie besser die Kosten des Niggers und nehmen Sie die Verwaltung selbst in die Hand. Ich lasse nie zu, dass mich diese unbedeutende Philanthropie gegenüber Niggern stört. Ich könnte niemals die Gesetze des Staates befolgen und sie praktizieren ; Und Sie sollten sich besser nicht damit belasten, sonst könnten Ihre Nachfolger darunter leiden, dass sie nicht über ausreichende Mittel verfügen, um sich selbst zu ernähren. Nun, Sir, befolgen Sie meinen Rat. Es verstößt gegen das Gesetz, dass diese Nigger hierher kommen; Sie wissen, dass unsere Gesetze nicht verletzt werden können. South Carolina hat ein großes Interesse daran, den Ruf seiner Gesetze aufrechtzuerhalten. Erregen Sie nicht die Angst des Niggers, dann wird es ihm im Gefängnis besser gehen, als wenn er unter den Dirnen herumläuft. Er wird keinen Luxus haben, aber wir werden es ihm bequem machen, und er muss seine Gewohnheiten an unsere Lebensweise anpassen. Wir dürfen unseren eigenen Niggern kein schlechtes Beispiel geben; Je weißer sie sind, desto schlimmer sind sie. Sie kämpfen jetzt um ihre Existenz und glauben, sie stünden über der Einhaltung unserer Niggergesetze. Wir wollen sie loswerden, und das wissen Sie", gab Grimshaw zurück.

"Ja; Ich weiß es zu gut, denn ich hatte zu viele Kisten, um sie davor zu schützen, „abgehauen" und auf dem Markt von New Orleans verkauft zu werden. Aber wenn Sie von weißen Niggern sprechen, meinen Sie wohl unsere klügsten; Ich bestreite Ihre Behauptung und verweise Sie auf meinen Beweis für die vielen wohlhabenden Männer unter ihnen, die jetzt ihren Berufen in unserer Stadt nachgehen. Können Sie ein lobenswerteres Beispiel geben? Und obwohl ihnen Steuern auferlegt werden und viele unserer Weißen das Gesetz ausnutzen, um die Zahlung der mit ihnen eingegangenen Schulden zurückzuhalten, beschweren sie sich nicht. Sie unterliegen demselben Gesetz, das auch den schwärzesten Sklaven einschränkt. Wo ist der weiße Mann, der einer solchen Ungleichheit nicht nachgegeben hätte? NEIN! Mr. Grimshaw, ich bin genauso ein echter Südstaatler wie Sie; Aber mir liegen die Interessen dieser Männer am Herzen, weil ich weiß, dass sie auf unserer Seite sind und ihre Interessen und Gefühle mit unseren eigenen identisch sind. Sie sind durch Geburt und Abstammung amerikanische Ureinwohner, und wir haben kein Recht, ihnen per Gesetz das zu enteignen, was wir ihnen durch Abstammung gegeben haben. Wir zerstören ihre Gefühle, indem wir sie ihrer Rechte berauben, und schwächen dadurch unsere eigene Sache. Geben Sie ihnen die gleichen Rechte und Privilegien, die wir dieser elenden Klasse von Ausländern gewähren, die Pest und Tod über unsere sozialen Institutionen verbreiten, und wir hätten nichts von ihnen zu befürchten, sondern würden sie vielmehr als unsere stärksten Beschützer betrachten. Ich möchte, dass ein Gesetz dieser Klasse von Männern die Macht nimmt, sie zu beherrschen und zu missbrauchen."

Ein Freund, der mehrere Jahre in Charleston gelebt hat, ein starker Anhänger der Rechte des Südens ist und dessen scharfe Beobachtung nicht umhin konnte, die Funktionsweise verschiedener Phasen der Sklaveninstitution zu erkennen, teilte uns mit, dass er sich mit vielen sehr intelligenten Menschen unterhalten habe und unternehmungslustige Männer, die zu dieser großen Klasse „kluger" Männer in Charleston gehörten, und was sie am meisten zu quälen schien, war die Art und Weise, wie sie von Ausländern der untersten Klasse behandelt wurden; dass ihnen Rechte genommen wurden, die sie durch Geburt und Blut geerbt hatten; dass, da sie demselben Gesetz unterworfen waren, das auch den erbärmlichsten Sklaven regierte, jede Konstruktion davon dazu diente, sie zu erniedrigen, während es dem am meisten erniedrigten Weißen die höchste Macht gab, sich ihnen aufzuzwingen und seine rachsüchtigen Gefühle ihnen gegenüber auszudrücken; Daß die Umstände nicht berücksichtigt wurden und auch nur die geringste Abweichung von den Polizeivorschriften zur Führung der Neger erfolgte, wurde von den kleinen Gardisten ausgenutzt, die entweder eine Gebühr für ihre Freilassung erpressten oder sie zum Polizeibüro schleppten, wo sie ihren Eid ablegten war nichts, selbst wenn es durch Aussagen ihrer eigenen Hautfarbe gestützt wurde; aber das Wort des Wachmanns wurde als eindeutiger Beweis gewertet. So zwangen sie die Gesetze von South Carolina, das zu sein, wogegen ihre Gefühle empört waren. Und ich wünsche mir, dass es in einem anderen Fall zu einer Straftat für die Männer kommt, die Sklaven zu Zuchtzwecken halten. Eine andere, die die Menschheit lauter als alle anderen fordert, besteht darin, ihre Ernährung zu regulieren, diese schweren Hungerfälle zu bestrafen und den Täter für die Zurückhaltung angemessener Rationen zu bestrafen.

„Na ja, ganz gut!" sagte Grimshaw und schnippte sehr deutlich mit den Fingern. „Sie scheinen die Unabhängigkeit Ihrer eigenen Meinung zu genießen, Colonel. Beweisen Sie einfach, dass dieser Nigger ein Weißer ist, und ich gebe Ihnen seine Freilassung, nachdem Sie die Gebühren bezahlt haben. Ziehen Sie besser nach Massachusetts und predigen Sie William Lloyd Garrison und Abby Kelly diese Doktrin."

„Sagen Sie mir nichts von Ihrer Unverschämtheit oder Ihren geringen Beleidigungen. Sie können sich vor persönlicher Gefahr schützen, indem Sie sich bewusst sind, dass Sie den Gesetzen der Ehre unterliegen; aber das wird Sie nicht vor dem retten, was Sie verdienen, wenn Sie Ihre Sprache wiederholen. Unsere Mäßigung ist unser Schutz, während solche unklugen Beschränkungen, wie Sie sie durchsetzen würden, die Flamme der Gefahr für unsere eigenen Haushalte weiter anfachen", sagte der Oberst und gab offensichtlich seinen Impulsen nach; während Mr. Grimshaw zitternd dasaß und begann, sich knapp zu entschuldigen, indem er sagte, die Sprache sei ihm aufgezwungen worden, weil der Colonel mit seinen Forderungen die Grenzen des Anstands überschritten habe.

„Ich bin etwas erstaunt über Ihre Forderung, Oberst, denn Sie scheinen das Gesetz und die zwingende Art und Weise, in der ich es ausführen muss, nicht zu verstehen. Reeder sollten weiße Stewards bekommen, wenn sie all diese Schwierigkeiten vermeiden wollen. Ich kenne die Natur des Falles, aber wir können nicht für Stürme, Schiffbrüche, alte Schiffe und all diese Dinge verantwortlich gemacht werden. Ich werde den Kerl morgen besuchen und dem Gefängniswärter sagen – er ist ein Muster an Freundlichkeit, und deshalb habe ich ihn zum Gefängniswärter ernannt –, dass er ihm gute Rationen geben und sein Zimmer sauber halten soll", sagte Grimshaw, stand auf und Ich suchte zwischen einigen alten Büchern, die auf einem staubigen Regal lagen. Endlich fand er das eine, zog es heraus, begann mit einem Staubbesen den Staub davon zu bürsten und drehte seinen Tabak. Nachdem er das alte Buch eine ganze Weile gebürstet hatte, wischte er es wissenschaftlich mit seinem Mantelärmel ab, setzte sich wieder hin und begann, die Seiten umzublättern.

„Es ist hier, irgendwo", sagte er und befeuchtete bei jeder Bewegung seinen Finger und Daumen.

„Was ist da drin, bitte? Glaubst du nicht, dass ich mein ganzes Leben lang als Anwalt in Charleston gearbeitet habe , ohne ein Gesetz zu kennen, das so viele Fragen aufgeworfen hat?" fragte der Oberst.

„Warum, das Gesetz und die Änderungen. Ich glaube, das ist das Richtige. Ich nicht „Ich habe so lange geübt , dass ich glaube, ich habe den Blinddarmansatz und alles andere verloren", fügte einen weiteren Strahl Tabakspucke in die Pfütze auf dem Boden hinzu.

„Das ist besser gedacht als gesagt. Vielleicht sollten Sie einen Schuljungen bitten, den Finger darauf zu lassen", fuhr der Oberst lakonisch fort.

"Gut gut; aber ich muss es finden und dein Gedächtnis auffrischen. Ah! Hier ist es, und es ist für mich so bindend, wie es nur sein kann. Daran besteht kein Zweifel – es ist echtes South Carolina, völlig korrekt." Mit diesen Worten begann er, dem Oberst vorzulesen, als ob er einem Schuljungen die Grundlagen beibringen wollte. „Hier ist es – ein sehr hübsches Beispiel einer aufgeklärten Gesetzgebung – geboren im Schoß der Freiheit, wiegt in einem Land universeller Rechte und wird vom starken Arm South Carolinas durchgesetzt."

„Ein Gesetz zur besseren Regulierung und Regierung freier Neger und Farbiger und für andere Zwecke" usw. &C. &c., las Herr Grimshaw; Aber da die beiden ersten Abschnitte in Wirklichkeit eine Schande für die delegierten Kräfte des Menschen darstellen und ihr Ziel darin besteht, den farbigen Mann zu unterdrücken, ziehen wir es vor, zum dritten Abschnitt überzugehen und Herrn Grimshaw zu folgen, wenn er liest:

„Wenn ein Schiff aus einem anderen Staat oder einem ausländischen Hafen in einen Hafen dieses Staates (South Carolina) einläuft und freie Neger oder farbige Personen als Köche, Verwalter oder Seeleute an Bord hat, oder ..." Bei jeder anderen Beschäftigung an Bord des Schiffes können solche freien Neger oder farbigen Personen beschlagnahmt und ins Gefängnis gesperrt werden, bis das Schiff diesen Staat verlässt und verlässt; und dass, wenn das Schiff zur Abfahrt bereit ist, der Kapitän des Schiffes verpflichtet ist, den freien Neger oder die farbige Person wegzuführen und die Kosten für die Inhaftierung zu tragen; und im Falle seiner Weigerung oder Unterlassung , dies zu tun, kann er angeklagt werden und wird bei Verurteilung mit einer Geldstrafe von mindestens eintausend Dollar und einer Freiheitsstrafe von mindestens zwei Monaten bestraft; und solche freien Neger oder farbigen Personen sollen als absolute Sklaven betrachtet und genommen und in Übereinstimmung mit den Bestimmungen des Gesetzes verkauft werden, das am oben genannten zwanzigsten Dezembertag eintausendachthundertzwanzig verabschiedet wurde.""

Mr. Grimshaws Kühle in dieser Angelegenheit wurde so unerträglich, dass der Colonel es nicht länger ertragen konnte; Also stand er auf, während Mr. Grimshaw das Gesetz las, und verließ das Büro, vollkommen überzeugt, dass weitere Bemühungen an dieser Quelle erfolglos sein würden.

Nachdem Mr. Grimshaw geendet hatte, blickte er auf und stellte völlig erstaunt fest, dass es ihm Spaß machte, die Handlung vor sich selbst vorzulesen. „Hätte ich nicht alle meine Kräfte berücksichtigt und die Richtigkeit des Gesetzes gesehen, hätte ich meiner Meinung nicht so viel Bedeutung beigemessen. Aber da ist es, alles in diesem Abschnitt des Gesetzes, und sie können keine Konvention auf der Welt finden, um die Legislative von South Carolina zu kontrollieren. Da sind meine Prinzipien, und alle Engländer und Abolitionisten in der Christenheit würden mich nicht ändern. Jetzt habe ich die Macht, und wenn sie können, sollen sie den Nigger aus meiner Wohnung holen", sagte Grimshaw, klappte das Buch zu und trat absichtlich gegen einen großen, friedlich aussehenden Hund, der unter dem Tisch lag Er nahm seinen Hut und ging auf die Straße.

Hier ist ein Gesetz, das auf den ersten Blick den arroganten Willen South Carolinas zum Ausdruck bringt, alle verfassungsmäßigen Rechte außer Kraft setzt und die Gültigkeit der von den Vereinigten Staaten in ihren allgemeinen Handelsgesetzen getroffenen Bestimmungen leugnet. Sie bekräftigt ihr Recht, die Staatsbürgerschaft zu missachten, farbige Männer zu Verbrechern zu machen, weil sie farbig sind, und sie als Sklaven zu verkaufen, um die Kosten zu bezahlen, die ihr entstanden sind, um sie zu solchen zu machen. Und was noch schlimmer ist, ist, dass die Ausübung dieses missverstandenen und ungerechten Gesetzes so unerbittlich durchgesetzt und von denen, die es ausführen, so missbraucht wird.

Während dieser Zeit hatte der Konsul unermüdlich versucht, die Freilassung des Mannes zu erreichen. Der Bürgermeister hatte auf dem Gelände keine Macht; Der Generalstaatsanwalt äußerte sich nicht sicher über den Umfang seiner Befugnisse in einem solchen Fall, räumte jedoch ein, dass es sich um einen verschärften Fall handele. Die Richter konnten ihn nur als Nigger anerkennen und mussten ihr Verfahren daher durch Gesetzgebungsakte regeln. Im Großen und Ganzen kam er zu dem Schluss, dass er seine Zeit verschwendete, denn während alle von Mitgefühl sprachen, handelten sie Tyrannei. Kalte, maßvolle Worte über Nigger, „rechtswidrig", verfassungsmäßige Rechte, unantastbare Gesetze, staatliche Souveränität und Sezession, die notwendigen Polizeivorschriften zum Schutz einer besonderen Institution und ihr Recht, diese durchzusetzen, hallten überall in seinen Ohren wider. Es war ungefähr so viel drin, um Manuel zu entlasten, wie es gewesen wäre, wenn ein kleiner Vogel auf der Gefängnismauer gesessen und ihm sein Liebeslied zugesungen hätte, während er fest in seiner

Zelle festsaß – noch verlockender, weil er die Töne hören konnte: aber den Sänger nicht sehen.

Trotz der lobenswerten Energie des Konsuls hatte er die Befriedigung, zu wissen, dass mehrere sehr unwahrscheinliche Berichte, die seinen Kurs berührten und ihn als einen Eingriff in die Institution der Sklaverei interpretierten, weit verbreitet waren und bei einigen eine Stimmung gegen ihn hervorriefen Klasse „feuerfressender" Sezessionisten. Er war sich der Quelle, aus der sie stammten, zu gut bewusst, um irgendwelche Ängste zu erwecken, und anstatt seine Energie einzuschüchtern, verstärkten sie sie nur und brachten ihm die wertvollen Dienste des Ehrenwerten zu Hilfe. James L. Petigru , ein Gentleman, von dem man sagt (ungeachtet seiner herausragenden Stellung an der Anwaltskammer), dass seine staatsfeindlichen Ansichten ihn ohne seinen reinen Charakter längst ins Exil eines Verräters geschickt hätten . Die Wahrheit war – und das war ein großer Nachteil für die Popularität von Herrn Petigru in seinem eigenen Staat –, dass er ein Mann mit gesunder Logik, praktischem Urteilsvermögen und rechtlichem Urteilsvermögen war. Da er mit den erforderlichen Qualitäten eines guten Staatsmanns ausgestattet war und einen echten Kurs zur Schaffung eines konservativen Einflusses im Staat verfolgte, gelang es ihm nicht, über seinen juristischen Bereich hinaus populär zu werden. Hätte James L. Petigru die populärste aller Doktrinen in South Carolina – Aufhebung und Sezession – vertreten und die Abstraktion in die Irre geführt, hätte James L. Petigru dem, was South Carolinas Aktionsfeld bereits verlassen hat, einen weiteren „römischen Namen" hinzugefügt.

Der Konsul tat seine Pflicht, bewirkte aber nichts; und der Widerstand der Beamten, die an der Beute des Gesetzes interessiert waren, und der Politiker, die nichts Wichtiges über die Abspaltung hinaus sehen konnten, war so groß, dass keine Aussicht darauf bestand. Und als letzten Ausweg wandte er sich mit dem „Habeas Corpus" an die Justiz, deren Ergebnis wir in einem späteren Kapitel zeigen werden.

Kapitel XVII.
LITTLE GEORGE, DER KAPITÄN UND MR. GRIMSHAW.

Der Konsul war ziemlich verunsichert, weil er Manuel nicht ablösen konnte, in sein Büro zurückgekehrt, war aber dennoch zufrieden, dass er die Angelegenheit vor der Öffentlichkeit ins rechte Licht gerückt hatte. Der Kapitän meldete sich und hinterließ sein Manifest im Zollamt, nachdem er seinen Protest eingelegt und die notwendigen Vorkehrungen für eine Besichtigung usw. getroffen hatte. &C. Und Oberst S. war von der Affektiertheit der Gesetzeshüter und der Tatsache, dass seine Dienste für die Menschheit wie Strohhalme waren, die gegen eine schäumende Strömung kämpften, so zufrieden, dass er, dem Hauptmann gegenüber sein Bedauern eingestehend , es vorzog, das, was er getan hatte, in Aufmerksamkeit wiedergutzumachen konnte Manuel nicht durch das Gesetz helfen.

Der kleine George erwies dem Janson zwischen zehn und elf Uhr seine Aufwartung, ordnungsgemäß gekleidet. "Herr. Kumpel, wo ist dein Skipper?" erkundigte er sich mit einem Ausdruck von Konsequenz, der seinen kleinen, sich verziehenden Mund zusätzlich verzog.

„Ich bin ins Gefängnis gegangen oder zu Doktor Jones, schätze ich, ich gebe Ihnen keine schlechte Antwort", antwortete der alte Maat schroff.

„Vielleicht wissen Sie nicht, wer ich bin, Sir. Ihre Antwort ist nicht höflich. Sie müssen bedenken, Sir, Sie befinden sich in South Carolina, der sonnigen Stadt des Südens", sagte der kleine Sezessionist.

„Ich werde meine Antwort immer so gestalten, dass sie zu mir passt. Ich lerne Fleiß und Ehrlichkeit, aber es ist nie bekannt, dass ich eine Grammatik in der Tasche habe. Aber, mein strenger Freund, ich hätte gewusst, dass ich in South Carolina war, wenn du nicht ein Wort darüber gesagt hättest, denn keine andere Nation unter dem Himmel würde einen armen, weggeworfenen Seemann ins Gefängnis schleppen, weil er das Unglück hatte eine gelbbraune Haut haben. Es ist ein Zehn-zu-Eins-Verhältnis, mein Lieber, wenn Sie den Kapitän und uns alle nicht im Gefängnis finden, bevor wir gehen. „Ich erwarte jetzt, dass irgendein Körpergreifer mit Handschellen herunterkommt", fuhr der Kumpel fort.

"Was! Wollen Sie mich noch einmal beleidigen, Herr Mate? Erklären Sie sich! Ich bin dieses ironische Gerede nicht gewohnt!"

„Nun, es ist so etwas wie deine Gesetze. Sie haben unseren Steward heute Morgen ins Gefängnis geschleppt, ohne Richter oder Geschworene und mit ungefähr so viel Zeremoniell wie ein Smithfield-Polizist einen Taschendieb."

"Was! sagst du nicht. Naja, davor hatte ich Angst. Unsere Offiziere sind sehr schnell, aber ich hatte es mir anders erhofft. Aber, Sir, richten Sie dem Kapitän mein Kompliment . Sag ihm, ich werde die Sache in Ordnung bringen; Mein Einfluss, Sir, und der meines Vaters – er ist einer der ersten Männer in der Stadt – kommen hier deutlich zum Ausdruck. Ich habe dem Kapitän meine Dienste versprochen und werde dafür sorgen, dass er durchkommt. Nur Grimshaw mein Wort zu versprechen, wird ausreichen, um die rechtlichen Anforderungen des Gesetzes zu erfüllen", sagte George und wechselte seinen kleinen Gehstock an seiner Hose .

„Mein Guter", sagte der Steuermann, „wenn Sie unseren Steward aus der Schwebe holen können, werden Sie uns allen einen Gefallen tun, und wir werden uns an Sie erinnern, solange wir einen Halt haben."

„Sie können mit mir rechnen, Mister Mate; und wenn ich nicht vor sechs Uhr unten bin , wird mein Vater die Sache bestimmt in die Hand nehmen; und er und Mazyck gehören der Sezessionspartei an und kontrollieren die Dinge in Columbia nach Belieben." Mit diesen Worten wünschte George dem alten Steuermann einen guten Morgen und nahm Kurs auf den Anfang des Kais.

„So", sagte der alte Kumpel, „es ist genau das, was ich die ganze Zeit gedacht habe; Ich wusste, dass meine Vorahnung wahr werden würde. Ich wette eine Krone, dass sie Manuel in diesem alten Gefängnis wie einen Hund behandeln und ihn nicht rausholen, bis er schimmelig ist; oder vielleicht verkaufen sie ihn als Sklaven, weil er lockiges schwarzes Haar und eine gelbe Haut hat. Mittlerweile bin ich ein hartgesottener Segler, aber ich bin etwa dreimal um die Welt gesegelt und weiß etwas über die Natur. Nun ist es vielleicht so klar wie der Nordstern: Gefängnisse in Sklavenländern sind nicht für Hunde geeignet. Sie erzählen vielleicht von ihren feinen, fetten, aalglatten, frechen Niggern, aber ein Sklave ist ein Sklave – das Eigentum seines Herrn, ein Stück Ware, seine Habe oder sein Fußball – dankbar für das, was sein Herr ihm gerne schenkt, und daran gewöhnt erleiden den Mangel an dem, was er zurückhält. Ja, ihm muss sein Denken durch das Gesetz unterbunden werden, und ihm muss nach dem Willen seines Herrn der Rücken gekränkt werden, wenn er sich bei der Arbeit nicht an die Vorgaben hält. Die Gewohnheiten und Assoziationen der Männer prägen ihre Gefühle und ihren Charakter, und das ist bei ihnen auch der Fall. Sie haben sich so daran gewöhnt, einen Nigger als bloßes Werkzeug der Arbeit zu betrachten – ihn zu beherrschen , ihn auszuhungern und auszupeitschen –, dass sie die Ausübung derselben Gefühle und Handlungen mit allem verbinden, was mit Arbeit zu tun hat, auch außerhalb Ich respektiere die Gefühle eines armen weißen Mannes", fuhr der Steuermann fort und wandte sich an seinen Stellvertreter, während sie auf dem Begleiter saßen und darauf warteten, dass der Kapitän an Bord kam und weitere Befehle gab.

Nie wurden Worte mit mehr Wahrheit gesprochen. Der Neger unterliegt den niedrigsten und schlimmsten Beschränkungen, selbst von jenen, die als wohlhabende Pflanzer und gute Herren gelten. Wir sagen nichts über diejenigen, deren Misshandlung ihrer Neger durch Hunger und Bestrafung Gegenstand der Klagen unter den Sklavenhaltern selbst ist. Seine Nahrung ist nicht nur die gröbste , die man bekommen kann, sondern sie ist auch unzureichend, um das System mit dem erforderlichen Arbeitsaufwand zu versorgen. Der Rückgriff auf andere Mittel wird notwendig. Dies geschieht dadurch, dass man dem Sklaven seine Aufgabe gibt, die, soweit unsere Beobachtung reicht, für die tägliche Arbeit eines gewöhnlichen Arbeiters völlig ausreichend ist. Nachdem dies geschehen ist, wird seinem Herrn gedient; und als Akt der Freundlichkeit (den Sambo als solchen wertschätzen lernt) darf er auf seinem eigenen kleinen, bewirtschafteten Feld arbeiten, um ein paar Dinge anzubauen, die die Masse (in vielen Fällen) sehr herablassend auf dem Markt verkauft , und erwidert die kleinen Annehmlichkeiten, die Sklaven auf einer Plantage so sehr schätzen – Tee, Melasse, Kaffee und Tabak – und ab und zu ein wenig Whisky. Dies ist die Vergütung eines guten Mannes, der eine gute Woche lang arbeitet und als Entschädigung zwei Pfund Speck und ein Stück Mais erhält. Doch aus Dankbarkeit erlaubt ihm sein guter Herr, nachts und sonntags zu arbeiten, um seinen Lebensunterhalt zu verdienen. Auf diese Weise wurde „Bobs Baumwollballen" geerntet, den der Herausgeber der „Savannah Morning News", ein ängstliches Kind der Gunst des Volkes, so sehr bemühte, der Welt als etwas Großartiges seitens der Sklavenhalter des Südens zu verkünden. Bestenfalls war es nur ein Fleck. Berücksichtigt man die vielen zusätzlichen Arbeitsstunden, die der arme Bob aufgewendet hat, und die nächtlichen Stunden, in denen er seine Pflanzen beobachtet und gepflegt hat, ergibt sich ein düsteres Bild im Zusammenhang mit „Bobs Baumwollballen", den der Herausgeber geschrieben hat vergessen zu verraten.

Jede Form der Arbeit wird so sehr mit Knechtschaft verbunden, dass wir dem Südstaatler jene Gefühle entschuldigen können, die diejenigen, die sich mechanischen Beschäftigungen widmen, als unter seiner Kaste und seiner Würde verurteilen. Arroganz und Müßiggang fördern die Extravaganz, während sein Stolz ihn dazu verleitet, einen Lebensstil aufrechtzuerhalten, für den seine Mittel nicht ausreichen. Dies verleitet ihn dazu, seine Sklaven von der gröbsten Kost zu ernähren, und da er in seinen schnell verfallenden Umständen behindert, verlegen und verärgert ist, erleiden seine Sklaven einer nach dem anderen die Strafe seiner Extravaganz, und schließlich wird er selbst auf eine solche reduziert Bedingung, dass er nicht mehr in der Lage ist, sich selbst oder seinen Kindern gerecht zu werden; Seine Sklaven werden ihm entrissen, an die Schrecken einer fernen Zuckerplantage verkauft, und er wird draußen zu einem elenden Mann.

Wir sehen dieses Ergebnis jeden Tag in South Carolina; Wir hören die Kommentare in den Broadways und auf öffentlichen Plätzen, während die Anwalts- und Gerichtsvollzieherbüros und Aushänge die traurige Geschichte des vergeudeten Kampfes der Armut erzählen.

Als George vom Kai in die Bucht ging, traf er den Kapitän , der seinen Kurs für die Brigg festlegte. Er lief sofort auf ihn zu und schüttelte ihm freundschaftlich die Hand. „Captain, es tut mir wirklich leid, das mit Ihrem Nigger zu hören. Ich war auf eine solche Entscheidung seitens Herrn Grimshaw nicht vorbereitet, aber ich bin entschlossen, ihn rauszuholen", sagte er.

"Also!" sagte der Kapitän : „Es tut mir leid, sagen zu müssen, dass die Dinge ganz anders sind, als ich erwartet hatte. Mein Verwalter ist für nichts im Gefängnis, außer weil er Portugiese ist und alle darauf bestehen, dass er ein Nigger ist. Alle reden sehr gut, aber niemand kann etwas tun ; und alles wird dem Willen eines einzigen Mannes überlassen."

„Nun, Captain, wir haben das beste System der Welt für die Geschäftsabwicklung; Sie würden es zu schätzen wissen, wenn Sie es verstanden haben! Kommen Sie einfach mit und ich stelle Ihnen meinen Vater vor. Wenn er dich nicht in Ordnung bringt, werde ich verurteilt", sagte der kleine George.

Sie nahmen die Einladung an und gingen zurück zum Zählzimmer des „alten Mannes". George hatte dem Kapitän einen so ausführlichen Bericht über die Geschäfte und Besitztümer seines Vaters gegeben , dass dieser sich entschloss, ihn in einen Zählraum im „India Palace" einzuführen. Er war überrascht, als George ihn in ein altes, schmutzig aussehendes, sehr kleines und schmuddeliges Zählzimmer führte, in dem zwei heruntergekommene hohe Schreibtische an der Wand standen. Sie waren aus Pechkiefer gefertigt, bemalt und gemasert, aber so vernarbt und beschnitzt, dass sie den Anschein erweckten, als seien sie lange Zeit benutzt und misshandelt worden. In einer Ecke stand ein altmodischer niedriger Schreibtisch, ausgestattet mit einem Tintenfass und verschiedenen Löschpapierstücken, deren Fächer mit losen Rechnungen, Briefen und Frachtbriefen gefüllt waren, die sehr wild zusammengedrängt waren; An einem großen, seitlich eingeschlagenen Nagel hing und war ein riesiger Staubbesen sichtbar. An einem Schreibtisch stand ein ehrwürdig aussehender Staatsbürger aus einem fremden Land und schrieb, am anderen ein kleiner Junge und an dem niedrigen Schreibtisch Georges wahrer „alter Mann". Hier und da auf dem Boden standen Körbe und Papiere, die Proben von Meeres-, Insel- und Hochlandbaumwolle enthielten. George stellte den Kapitän seinem Vater mit der Höflichkeit eines Höflings vor. Er war ein ernst aussehender Mann, gut gekleidet und sprach in einem Ton, der sofort Respekt einflößte. Im Gegensatz zu George war er ein großer, wohlgeformter Mann mit milden, aber markanten Gesichtszügen und sehr grauem Haar. Er empfing den Kapitän in einer kalten, aber würdevollen Art und erkundigte sich nach seiner Reise, wem er sich übergeben hatte und welche Schritte er unternommen hatte, um seine Geschäfte fortzusetzen – worauf der Kapitän den Umständen entsprechend antwortete.

"Was! Dann haben Sie doch schon aufgegeben, nicht wahr?" sagte der kleine George überrascht.

„Oh ja", erwiderte der Kapitän , „ich habe mein Geschäft in die Hände des Konsuls gelegt und werde seinen Anweisungen folgen." Es entspricht meinen Segelbefehlen. Aber es gibt so viele Schwierigkeiten, dass ich mich nicht wundern würde, wenn ich den Hafen schon verlassen müsste!"

„Nicht so, Kapitän; Ich kümmere mich darum!" sagte George und gab seinem Vater eine Erklärung über die Besorgnis des Kapitäns über Manuels Inhaftierung und bat ihn, seinen Einfluss zugunsten seines Freundes, des Kapitäns, geltend zu machen. Obwohl George seine Bitte mit scheinbarer Aufrichtigkeit verband, war es offensichtlich, dass er von der Lieferung etwas enttäuscht war. Der alte Herr sah das Thema sehr weise an, hob seine goldgerahmte Brille auf die Stirn, befriedigte seine Geruchsnerven mit einer Prise Schnupftabak und sagte dann in einem kalten, gemessenen Ton: „Nun, wenn er ein Nigger ist, verstehe ich keine Alternative – die Umstände können dem Gesetz eine strenge Färbung verleihen; aber ich war immer der Meinung, dass die Konstruktion des Gesetzes richtig war; Da der Akt auf Notwendigkeit beruht, sehe ich keinen Grund, warum wir uns in seine Vorrechte einmischen sollten. Ich halte die Einmischung des Konsuls für ungerechtfertigt und rein technischer Natur. Diese Geschichten über den schlechten Zustand unseres Gefängnisses und die Leiden der darin eingesperrten Kriminellen entspringen meiner Meinung nach den Berichten schlechter Gefangener. Ich war noch nie darin . Unser Volk ist ein Gegner des Lasters und besucht einen solchen Ort selten; Aber der Sheriff sagt mir, dass es für jeden bequem genug ist. Wenn dem so ist und ich keinen Grund habe, an seinen Worten zu zweifeln, können wir unser Mitgefühl und unsere Freundlichkeit für seine schiffbrüchigen Umstände zum Ausdruck bringen und es ihm dort so bequem machen, wie wir es anderswo könnten. Ich gebe zu, dass es viele verschiedene Meinungen über die Wirkung dieses Gesetzes gibt; Aber ich gehöre zu denen, die strenge Maßnahmen für einen besseren Schutz befürworten. Seine Hautfarbe kann keine Entschuldigung sein, Kapitän, solange er Anzeichen eines Negers aufweist . Wir könnten ein weites Feld für metaphysische Untersuchungen eröffnen, wenn wir Ausnahmen bei Hautfarbegraden zulassen würden; denn viele unserer eigenen Sklaven sind so weiß wie die klügste Frau. Wenn wir also die Tore ganz schließen, ersparen wir uns grenzenlose Ratlosigkeit. Es wäre auch nicht sicher, ein Problem hinsichtlich der Intelligenz zuzulassen, denn die

Erfahrung hat uns gelehrt, dass die intelligentesten „klugen Kerle" die schlimmsten Schurken sind, wenn es darum geht, Unzufriedenheit unter den Sklaven zu stiften. Ich spreche von diesen Dingen nur im allgemeinen Sinne, Captain. Ihr Mann kann sehr gut, edel, großzügig und intelligent sein; und vor allem nicht geneigt, sich in unsere besondere Institution einzumischen – aber es wäre ein falscher Grundsatz, ihn zur Ausnahme zu machen und ein Beispiel zu geben, das mit unseren größten Interessen völlig unvereinbar wäre. Soweit mein Wort den Sheriff berührt und seine besseren Gefühle dazu bringt, es ihm bequem zu machen, werde ich es nutzen", sagte der „alte Mann" und passte erneut seine Brille an.

Der kleine Georg schien vor Beschämung sprachlos zu sein, und der Kapitän hatte das Gefühl, als würde er eine Guinee dafür geben, an Bord seiner Brigg zu sein. Es nützte ihm nichts, auf die mildernden Umstände seiner Reise oder den Charakter des Mannes Manuel einzugehen. Die gleichen kalten Meinungen über das Gesetz und den Glauben und die Bedeutung von South Carolina und seinen besonderen Institutionen trafen seine Ohren, wohin er auch ging. Der Kapitän stand auf, nahm seinen Hut, wünschte dem alten Herrn einen guten Morgen und machte sich wieder auf den Weg zu seiner Brigg.

„Machen Sie sich darüber keine Sorgen – ich werde für Sie tun, was ich kann", sagte der alte Mann, als der Kapitän ging. George folgte ihm auf die Straße und entschuldigte sich vielfach für die Meinung und die scheinbare Gleichgültigkeit seines Vaters und versprach, selbst das zu tun, wozu sein Vater anscheinend nicht geneigt war. Der Kapitän sah ihn während seines Aufenthalts in Charleston nicht mehr, und wenn sein Einfluss zugunsten Manuels ausgeübt wurde, spürte er dessen Vorteile nicht.

Die Geschäfte hatten den Kapitän tagsüber so sehr in Anspruch genommen, dass er keine Zeit hatte, Manuel im Gefängnis zu besuchen; und als er zum Schiff zurückkehrte, erwartete ihn eine Nachricht vom britischen Konsul. Einer der Seeleute war abkommandiert worden, Manuels Platz einzunehmen, der, nachdem sein Abendessen fertig zubereitet war, den Kapitän daran erinnerte , dass es ihn erwartete. Er setzte sich, aß zu Abend und ging, um dem Anruf des Konsuls zu folgen. Als er im Büro ankam, stellte er fest, dass der Konsul zu seinem Hotel aufgebrochen war und erst um vier Uhr zurückkehren würde. Als er am Postamt vorbeikam, stand davor eine Gruppe Männer, offenbar in gespannter Diskussion. Da er das Gefühl hatte, dass ihr Gespräch für ihn interessant sein könnte oder einen Zusammenhang mit seinem Fall haben könnte, ging er langsam zurück und als er sich ihnen näherte, bemerkte er, dass das Gespräch aufgeregter geworden war. Die Auftraggeber waren Mr. Grimshaw und ein Faktor in der Bucht, der sich stark für die Schifffahrt interessierte.

„Ein Mann, der in Ihrer Eigenschaft handelt", sagte der Faktor, „sollte niemals solche Ausdrücke verwenden – niemals das Mob-Gesetz ermutigen." Es ist nicht nur eine Schande für jede Stadt, sondern auch ruinös für ihre Interessen. Beamte sollten niemals ein Beispiel geben oder ermutigen. Der Mangel an Ordnung ist bereits auf dem Vormarsch, und wenn die Bevölkerung von den Beamten zum Aufruhr angestachelt werden soll, welche Kontrolle haben wir dann? Gott bewahre uns vor den schlimmen Auswirkungen!"

„Nun, vielleicht bin ich zu weit gegangen", sagte Mr. Grimshaw, „denn ich halte genauso viel vom Namen unserer schönen Stadt wie Sie." Aber wir sollten ihm beibringen, dass er diesen offenen, mutigen und gewagten Kurs, der unsere Institutionen gefährdet, nicht verfolgen kann, weil er Konsul für Großbritannien ist. Ich würde ihn auf jeden Fall so behandeln, wie wir es mit dem Yankee HOAR aus Massachusetts getan haben, und die Einladung außerhalb des offiziellen Charakters erfolgen lassen, um den Namen zu wahren; Wenn er dann nicht wegzog, würde ich ihm wie dem spanischen Konsul in New Orleans dienen. Diese englischen Nigger und Yankee-Nigger zerstören schnell den Frieden von Charleston."

„Das würdest du, oder?" sagte ein anderer. „Dann würden Sie die Wut eines unregierbaren Mobs anstacheln, um das Leben des Mannes zu gefährden, weil er die Anweisungen seiner Regierung ausgeführt hat."

„Das ist noch lange nicht alles, was er tut, denn er mischt sich in alles ein und macht ständig Bemerkungen über unsere Gesellschaft", sagte Grimshaw, offenbar in der Absicht, Groll gegen den Konsul zu erregen und die Sache noch schlimmer zu machen möglich.

„Nun, Mr. Grimshaw", sagte der Faktor, „Sie wissen, dass Ihr Gefängnis nicht dazu geeignet ist, irgendwelche Menschen einzusperren, geschweige denn respektable Männer. Es ist ein altes revolutionäres Unternehmen, das vor Verfall verfällt und in dem es von Insekten und Ungeziefer wimmelt. die Räume sind feucht und ungesund und es gibt keine Möglichkeit, sie zu belüften; Der Schimmel und der schreckliche Gestank reichen aus, um die stärkste Konstitution zu befallen. Und man steigert den Appetit der Menschen mit Essen, das sowohl ungenügend als auch ungesund ist, das weiß ich, weil ich einen Freund besucht habe, der wegen des Mesne-Prozesses dort eingeliefert wurde."

„In die Geschichten der Gefangenen kann man wenig Vertrauen setzen; „Sie denken alle, sie müssten wie Fürsten behandelt werden, anstatt zu bedenken, dass sie aus gutem Grund dorthin gebracht werden und dass ein Gefängnis zur Bestrafung gedacht war", unterbrach Grimshaw, der bestrebt war, das Gesprächsthema zu wechseln, und eine gewohnheitsmäßige Kälte gegenüber dem Unglück an den Tag legte Ich kann niemals den Gentleman in einem Gefangenen sehen.

„Ja, aber man darf Männer nicht an diesem Maßstab messen. Die Umstände, die sie dorthin führen, sind so unterschiedlich wie ihre Natur. Ich habe viele gute, ehrliche und respektable Bürger gekannt, die einst in unserer Gemeinde Wohlstand genossen, sich dort Monat für Monat und Jahr für Jahr niederließen und unter der Verfolgung von Gläubigern und den Auswirkungen schlechter Gesetze litten. Nun, diese Männer würden sich nicht alle beschweren, wenn es keinen Grund gäbe, und sie alle liebten dich, wie du sagst. Aber sagen Sie mir, Herr Grimshaw, wäre es für unsere Institutionen nicht noch sicherer, sie auf den Kai zu beschränken, was leicht und mit nur geringen Kosten für die Stadt möglich wäre? Nigger auf den Kais konnten nicht mit ihnen kommunizieren, weil jeder mit seinem Geschäft beschäftigt war und unsere Nigger während der Arbeitszeit zu streng überwacht und gelenkt wurden. Sobald diese Stunden vorbei sind, müssen sie gehen und die Gefahr endet. Auch hier sind die Nigger, die auf den Kais arbeiten, im Allgemeinen gute Nigger, während andererseits schlechte Nigger ins Gefängnis gesteckt werden; und während der Stunden, in denen diesen Verwaltern das Vorrecht auf den Hof zugestanden wird, verkehren sie ohne Diskriminierung oder Einschränkung unter ihnen. „Ihre durch die Inhaftierung natürlich erregten Gefühle finden Erleichterung darin, mit Menschen ihrer eigenen Hautfarbe über ihr Unrecht zu sprechen und die Ansteckung zu verstärken", sagte der Faktor, der geneigt zu sein schien, die Angelegenheit im richtigen Licht zu betrachten.

"Oh! wie bitte? Das würde niemals gehen. Du verkennst die Gefühle eines Niggers völlig. Privilegien schaffen bei ihnen nie Respekt. Machen Sie einfach ein Gesetz, um sie am Kai zurückzulassen, und fünfhundert Polizisten würden sie nicht davon abhalten , jeden Nigger in der Stadt zu verwöhnen, nur die Souveränität des Gesetzes zu zerstören und ein höchstes Recht zu erlangen, für das wir immer gestritten haben. Es verstößt gegen das Gesetz, und wir müssen das Gesetz befolgen", antwortete Grimshaw.

"Pah! Reden Sie solche Sachen mit mir! Nehmen Sie einfach die sechzehnhundert oder zweitausend Dollar weg, die Sie durch das Gesetz verdienen; und du würdest es als Ärgernis verfluchen. Es würde obsolet werden und die armen Verwalter würden tun, was sie wollten; Du würdest dir darüber nie den Kopf zerbrechen. Nun, Grimshaw, seien Sie einmal ehrlich; Sagen Sie uns, was Sie tun würden, wenn die Umstände den Kapitän zwingen würden , diesen Niggerjungen hier zu lassen?"

„Führen Sie den Buchstaben des Gesetzes aus; es gibt keine Alternative. Aber der Captain schwört, dass er ein Weißer ist, und das würde ihm die Gelegenheit geben, es zu beweisen."

„Wie soll er das beweisen, Grimshaw? Wir nehmen ihm die Macht und bitten ihn dann, das zu tun, was wir unmöglich machen. Dann würden Sie natürlich den Buchstaben des Gesetzes befolgen und ihn als Sklaven verkaufen. * * * Nun, ich würde gerne sehen, wie es um eine solche Frage an einen englischen Nigger geht. Es wäre ein größerer Fluch für unsere Sklaveninstitution als alles andere, was erhoben werden könnte", sagte der Faktor.

„Meine Herren, Sie könnten genauso gut sofort die Abschaffung predigen, dann wüsste die Öffentlichkeit, was Sie denken und wie sie sich vor Ihnen schützen kann. Ich muss dir Lebewohl sagen." Mit diesen Worten drehte Mr. Grimshaw seine Peitsche, nahm ein großes Pfund Tabak und verließ die Gesellschaft, um die Frage untereinander zu besprechen.

Kapitel XVIII.
Der kleine Tommy und die Polizei.

Wir müssen den Leser in das alte Gefängnis zurückführen und unsere Szene dort fortsetzen, wo wir den kleinen Tommy zurückließen, der das Geschenk des Kapitäns vor den inhaftierten Verwaltern verteilte, deren dankbare Danksagungen auf das Haupt des Spenders gegossen wurden. Freundlichkeit, und sei sie noch so klein, ist für einen Mann im Gefängnis wie die goldenen Strahlen der aufgehenden Sonne, die den Eröffnungstag erhellen. Sie alle nahmen mit dankbarer Stimmung die bereitgestellten Erfrischungen zu sich.

Es war fast zehn Uhr, als Daley kam und verkündete, dass es Zeit sei, das Gefängnis zu schließen und alle Fremden sich zurückzuziehen. Tommy hatte darauf bestanden, die Nacht bei Manuel zu verbringen.

Dieser Mann Daley war ein sprichwörtlicher Trunkenbold, ein Tyrann in der Ausübung seiner „kurzen kurzen Autorität" und ein berüchtigter ... So seltsam es angesichts seiner Position auch erscheinen mag, er stritt sich mit den Männern um ein Glas Whisky, machte dem Gefängniswärter mehr Ärger als jeder andere Mann und wurde wegen seiner unverbesserlichen Laster mehrmals in die Zellen gesperrt. Wenn noch irgendetwas unseren Vermerk bestätigen wollte, könnten wir uns an Colonel Condy wenden , den sehr Gentleman des Marschalls der Vereinigten Staaten, der ihm auf sehr unhöfliche Weise sagte, dass es gegen die Regeln verstoße, und indem er seine Hand auf seinen Rücken legte, stieß er ihn hinaus die Zelle und sicherte die Bolzen. Der kleine Kerl tastete sich im Dunkeln durch den Gang und die Treppe hinunter, bis er den Korridor erreichte, wo der Gefängniswärter darauf wartete, ihn durch das äußere Eisentor passieren zu lassen. „Du hast einen langen Aufenthalt verbracht, mein Kleiner. Um diese nächtliche Uhrzeit werden Sie eine Menge Mühe haben, den Kai zu finden. Ich würde Sie die ganze Nacht anhalten lassen, aber das verstößt strikt gegen den Befehl des Sheriffs", sagte der Gefängniswärter, als er auf die Straße ging und ihm gleichzeitig eine Liste unvollständiger Anweisungen über das weitere Vorgehen gab.

Das Gefängnis liegt in einem abgelegenen und undurchsichtigen Teil der Stadt, umgeben von engen Straßen und Gassen, unvollkommen angelegt und undefiniert. Als er die Mauern des Gefängnisses verließ, verwechselte er seine Richtung, und da die Nacht sehr dunkel war und während seines Aufenthalts im Gefängnis ein leichter Nieselregen einsetzte, schien sich die ganze Lage umzukehren. Nachdem er einige Zeit umhergereist war, fand er sich auf einem schmalen Landstreifen wieder, der ein Wasserbecken durchquerte und zu Chisholms Mühle führte. Die unterschiedliche Erscheinung der Dinge hier überzeugte ihn von seinem Irrtum. Verwirrt und nicht wissend, welchen Weg er gehen sollte, näherte er sich einer Kreuzung, setzte sich auf einen Baumstamm und weinte bitterlich. Bald hörte er einen Schritt, und als dieser näher kam, wurden seine Sorgen leichter. Es stellte sich heraus, dass es sich um einen Neger aus der Mühle handelte.

In diesen Mühlen wird die ganze Nacht gearbeitet, und die armen Neger, die einem Beispiel folgen möchten, das Massa im großen Stil gibt, außer dass sie eine Entschuldigung in der Ermüdung der Arbeit haben, werden einen klugen Mann aus ihrer Mitte damit beauftragen, zu einem Holländer zu gehen Sie gehen in den Vororten in einen „Tante-Emma-Laden", laufen der Polizei den Fehdehandschuh und holen sich eine Flasche Whiskey. Wenn sie verhört werden, greifen sie immer „auf eine Flasche Melasse". Sie halten aufmerksam Ausschau nach der Polizei, und ihre listigen Methoden, sich ihrer Wachsamkeit zu entziehen, bilden viele amüsante Anekdoten. Sie müssen einen Passierschein vom Meister oder einem Weißen haben; aber wenn sie den Laden sicher erreichen können, wird der Holländer ihnen immer eines zur Verfügung stellen, mit dem sie zurückkehren können. Es kommt nicht selten vor, dass die Wächter viel unwissender sind als die Sklaven. Letztere, die dies wissen, werden sich bemühen, ihren Platz zu finden und sich auf diesem Weg zu nähern, wobei sie entweder einen alten oder einen gefälschten Pass mitnehmen, den der Wachmann wunderbar prüft und gegenzeichnet, obwohl er weder lesen noch lesen kann schreiben. So geht Sambo weiter, um seine Melasse zu holen, und lacht in seinem Ärmel, als er darüber nachdenkt, wie er „den unwissenden Buckra zum Narren hält". Ein Wachwechsel stellt für Sambo oft eine Falle dar, wenn er zum Wachhaus geschleppt, die ganze Nacht festgehalten, sein Herr am Morgen informiert und aufgefordert wird, vorzutreten und eine Geldstrafe zu zahlen, oder Sambo auf dem Rücken neununddreißig erwischt. Dies stellt einen Wertverfall der Immobilie fest. Manchmal zahlt sein Herr die kommunale Strafe und führt eine weniger schmerzhafte häusliche Züchtigung durch, die in der üblichen Besorgnis, etwas Melasse zu besorgen, in die Stadt verbannt wird. Als er Tommy zum ersten Mal entdeckte, wich er wie aus Angst ein paar Schritte zurück; Doch als Tommy ihm mitteilte, dass er sich verirrt hatte und den Weg zum Kai finden wollte, näherte er sich, erholte sich schnell wieder und meldete sich freiwillig, ihn bis zur Ecke Broad Street zu begleiten . Also nahmen sie ihn bei der Hand und gingen gemeinsam weiter, bis sie das Ende des Damms erreichten und gerade die Tradd Street betreten wollten , als plötzlich ein Wachmann hinter einem alten Schuppen hervorsprang. Der Neger, der seinen weißen Gürtel und seinen Steppstock erkannte , machte das Beste aus seiner Zeit und machte sich mit voller Geschwindigkeit auf den Weg durch eine schmale Gasse. Der Wächter folgte ihm dicht auf den Fersen, ließ bei jedem Schritt seine Rassel ertönen und stieß eine Salve abscheulicher Verwünschungen aus. Tommy blieb einige Augenblicke stehen, doch schon bald drangen die Schreie des Negers und das Schlagen der Knüppel an sein Ohr; Er bekam Angst und rannte mit Höchstgeschwindigkeit in die entgegengesetzte Richtung. Erneut hatte er sich verirrt und schien in einem schlimmeren Dilemma zu stecken als zuvor; Er war müde und verängstigt, und als er unter den Seeleuten so viele Geschichten über den Verkauf weißer Kinder als Sklaven hörte und wusste, dass Manuel inhaftiert war, was er nicht verstand, waren seine Gefühle im höchsten Maße erregt. Nachdem er ein paar Minuten gelaufen war, blieb er stehen, um zu sehen, ob er seine Position erkennen konnte. Das erste, was ihm ins Auge fiel, war das alte Gefängnis, dessen düstere Mauern im düsteren Kontrast der Nacht aufragten. Er folgte den Mauern, bis er das Haupttor erreichte, und ging dann in entgegengesetzter Richtung zu seinem früheren Weg die Straße entlang, bis er zu einer Laterne kam, deren schwaches Licht die trüben Gegenstände an der Ecke einer schmalen Gasse warf. Hier stand er mehrere Minuten lang und wusste nicht, in welche Richtung er gehen sollte: Die Straße, auf der er sich befand, führte nur ein paar Schritte weiter, und wohin auch immer er sich wandte, es erhoben sich Dunkelheit und Hindernisse, die sein Vorankommen behinderten . Schließlich bog er in die Gasse ein und ging weiter, bis er zu einer weiteren Straßenkreuzung kam; Er nahm eine Straße, von der er glaubte, dass sie ihn in die richtige Richtung führen würde, schlenderte hindurch und gelangte in eine enge, verwinkelte Straße voller kleiner, schäbig aussehender Häuser. Aus einem von ihnen schimmerte ein Licht, und er sah eine Frau vor dem Fenster auf und ab gehen . Er näherte sich und klopfte sanft an die Tür. Fast gleichzeitig erlosch das Licht. Er stand ein paar Minuten lang da und klopfte erneut lauter als zuvor; Für einige Minuten war alles still. Ein durchnässter Regenschauer setzte ein und verstärkte das ohnehin schon düstere Bild. und das Rascheln der Blätter eines Baumes, der in der Nähe stand, gab den aufgeregten Gefühlen des Kindes einen bedrohlichen Klang. Er lauschte voller Angst und Angst an der Tür, als er drinnen Flüstern hörte; und als er seinen Klopf wiederholen wollte, öffnete sich langsam ein Fenster auf der rechten Seite. Die Frau, die auf dem Boden auf und ab gegangen war, streckte ihren Kopf mit einer Vorsicht heraus, die Besorgnis erkennen ließ. Ihr langes, schwarzes Haar, das ihr um die Schultern fiel, und ihr lohfarbenes, indianisches Gesicht und ihre geisterhafte Gestalt in einem weißen Gewand erfüllten ihn mit einer Art Schrecken, dass er fast davonlaufen müsste.

„Wer ist das um diese Nachtzeit?" fragte die Frau mit leiser Stimme.

"Ich bin es nur. Ich habe mich verirrt und kann den Weg zu unserem Schiff nicht finden", sagte Tommy halb weinend.

„Mutter", sagte die Frau und schloss das Fenster, „es ist nur ein kleiner Matrosenjunge, ein Fremder, und er ist durchnässt."

Sie öffnete sofort das Gitter, öffnete die Tür und lud ihn ein, hereinzukommen. Sie trat über die Schwelle hinaus, schloss die Tür vor dem Sturm, stellte einen Stuhl ans Feuer und forderte ihn auf, sich zu setzen und sich zu wärmen. Es handelte sich um Mulatten-Mischlinge, die alle indianischen Merkmale behielten, die der Rest des Stammes, der jetzt in Charleston lebt, von einer Familie auszeichnet, die in der Stadt wohlbekannt ist, aber dennoch unter der strengsten Überwachung der Polizei steht. Alles in dem kleinen Raum verriet Armut und Sauberkeit. Der verdorrte Überrest einer alten indischen Mutter lag ausgestreckt auf einem Krankenbett, und die Tochter, etwa neunzehn Jahre alt, hatte über sie gewacht und sich um die Tröstungen gekümmert, die ihr Zustand erforderte. „Na, Mutter, es ist fast zwölf Uhr. Ich glaube nicht, dass er heute Abend kommt.

Sie erwartete ihren Freund, oder vielmehr den, zu dessen Geliebte sie sich nach dem Tod mehrerer Herren herabgelassen hatte. Die Geschichte dieses weiblichen Überbleibsels schöner indischer Mädchen, die jetzt in Charleston zurückgeblieben sind, ist traurig. Die Erinnerung an ihre edlen Väter bietet im Vergleich zu ihren gegenwärtigen unglücklichen Assoziationen ein trauriges Thema zum Nachdenken, und „dieser kleine Junge kann bis zum Morgen in unserem Zimmer oben bleiben", sagte sie und blickte auf eine alte Connecticut-Uhr, die schmückte der Kaminsims.

"Oh! Ich konnte nicht die ganze Nacht bleiben. Der Maat würde sich wegen mir unwohl fühlen und vielleicht die Mannschaft schicken, um nach mir zu suchen. Ich bin genauso dankbar, aber ich konnte nicht aufhören", sagte Tommy.

„Aber in einer Nacht wie dieser kann man die Bucht nie finden; und ich habe keinen Pass, sonst würde ich dir die Broad Street zeigen , und dann könntest du den Weg finden. Ich habe Angst vor den Wachleuten , und wenn sie mich erwischten und zum Bahnhof brachten, würde meine Freundin mich schrecklich beschimpfen", sagte Angeline, denn so hieß sie; und sie legte ihre Hand auf seinen Arm, um seine nassen Kleider zu betasten.

die Broad Street finden sollte .

Er folgte ihren Anweisungen und fand es bald. Jetzt, dachte er, ging es ihm gut; Aber der Wind hatte zu einem Sturm zugenommen, und nachdem er über die Straße hinweggefegt war, konnte er ihm kaum noch widerstehen. Er hatte kaum die Hälfte der Straße erreicht, als der Sturm so plötzlich einsetzte, dass er sich gezwungen sah, in einer Türnische Zuflucht vor seiner Gewalt zu suchen. Er setzte sich auf eine Stufe, knöpfte sein Jäckchen zu, legte den Kopf auf die Knie und fiel in einen tiefen Schlaf, während er darauf wartete, dass der Sturm nachließ. Aus dieser Situation wurde er plötzlich von einem Wachmann geweckt , der ihn am Kragen packte, ihn mit einem unbarmherzigen Zucken kopfüber auf den Bürgersteig warf.

„Was machst du hier? Ah! ein weiterer elender Landstreicher, nehme ich an. Wir kümmern uns um solche Schurken wie Sie; komm mit mir. Wir werden erfahren , dass Sie um diese Nachtzeit herumlaufen und stehlen.

"Nein Sir! nein Sir! Ich habe nichts getan"—

"Den Mund halten! Nichts davon, dass du einen Polizisten belügst, du junger Schlingel . Ich will deine höllischen Lügen nicht hören und ich werde sie auch nicht ertragen."

„Oh, Herr, lassen Sie mich Ihnen alles erzählen, und ich weiß, dass Sie mir nichts tun werden. Ich gehe nur zum Schiff, wenn du mir den Weg zeigst", sagte der kleine Kerl flehend.

„Hör auf mit deinem Lärm, du lügnerischer junger Dieb. Ihr würdet um diese Nacht nicht umherstreifen, wenn ihr zu einem Schiff gehören würdet. „ Meine Seele, ich glaube, du bist ein Nigger." Komm zum Licht", sagte der Wächter und zog ihn zu einer Lampe in der Nähe . „Nun, du bist kein Nigger, schätze ich, aber du bist ein umherziehender Landstreicher, und das ist noch schlimmer", fuhr er fort, nachdem er sein Gesicht sehr genau untersucht hatte. Der Hauptmann der Wache und mehrere Beamte versammelten sich bald um ihn, um ihn nach dem Problem zu befragen, indem sie ihn wie einen Hund zum Wachhaus schleppten und ihn in eine Art Barackenraum stießen. Die Beamten hörten sich die Geschichte des Wachmanns an und vertrauten vollkommen auf alles, was er sagte, weigerten sich jedoch, dem kleinen Kerl zu erlauben, in seinem eigenen Namen zu antworten. „Ich habe ihn lange beobachtet, sah, wie er an den Türen anderer Leute herumfummelte und dann in der Nische von Herrn T. einschlief. „Diese Jungs werden die unheilvollsten und gefährlichsten Kerle sein, mit denen wir es zu tun haben", sagte der Polizist.

"Ach nein! Ich wollte nur zur Arrestzelle und wurde umgedreht. Ich habe mehr als zwei Stunden lang versucht, mich im Sturm zurechtzufinden. Ich bin mir sicher, dass mir kein Schaden zugefügt wurde. „Wenn du mich nur meine Geschichte erzählen lässt ", sagte Tommy.

"Den Mund halten! Wir wollen bis zum Morgen keine Geschichten. Der Bürgermeister wird Ihren Hasch morgen begleichen; und wenn du zu einem Schiff gehörst, kannst du ihm alles darüber erzählen; aber die Kosten müssen Sie trotzdem bezahlen. Legen Sie sich einfach auf die Bank und Sie können dort bis zum Morgen schlafen. Das ist besser, als auf der Straße herumzulungern", sagte der Hauptmann der Wache, ein großer, beleibter Mann, als er Tommy auf eine lange Bank zeigte, die denen in Kasernenräumen ähnelte.

Der kleine Kerl erkannte, dass es keinen Zweck hatte, eine Anhörung zu versuchen, und ging leise zur Bank, nahm seinen Kriegshut ab, legte ihn auf einen Stuhl, streckte sich darauf aus und legte seine kleinen Hände unter die seinen Kopf, um es von den harten Brettern zu lösen.

Aber es war ihm nicht bestimmt, in dieser Position lange zu schlafen, denn ein lautes, ächzendes Geräusch an der Tür drang durch die tosende Gewalt des Sturms an ihre Ohren, als wäre er in qualvoller Not.

„Himmel! Was ist das!" sagte der Hauptmann der Wache, sprang plötzlich von seinem Platz auf und rannte zur Tür, gefolgt von der ganzen Truppe. Das Stöhnen wurde lauter und totenähnlicher in seinem Klang, begleitet von seltsamen Stimmen, die schreckliche Verwünschungen von sich gaben, und einem Schleifen auf dem Boden. Die große Tür öffnete sich und was für ein Anblick bot sich! Drei riesige Monster mit Seitenwaffen zogen den armen Neger herein, der anbot, Tommy in die Broad Street zu führen . Seine Kleidung war ihm fast vom Rücken gerissen, vom Kopf bis zu den Füßen mit Schlamm verschmiert, und sein Gesicht war auf schockierendste Weise zerschnitten und verstümmelt. Sein Kopf, sein Hals und seine Schultern waren voller Blut, und es sickerte immer noch aus seinem Mund und den Schnittwunden an seinem Kopf. Sie zerrten ihn hinein, als wäre er ein sterbender Hund, den man mit einer Keule geschlagen hatte, und warfen ihn mit ebenso großer Gleichgültigkeit in eine Ecke auf den Boden.

"Oh! Masse ! Masse ! Töte mich, Massa , dann hör auf zu leiden !" sagte der arme Kerl mit schmerzhaftem Murmeln, hob seine gefesselten Hände an seinen Kopf und ergriff vor Schmerzen die schwere Kette, die seinen Hals fesselte.

"Was hat er getan?" fragte der Beamte.

„Hat sich dem Wachmann widersetzt und ist gerannt, als wir ihm sagten, er solle anhalten!" antwortete ein Stimmentrio. „Ja, und habe versucht, in ein Haus einzudringen. Ah! du bist ein Vagabund; So dienen wir Niggern wie Ihnen! – Versuchen Sie noch einmal zu fliehen, ja? „Ich werde dir das verdammte Tageslicht ausschalten, du Nigger", sagte einer aus der Gruppe .

„Es scheint mir , als hätten Sie ihn mit weniger Strenge erziehen und erziehen können", sagte der Beamte.

„Was könnten wir sonst noch tun, klar? Haben wir ihn nicht dabei erwischt, wie er mit einem Weißen umherstreifte, und er rannte , bis wir ihn nicht mehr kriegen konnten? In der Tat war es nichts Gutes, was sie suchten, und es ist ihnen ähnlich, dass Bienen all ihren Unfug in der Stadt anrichten.

„Und er selbst versetzte Muldown auch zwei Hiebe, bevor er ihn überhaupt mit den Handschellen streicheln musste !" sagte ein anderer der Wächter ; Als er sich dann umdrehte, erhaschte er einen flüchtigen Blick auf den armen kleinen Tommy, der während der Szene neben einem Schreibtisch gestanden hatte und fast „zu Tode erschrocken" war.

„Bei den Pfeifern, – was! Und seid ihr nicht hier ? Das Gleiche war mit ihm selbst beyant ! Komm her, du spalpen dich. Wart ihr nicht derselbe, der gelaufen ist , als wir Bienen mit diesem Nigger gesprochen haben ?“ sagte derselbe Wachmann , ergriff Tommys Arm und zog ihn näher an das Licht.

„Ja, er kam mit mir, um es mir zu zeigen“ –

„ Hör auf! – du weißt schon, dass du lügen wirst. „Es ist besser, sie beide für die Nacht einzusperren und sie am Morgen hochschicken zu lassen“, sagte ein anderer.

„Dann lässt du mich nicht für mich selbst sprechen –“

„Still, Sir!“ unterbrach den Offizier; „Du kannst deine Geschichte am Morgen erzählen! aber pass auf, dass du kein Landstreicher bist. Wenn sich herausstellt, dass Sie zur unpassenden Stunde mit diesem Nigger zusammen waren, werden Sie sich eine Narbe am Rücken zuziehen. Komm, es gehört dir, und ich muss dich einsperren.“

Ohne zu versuchen, das Blut vom Neger abzuwaschen oder seine Wunden zu verbinden, öffneten sie die Handschellen und lösten die Kette von seinem Hals, wobei sie ihn mit weniger Gefühl behandelten, als sie es mit einem dummen Tier tun würden. Sie befreiten ihn von seinen Ketten und befahlen ihm, aufzustehen.

Das arme Geschöpf blickte flehentlich auf, als wollte es sie bitten, sein Leben zu schonen, denn er war zu schwach, um zu sprechen. Er hielt seine blutgetränkten Hände hoch, während sich unter seinem Kopf eine Blutlache befand, die aus seinen Hügeln geflossen war. „Nichts von deinem höllischen Schwindel – du könntest schnell genug rennen. Stehen Sie einfach auf und seien Sie vorsichtig, sonst helfe ich Ihnen mit dem Rindsleder“, sagte der Offizier und rief einem der Wachmänner zu , er solle es ihm bringen. Er bemühte sich nun und war auf die Knie gegangen, als der Wachmann , der in seiner Brutalität der Erste zu sein schien, ihm mit seinen schweren Stiefeln einen Tritt in die Seite versetzte, der ihn erneut mit einem tiefen Stöhnen zu Boden warf.

„Oh-tut! so geht das nicht. Du darfst den Nigger nicht töten; Sein Herr wird ihn morgen früh abholen“, sagte der Offizier, beugte sich herab und ergriff seinen Arm mit der linken Hand, während er mit der rechten ein Rindsleder hielt. „Komm, mein Junge, du musst aufstehen und in den Kerker gehen“, fuhr er fort.

„Massa! Oh, gute Masse , tun Sie es nicht! Ich bin jetzt am totsten, was habt ihr mir nicht überlassen, wo ich sein soll?“ sagte er jammernd; Als er einen zweiten Versuch machte, fiel er zurück auf den Boden, woraufhin ihn zwei von ihnen an den Schultern packten, ihn in einen langen, dunklen, zellenähnlichen Raum zerrten und ihn heftig auf den Boden warfen. Dann kehrte der Beamte in den Raum zurück, nahm Tommy am Arm, führte ihn in denselben Raum und schloss die Tür, um seine Schreie zu ersticken. Der kleine Kerl hatte solche Angst, dass er vor Aufregung in Tränen ausbrach. Der Raum war dunkel und düster wie eine Höhle. Er konnte sich weder hinlegen noch schlafen noch trösten. Er dachte an Manuel, nur um ihn um sein Los zu beneiden, und hätte gerne seine Gefangenschaft geteilt, um aus solch einer schrecklichen Situation befreit zu werden. Der Morgen sollte vielleicht noch schlimmere Schrecken bringen. Er dachte an die glücklichen Szenen seines ländlichen Zuhauses in Dunakade und an seine armen Eltern, aber nichts konnte die Qual seiner Gefühle lindern. Und wie konnte er es dann seinem Kapitän mitteilen? Wenn sie jetzt so grausam zu ihm waren, konnte er nicht erwarten, dass sie es am nächsten Morgen weniger sein würden. Auf diese Weise setzte er sich mit dem armen Neger auf den Boden und hatte, wenn er nichts mehr tun konnte, Mitleid mit seinen Gefühlen. Der arme Neger murmelte und stöhnte auf eine Weise, die die Gefühle eines Patagoniers geweckt hätte; und so fuhr er fort, bis etwa um drei Uhr morgens sein Stöhnen so laut und mitleiderregend wurde, dass der Wachoffizier mit einem Diener zur Tür kam, sie aufschloss und mit einer Laterne in der Hand eintrat . Er richtete das Licht auf sein Gesicht und fragte, worüber er so viel Lärm machte? "Oh! gute massa , gute massa , schick doch nach docta ; „Mein Kopf hat einen Haufen Schnittwunden ", sagte er und legte seine Hand an seinen Kopf. Der Beamte gab die Laterne an seinen Diener weiter, und nachdem er sich ein Paar Handschuhe angezogen hatte, begann er, seinen Kopf abzutasten, seine zerrissenen Kleider zur Seite zu drehen und den Schmutz von den Stellen zu wischen, an denen das Blut geronnen zu sein schien. "Ach du meine Güte! Ich habe nicht vermutet, dass du so schlimm getroffen wurdest. Hier, mein Guter (und wendet sich an Tommy): Halten Sie die Laterne. „Michael, geh und hol einen Eimer Wasser und ein paar Tücher", sagte er, als ihm ganz plötzlich der wahre Zustand des Mannes klar wurde, nachdem er eine an Brutalität grenzende Kälte an den Tag gelegt hatte.

Bald wurden Wasser und Tücher gebracht. Der Wärter, Michael, fing an, sich auszuziehen, aber der arme Kerl tat so weh, dass er jedes Mal, wenn er versuchte, ihn zu berühren, in größter Qual aufschrie. „Seien Sie ruhig", sagte der Beamte, „er ist ziemlich schwer verletzt." Er muss ziemlich feuerfest gewesen sein, sonst hätten sie ihn nie auf diese Weise geschlagen", fuhr er fort, öffnete eine Rolle Heftpflaster und schnitt sie in Streifen. Nachdem sie ihn mit Wasser und Whisky gewaschen hatten, verbanden sie seine Wunden mit dem Pflaster und banden ihm ein altes Seidentaschentuch um den Kopf, das sie in seiner Tasche fanden. Danach ließen sie das Licht brennen und zogen sich zurück.

Nachdem sie sich zurückgezogen hatten, fragte Tommy den Neger, wie sie ihn so lange behalten konnten, bevor sie ihn zum Wachhaus brachten. Es stellte sich heraus, dass der Erste, sobald sie ihn erwischten, ihn mit einem

Knüppel niederschlug; Und alle begannen auf einmal, ihn mit ihren Knüppeln zu schlagen, und machten damit weiter, bis sie ihre rasende Wut befriedigt hatten. Und während er stöhnend auf der Straße lag, überließen sie einem von ihnen die Obhut, während die anderen Handschellen und Ketten besorgten, mit denen sie ihn fesselten und ihn sozusagen vier Felder weit zur Wache schleiften -Haus. Was für ein erhabenes Bild für die Meditationen eines Volkes, das sich seiner Tapferkeit und Großzügigkeit rühmt!

KAPITEL XIX.
Am nächsten Morgen und das Urteil des Bürgermeisters.

Kurz nach Tagesanbruch fiel Tommy in einen schläfrigen Schlaf, aus dem er durch die Versammlung der Gefangenen geweckt wurde, die in der Nacht großgezogen worden waren und um neun Uhr vor dem Bürgermeister erscheinen sollten. Wenige Minuten vor acht Uhr öffnete ein Beamter die Zellentür und ihnen wurde befohlen, in einen langen Raum zu marschieren. In diesem Raum fanden sie alle Gefangenen versammelt vor. Es gab drei Schwarze und fünf Weiße, die aufgrund unterschiedlicher Anklagepunkte festgenommen worden waren; Und da das Gericht des Bürgermeisters lediglich ein Schiedsgericht war, das sich mit Verpflichtungen und nicht mit Urteilen beschäftigte, mussten sie abwarten, wenn die Anschuldigungen, mit denen die Gefangenen vorgebracht wurden, aufrechterhalten wurden – was im Allgemeinen der Fall war, da der Polizist, der die Verhaftung vornahm, der wichtige Zeuge war der verspätete Prozess des Gesetzes.

An Bord der Janson herrschte große Unruhe für Tommy, und der Kapitän vermutete, dass er sich möglicherweise in den dunklen Gassen der Stadt verirrt hatte und dass der Steuermann besser einen Teil der Mannschaft losschicken sollte, um nach ihm zu suchen. Der Maat, der mit Tommys Gefühlen und seiner Zuneigung zu Manuel besser vertraut war als mit den Regeln des Gefängnisses und Mr. Grimshaws willkürlichen Befehlen, versicherte dem Kapitän , dass ein solches Vorgehen völlig unnötig sei, denn er wusste, dass er aufhören würde, wenn er ging die ganze Nacht mit Manuel. Dies beruhigte die Befürchtungen des Kapitäns und er sagte nichts mehr darüber, bis er sich zum Frühstück setzte. „Ich vermisse Tommy unglaublich", sagte der Kapitän . „Wenn er die ganze Nacht angehalten hat, sollte er um diese Zeit hier sein. Ich denke, es wäre besser, jemanden ins Gefängnis zu schicken, der sich nach ihm erkundigt." Gerade als er vom Tisch aufstand, verkündete einer der Besatzungsmitglieder dem Begleiter, dass jemand an Deck den Kapitän sprechen wolle . Als er nach oben ging, traf er auf einen Polizisten, der ihm mitteilte, dass gestern Abend ein kleiner Junge als Landstreicher auf der Straße festgenommen worden sei, und als er vor ein paar Minuten dem Bürgermeister vorgeführt wurde, erklärte er, dass er zu seinem Schiff gehöre, und das Der Bürgermeister hatte ihn losgeschickt, um den Meister zu benachrichtigen. „Die Umstände sind verdächtig; man sah ihn in Gesellschaft eines Negers mit sehr schlechten Gewohnheiten; aber wenn Sie den Jungen identifizieren können, sollten Sie schnell kommen, sonst kommt er ins Gefängnis und Sie werden Schwierigkeiten haben, ihn herauszuholen", sagte der Bote und gab dem Kapitän eine Beschreibung des Jungen.

"Oh ja!" sagte der Kapitän , „das ist mein Tommy." Ich bin fest davon überzeugt, dass sie uns alle ins Gefängnis stecken werden, bevor wir den Hafen verlassen." Zahlreiche Termine beanspruchten seine Zeit, und er hatte versprochen, sich früh am Morgen mit dem Konsul zu treffen. Dessen ungeachtet gab er dem Steuermann einige Befehle, die Luken vorzubereiten und die Hafenwärter zu empfangen, und begab sich dann sofort zum überaus wichtigen Wachhaus. Er kam gerade rechtzeitig , um die beschämende Nachricht zu erhalten, dass das Gericht des Bürgermeisters seine Sitzung beendet hatte, und um zu sehen, wie der kleine Tommy mit Handschellen an der Hand von einem niederländischen Polizisten auf frischer Tat ins Gefängnis gebracht wurde. Er hielt den Polizisten an, und als ihm mitgeteilt wurde, dass seine Ehre noch im Raum sei, drückte er ihm ein paar Dollar in die Hand, um auf seine Fürsprache zu warten. Ein weiterer glücklicher Umstand begünstigte ihn; Gerade als er den Polizisten anhielt, sah er, wie sich sein Freund, Oberst S., näherte. Der Oberst sah, dass es Ärger gab, und eilte mit seiner gewohnten, charakteristischen Freundlichkeit herbei und bot seine Dienste freiwillig an.

Entsendung des Boten stattfand .

Der bei Tommy eingesperrte Neger bot ein erbärmliches Bild, als er in den hellen Raum zwischen den anderen Gefangenen gebracht wurde. Sein Kopf war so geschwollen, dass von seinem Gesicht keine Spur mehr zu sehen war. Schnitte und Schnittwunden waren am ganzen Hals und im Gesicht mit Gips markiert; sein Kopf war mit einem alten roten Taschentuch zusammengebunden; seine Augen, was man von ihnen sehen konnte, ähnelten eher Blutkügelchen als Sehorganen; während sich der Whisky und das Wasser, mit denen sein Kopf gewaschen worden war, mit dem Blut auf seiner Kleidung vermischt hatten und nur dazu beitrugen, das Aussehen noch abscheulicher zu machen. Insgesamt wurde den menschlichen Augen nie ein erbärmlicheres Objekt präsentiert.

Einige Minuten bevor es neun Uhr schlug, betrat ein intelligent aussehender Herr, sehr gut gekleidet und von stattlicher Erscheinung, den Raum. Er war offenbar freundlich gesinnt, gehörte aber zu den Männern, deren Gefühle sie dazu veranlassen, ihre Geschäfte lieber mit dem Depeschen zu erledigen , als sich nach den Umständen verschärfter Fälle zu erkundigen. Er beriet sich einige Minuten lang mit dem Beamten über die Gefangenen. Danach bestieg er eine kleine Tribüne und richtete ein paar Worte an die weißen Gefangenen (eine Person, die die Rolle des Gerichtsschreibers spielte, der das Gericht ankündigte, indem er mit einem kleinen Holzhammer auf ein Pult klopfte) und erkundigte sich, ob die Beamten die Besitzer benachrichtigt hätten Neger. Als er darüber informiert wurde, machte er sich zunächst an die Neger. Glücklicherweise wurde einer von ihnen von seinem Herrn mitgenommen, der die übliche Gebühr zahlte, um die Stadtkasse aufzustocken; ein anderer wurde dazu verurteilt, im Arbeitshaus zwanzig Paddel auf dem Rahmen zu erhalten; und der dritte, der Mann, den wir beschrieben haben, wurde vorgeführt, geschwächt durch den Blutverlust, und stützte seine Hand auf die Rückenlehne eines Stuhls. "Steh gerade!" sagte der Offizier in befehlendem Ton.

„Nun, mein Junge, das ist das zweite Mal, dass du vor diesem Gericht gestanden hast. Ihr Herr hat Sie der Gnade des Gesetzes überlassen und der Polizei strenge Anweisungen gegeben für den Fall, dass Sie ein drittes Mal erwischt werden. Ihr Verbrechen ist jetzt noch schlimmer, denn Sie wurden in Begleitung dieses weißen Jungen erwischt – wahrscheinlich bei einem schurkischen Auftrag , als Sie nach dem Trommeln durch die Straßen streiften. Unter Berücksichtigung der hier von der Polizei dargelegten Tatsachen, deren Aussage ich unbedingt anerkennen muss, werde ich Sie zu neunzehn Paddeln auf dem Rahmen verurteilen und Sie gemäß den Anweisungen Ihres Herrn ins Gefängnis bringen, um dort auf seine weiteren Schritte zu warten Richtungen.

„Stellen Sie die weißen Gefangenen entsprechend der Liste vor, Herr …. Haben Sie dem Kapitän eine Nachricht über diesen Jungen geschickt?" fragte der Bürgermeister.

„Nein, Euer Ehren; aber ich werde sofort schicken", sagte der Offizier, betrat den Flur und rief einen Diener.

Der kleine Kerl wurde zuerst angeklagt. Er stand vor dem Bürgermeister auf, während der schroffe Polizist, der ihn verhaftete, die Anklage vorlegte und auf sie fluchte, wobei er so viel wie möglich hinzufügte, um Farbe zu verleihen. „Nun, mein Mann, lassen Sie mich hören, was Sie selbst zu sagen haben. Ich habe nach Ihrem Kapitän geschickt", sagte der Bürgermeister und sah aus, als hätte er wirklich Mitleid mit dem kleinen Kerl.

Er begann, seine einfache Geschichte zu erzählen, wurde aber bald so von Tränen geschüttelt, dass er nicht weitermachen konnte. „Ich ging nur ins Gefängnis, um Manuel, den Verwalter, zu sehen, und dann verirrte ich mich und flehte den Schwarzen an, mir den Weg zu zeigen", sagte er schluchzend.

„Nun, ich habe genug gehört", unterbrach ihn der Bürgermeister. „Du konntest um diese Nacht nicht im Gefängnis gewesen sein – unmöglich. Es geschah nach Feierabend – entgegen den Regeln – und macht die Sache für Sie nur noch schlimmer. Sie können beiseite treten, und wenn der Kapitän kommt, bevor das Gericht zu Ende ist, werden wir weiter sehen; Wenn nicht, müssen Sie als Landstreicher begangen werden. Ich habe Angst vor euch kleinen Spaziergängern."

Als ob die Gefühle des armen Jungen nicht schon genug belästigt wären, nahm der Wachoffizier ihn am Arm, drängte ihn in eine Ecke und sagte: „Da, du junger Kerl, setz dich. Du bekommst deinen Lohn, wenn du im Gefängnis ankommst."

Er setzte sich, konnte seine Gefühle aber nicht zurückhalten. Die Anwesenheit des Kapitäns war seine einzige Hoffnung. Er sah, wie die Gefangenen einer nach dem anderen vorgeführt wurden und sich ihm anschlossen, als ihnen der Befehl zur Einlieferung erteilt wurde. Er wurde wie die anderen mit Handschellen gefesselt und dem Polizisten übergeben. Der Leser kann sich das freudige Lächeln vorstellen, das das rechtzeitige Erscheinen des Kapitäns begrüßte. Die Gefühlsbekundung des letzteren und der einfache Ausruf der Freude des Kindes bildeten ein eindrucksvolles Bild der Zuneigung, die ein liebevolles Kind zeigt, wenn es seine Eltern nach langer Abwesenheit wiedertrifft.

„Nehmen Sie dem Kind die Fesseln ab", sagte der Oberst zum Polizisten. „Ein Mann wie Sie sollte einem solchen Jugendlichen nicht solche Symbole der Schande auferlegen."

„Ich würde alles tun , um Ihnen einen Gefallen zu tun, Oberst; aber ich kann nicht ohne den Befehl des Bürgermeisters", erwiderte der Mann sehr höflich.

„Ich werde dafür sorgen, dass Sie es tun, sehr schnell", erwiderte der Oberst ungeduldig; und er nahm den kleinen Kerl mitfühlend am Arm und führte ihn zurück in die Gegenwart des Bürgermeisters, gefolgt vom Kapitän

.

„Ich möchte wissen, wofür Sie diesen Jungen einsperren", sagte der Oberst und legte seinen Hut auf den Tisch, während sein Gesicht vor Empörung errötete.

„Vagabundieren und dabei erwischt, wie er um Mitternacht mit einem Neger durch die Straßen streifte. Das ist der Vorwurf, Oberst", antwortete der Bürgermeister mit besonderer Herablassung und Höflichkeit.

„Gibt es irgendwelche Beweise, die diese Tatsache untermauern?"

„Keiner außer dem des Polizisten; Sie wissen, dass wir das als prima facie annehmen müssen."

„Dann war es völlig ex parte . Aber Sie kennen den Charakter dieser Polizisten und die vielen erschwerenden Umstände, die sich aus ihren falschen Aussagen ergeben haben. Ich möchte keine Respektlosigkeit an den Tag legen, Euer Ehren; Aber eigentlich schwören sie gegen Bezahlung alles , während ihre skrupellose Bestechung so offensichtlich geworden ist, dass sie eine Schande für unser Polizeisystem darstellt. Hast du die Geschichte des Jungen gehört?" sagte der Oberst.

„Nun, er fing an, eine krumme Geschichte zu erzählen, die so voller Eingeständnisse war, und heulte dann so laut darüber, dass ich nicht verstehen konnte, was daraus wurde."

„Nun, hier ist der Kapitän seines Schiffes, ein Freund von mir, den ich als Gentleman schätze – denn alle Kapitäne sollten Gentlemen sein, nicht mit Ausnahme der Kapitäne und Majore von Georgia“, sagte der Oberst scherzhaft, drehte sich um und stellte den Kapitän vor zu seiner Ehre. „Nun, Euer Ehren, werden Sie mich verwöhnen, indem Sie sich die Geschichte des kleinen Kerls anhören, die in ihren wesentlichen Punkten durch die Aussagen des Kapitäns bestätigt wird , die, wie ich vertraue, ausreichen werden; wenn nicht, werden wir zum Gefängniswärter zurückkehren.“

„Es wird ausreichen. Es tut mir nur leid, dass es so viel Ärger gegeben hat“, sagte der Bürgermeister.

Der Junge begann nun seine Geschichte zu erzählen, der der Bürgermeister mit aller gelehrten Aufmerksamkeit zuhörte. Kaum war Tommy fertig und der Hauptmann stand auf, um seine Aussagen zu bestätigen, erklärte sich der Bürgermeister zufrieden, entschuldigte sich für den Ärger, den er verursacht hatte, und entließ den Jungen gegen Zahlung der Kosten, deren Betrag der Oberst aus seiner Tasche nahm und auf den Tisch geworfen. Damit war Tommys Freude vollkommen; nicht so der arme Neger, dessen Unglück er teilte. Der Hof dieses hochkarätigen Bürgermeisters ähnelte dem Hof Caesars, mit Ausnahmen zugunsten Caesars.

KAPITEL XX.
EMEUTE UNTER DEN STEWARDS.

Es waren mehrere Tage vergangen, bis wir dem Leser erneut die Zelle der inhaftierten Verwalter vorstellten. Mr. Grimshaw hatte dem Kapitän der Janson versichert, dass im Gefängnis alles in Ordnung sei und man sich gut um Manuel kümmern würde. Im Vertrauen darauf ließen ihm die Bemühungen des Konsuls, die Angelegenheit vor die zuständigen Behörden zu bringen – und die Art und Weise, wie er seine Zeit mit seinen Geschäften verbrachte – keine Gelegenheit, Manuel im Gefängnis zu besuchen. Tommy und einer der Matrosen hatten ihm seine Hängematte und ein paar Dinge aus den Schiffsvorräten getragen; und mit dieser Ausnahme hatten sie mehrere Tage lang nur wenig zu essen. Copeland blieben nur noch ein paar Tage übrig, und zusammen mit denen, die bei ihm waren, hatten sie während ihrer Gefangenschaft ihre Möglichkeiten erschöpft, Tag für Tag für ihren Unterhalt zu sorgen. Die arme Frau, die ihre Wäsche wusch, eine großzügige Mulattin, hatte ihnen viele Dinge gebracht, für die sie keine Entschädigung verlangte. Ihr Name war Jane Bee, und als die Gefängnisregeln jeden Mann zu seiner eigenen Wäscherin machten, wusch sie häufig für diejenigen, die nichts hatten, um sie zu bezahlen. Aber ihre Mittel waren gering, und sie arbeitete hart für einen kleinen Hungerlohn und hatte mehrere Tage lang nichts, was sie sich leisten konnte. Sie wurden gezwungen, Brot zu sich zu nehmen, konnten sich aber nicht entschließen, das kränkliche Fleisch zu essen.

Diejenigen, die zuvor darunter gelitten hatten, betrachteten es als eine natürliche Folge und blickten auf den Zeitpunkt ihrer Freilassung, als ob es eine glückliche Veränderung in ihrem Leben bringen würde. Aber Manuel empfand es als eine beispiellose Empörung seiner Gefühle und war entschlossen, dagegen Einspruch zu erheben. Er klopfte laut an die Tür, und einige der Gefangenen, die es hörten, meldeten sich beim Gefängniswärter, der Daley schickte, um zu antworten. Sobald die Tür geöffnet wurde, stürmte er vorbei und schaffte es durch das Gitter, die Eisentür zu erreichen, die in den Vorraum führte, wo er sich mit dem Gefängniswärter unterhalten konnte, bevor Daley ihn aufhalten konnte.

Der Gefängniswärter, der ihn am Gitter sah, ahnte seine Beschwerde voraus. „Nun, Pereira, was ist oben los?" sagte er.

„Um Himmels willen, Gefängniswärter, wozu bin ich hier eingesperrt – um zu verhungern? Wir können das Fleisch, das Sie uns schicken, nicht essen, und wir haben seit drei Tagen kaum etwas anderes als Brot und Wasser. Geben Sie uns doch etwas zu essen und rechnen Sie es dem Konsul oder

Kapitän in Rechnung, und ich werde es von meinem Lohn bezahlen, wenn ich wieder rauskomme, falls ich es jemals tue", sagte er.

"Mein Lieber Gefährte!" sagte der Gefängniswärter: „Niemand kennt Ihren Fall besser als ich; aber ich bin arm und die Beschränkungen, denen ich unterworfen bin, gewähren mir keine Privilegien. Am besten nehmen Sie sich morgens Ihr Fleisch – wenn Sie keine Suppe zu sich nehmen – und versuchen es zu kochen, oder lassen Sie es von Jane erledigen. Ich werde Ihnen heute Abend etwas Kaffee und Brot von meinem eigenen Tisch geben , und Sie sagen besser so wenig wie möglich darüber, denn wenn Grimshaw es hört, könnte er Sie einsperren."

„Tu es, ich werde sehr dankbar sein, denn wir leiden wirklich unter Hunger in unserer Zelle, und ich bezahle es, wenn ich vom Kapitän Geld bekomme", sagte Manuel und zeigte damit seine Dankbarkeit für die Freundlichkeit des Gefängniswärters.

„Ich werde es in ein paar Minuten hochschicken, aber um die Bezahlung brauchen Sie sich keine Sorgen zu machen – ich würde es nicht annehmen!" sagte der Gefängniswärter; Und er hielt sein Wort und schickte ihnen für jeden eine schöne Schüssel Kaffee sowie etwas Brot, Butter und Käse. Sie nahmen an dem bescheidenen Essen teil und dankten dem Spender herzlich. Nachdem sie es abgeschickt hatten, setzten sie sich auf den Boden, um den schwachen Schimmer einer Blechlampe herum, während Copeland das zwanzigste und einundzwanzigste Kapitel der Apostelgeschichte las. Copeland war ein frommer Neger, und sein Verhalten während seiner Gefangenschaft brachte ihm den Respekt aller im Gefängnis ein. So seltsam der Geschmack auch erscheinen mag, er hatte seine Ecke in der Zelle mit kleinen gerahmten Drucken dekoriert. Unter ihnen bemerkten wir eines mit der Kreuzigung und ein anderes mit der Madonna. Nachdem sie die Kapitel gelesen hatten, zogen sie sich in ihre harten Betten zurück. Gegen neun Uhr am nächsten Morgen kam Daley mit einem Stück Halsfleisch zur Tür, das so verdorben und blutig war, dass sein Geruch und sein Aussehen den Magen mehr als befriedigten.

„Hier ist es, Jungs", sagte er; „ Ihr vier Pfund , aber ihr solltet lieber Suppe nehmen, denn den Knochen werdet ihr sowieso nie kochen."

„Glaubst du, wir sind wie Hunde, wenn wir so einen Dreck fressen? NEIN! Ich würde lieber verhungern!" sagte Manuel.

„In der Tat, wenn du lernst, alles zu essen , wärst du einen Monat hier. Aber sei Vater, wenn du hier nicht auf Nummer eins achtest, wirst du sowieso nicht viel bekommen ", antwortete Daley, ließ den blutigen Hals auf den Boden fallen und ging hinaus.

„Nimm es besser", sagte Copeland. „Es gibt keine Wahl, und Hunger verträgt keine Leckereien, schon gar nicht in diesem Gefängnis, wo jeder nach Strafe hungert. Wenn wir es nicht essen, können wir es einigen der armen Gefangenen oben geben."

„Obwohl ich gute Reeder und einen guten Kapitän habe, werde ich so etwas nie essen; Oh! Nein", erwiderte Manuel.

Das Fleisch wurde zum Nutzen der Fliegen in eine Ecke gelegt; Und als es Zeit zum Abendessen war, kam das gleiche harte Extrem dazu – Brot und Wasser. Und niemand schien sich Sorgen um sie zu machen; denn zwei von ihnen hatten am Tag zuvor Notizen an ihre Kapitäne geschrieben, blieben aber im Büro, da es keinen Boten gab, der sie überbringen könnte. Glücklicherweise besuchte Jane sie am Nachmittag und brachte ein schönes Gericht Reis und ein weiteres Gericht Homony mit .

Wir werden hier einen Brief einfügen, den wir von einem sehr würdigen Freund erhalten haben, der, obwohl er viel für das Volk von Charleston getan hatte und durch Verfolgungen zurückgezahlt wurde, von einem rücksichtslosen Gläubiger wegen einer dürftigen Schuld ins Gefängnis geworfen wurde. Von einer zwölfköpfigen Jury freigesprochen, wurde er aufgrund der erbärmlichen Unvollkommenheit des Gesetzes von South Carolina in Haft gehalten und musste fast zwölf Monate auf die Sitzung des „Berufungsgerichts" warten, mehr um die Rachsucht seiner Feinde zu besänftigen als um der Gerechtigkeit Genüge zu tun. denn es war klar, dass er die Schuld nicht schuldete. Sein Brief spricht für sich. Charleston-Gefängnis, 31. März 1952.

MEIN LIEBER FREUND, ich konnte mir Ihre Abwesenheit in den letzten Tagen nicht erklären, bis Herr F***** mich heute Morgen für ein paar Augenblicke besuchte und ich von ihm erfuhr, dass es Ihnen ziemlich schlecht gegangen sei . Wenn Sie morgen kommen, rufen Sie mich bitte an; denn einen trostloseren Ort oder einen, an dem den Rufen der Menschheit weniger Beachtung geschenkt wird, gibt es unter den Nationen der Erde nicht.

Die alltäglichen Leidenszustände in diesem Establishment sind so groß, dass Männer und sogar Frauen zu allen möglichen Extremen gezwungen werden, um ihr Leben zu erhalten; und um zu sagen, was die Erfahrung mich gelehrt hat, wird die Kriminalität durch dieses elende System eher erhöht als verringert. Es scheint kaum Unterschiede zwischen den Gefangenen zu geben und es gibt keine Möglichkeit, sie zu beobachten, außer im sogenannten Mount Rascal im dritten Stockwerk. Diebstahl kommt so häufig vor, dass Sie Ihr Zimmer nicht verlassen können, ohne die Tür abzuschließen. Der Gefängniswärter ist ein guter, gutherziger alter Mann, der sehr oft von seinem eigenen Tisch spendet, um die Bedürfnisse der Schuldner zu lindern, von denen viele es ihm mit Undankbarkeit zurückzahlen. Ich habe viele Entbehrungen durch Schiffbruch und Kälte erlitten, aber bis zu meiner Ankunft in South Carolina war ich nie gezwungen,

Gefangenschaft zu ertragen und mich mehrere Tage lang von Brot und Wasser zu ernähren.

Sprechen Sie über Ritterlichkeit und Gastfreundschaft! Wie viele Männer könnten sich mir anschließen und fragen: „Wo ist es?" Aber warum sollte ich widersprechen, wenn ich im Ausland diejenigen sehe, die aus diesem Staat vertrieben wurden, um nach Brot zu suchen? wenn ich die vielen Stimmen höre, die nichts sagen, weil sie ums Leben kämpfen, weil es ihnen an System in der mechanischen Beschäftigung mangelt, und wenn ich innerhalb dieser düsteren Mauern auf mehrere schaue, die noch schlimmer sind als ich. Hier ist ein Arzt mit Frau und großer Familie, der für eine Schuld verpflichtet wurde, die er nicht bezahlen konnte. Der Name seines Vaters steht unter den Spitzen des Staates – ein angesehener General, der in Kriegszeiten sein Leben für sie opferte, dessen Name ihre Triumphe ehrt und der seitdem die Staatsräte ziert.

General Hammond, dessen Name in der Militärgeschichte von South Carolina einen so herausragenden Platz einnimmt. Die Begeisterung des Vaters für die Sache seines Landes veranlasste ihn, alles zu opfern, und brachte damit Unglück über seine Nachkommen. Wenn ich den Fall von Shannon betrachte, dessen elf Jahre und sieben Monate Haft wegen Schulden, wie man es nannte, sich aber letztendlich als eine Frage erwies, bei der es um juristische Formalitäten ging, ihn mit Leib und Seele der Rachsucht von a Verfolger, dessen unerbittliche Bösartigkeit über diesen langen Zeitraum hinweg aufrechterhalten wurde. Es handelte sich lediglich um eine Verjährungsverletzung zwischen Kaufleuten, deren Rechte durch Handelsbrauch geregelt werden sollten. Shannon hatte durch harte Arbeit etwa zwanzigtausend Dollar angehäuft; Sein Gesundheitszustand verschlechterte sich und er beschloss, sich damit in seine Heimat zurückzuziehen. Der Edelstein erwies sich als zu grell für das Luchsauge eines „echten Karoliniers", der ihn überredete, sein Geld in Baumwolle zu investieren. Durch schmeichelhafte Anreize bewegt, ermächtigte er einen Faktor, für ihn unter bestimmten Einschränkungen einzukaufen, die zu seinem Unglück nicht im Hinblick auf die rechtliche Durchsetzung festgelegt waren – eines dieser einzigartigen Instrumente zwischen einem Kaufmann und einem unerfahrenen Mann, die ein professioneller Streitereier nutzen kann in Anspruch nehmen. Cotton war an der Spitze, und sehr bald wurde Shannon ein Kaufbericht vorgelegt, und der Entwurf ging so weit über seine Grenzen hinaus, dass er widersprach und den Kauf ganz ablehnte; aber es sollte eine Verschwörung geschmiedet werden, um ihn in eine Falle zu locken. Der Faktor unternahm das Zwangsspiel, teilte ihm mit, dass die Baumwolle seiner Anordnung unterliege, und protestierte gegen den Entwurf wegen des Anscheins von Geradlinigkeit. Cotton verfiel kurz darauf in das andere Extrem: Das Grundstück wurde auf Shannons Rechnung zum Verkauf angeboten, Shannon wurde auf den Restbetrag verklagt, auf Kaution freigelassen und schließlich zu einer Gefängnisstrafe verurteilt. Seine Gefangenschaft und das Ertragen dieser Haft würden ein seltsames Kapitel in der Geschichte der Inhaftierung wegen Schulden bilden. Er trug sein Geld bei sich, schloss die Tür seiner Zelle und ging mehr als drei Jahre lang nicht hinaus, noch erlaubte er irgendjemandem außer dem Priester den Eintritt; und elf Jahre und sieben Monate lang ging er in einer diagonalen Linie von Ecke zu Ecke im Raum auf und ab, bis er den ersten Bodenbelag aus zweieinhalb Zoll dickem Kiefernholz ganz durchzogen hatte.

Ich könnte weitermachen und von vielen anderen erzählen, deren Armut bekannt war und die dennoch jahrelange Haft wegen Schulden erlitten; aber ich stelle fest, dass ich abgeschweift bin. Ich muss von einer amüsanten Angelegenheit erzählen, die sich heute Morgen zwischen Manuel Pereira, dem Verwalter der englischen Brigg Janson, die in Seenot in diesen Hafen einlief, und dem Gefängniswärter zugetragen hat. Er ist der Mann, über den so viel geredet und wenig Gefühl vermittelt wurde – ein feiner, gut gemachter, großzügiger Portugiese. Er hat einen olivfarbenen Teint – so hell wie viele Karolinier –, ist intelligent und zuvorkommend und offensichtlich nicht an die Behandlung gewöhnt, die er hier erfährt.

Manuel erschien heute Morgen vor dem Büro des Gefängniswärters mit zwei Brocken ekelhaft aussehenden Fleisches, dessen Halsknochen verdorben und blutig waren, in jeder Hand. Sein portugiesischer Zorn war groß. „Herr Poulnot, wie nennen Sie das? In South Carolina füttert man den Mann mit ihm, oder? In meinem Land, ach ja! Wir verfüttern ihn an den Hund. Wie nennt man ihn? Vielleicht etwas , was ich nicht kenne. In South Carolina, ein Gefängnisseemann, als er Schiffbruch erlitt , ließ ihn auf Nosin verhungern und sagte ihm, er solle das essen, ah! Ich segele um die Welt, aber niemals gibt mir ein wilder Mann etwas zu essen! Nein, ich verhungere, bevor ich ihn esse, sei gar! Zar , du nimmst ihn", sagte er und warf die Fleischstücke verächtlich auf den Boden.

"Fleisch! Ja, es ist das, was für uns hierher geschickt wurde. Du darfst nicht über mich schimpfen; Reichen Sie Ihre Beschwerden beim Sheriff ein, wenn er kommt", sagte der Gefängniswärter mit einem Ausdruck der Beschämung auf seinem Gesicht.

„Fleisch, ah! Du nennst das Fleisch in South Carolina? Ich nenne ihn Stierhals, was in meinem Land nicht als Hund geeignet ist. Ich verstehe, wenn Capitan kommt, dann wird er das tun", sagte Manuel, drehte sich um und ging voller Aufregung in sein Zimmer.

„Sie sollten besser vorsichtig sein, wie Sie reden, sonst könnten Sie eingesperrt werden, wenn der Sheriff kommt."

Es scheint, dass der Kapitän eine Nachricht von ihm erhalten hatte, die von einem der weißen Gefangenen auf derselben Etage adressiert worden war, und das Gefängnis gerade erreicht hatte, als Manuel die Treppe hinaufgestiegen war. Er klingelte und verlangte, Manuel zu sehen.

„Manuel Pereira?" fragte der Gefängniswärter.

„Ja", sagte der Kapitän , „er ist mein Verwalter."

Er hörte die Stimme des Kapitäns und kehrte sofort in die Lobby zurück. Die Tränen liefen ihm über die Wangen, als er seinen alten Beschützer sah. „Nun, Manuel, ich freue mich, dich zu sehen, aber es tut mir leid, dass du im Gefängnis sitzt. Sag mir, was los ist. Werden Sie hier nicht gut ausgenutzt?" fragte der Kapitän .

Er trat durch die Bürotür, hob die Fleischstücke auf, nahm sie mit seinen Händen heraus und hielt sie hoch. „So, Capitan, das ist doch nicht für einen Mann geeignet, oder?" sagte er. „Das Gesetz schickt mich ins Gefängnis, aber das Gesetz lässt mich nicht essen . Was mache ich , dass die Leute mich so behandeln? Ah, Capitan, Bullenhals, von Gar, ja, Bulle, geboren in South Carolina, mit zwei Hälsen. Ils sont Reduits l'extremit ", sagte er und schloss mit gebrochenem Französisch.

"Das kann nicht sein; Es ist gesetzeswidrig, in South Carolina Bullen zu töten", unterbrach der Gefängniswärter scherzhaft.

"Muss sein. Ich schwöre, er ist ein Vollidiot, er kommt jeden Tag genauso wie er. Bull geboren mit einem Hals, kein Sperma so viel. Was ich zum Frühstück bekomme, Capitan, ach? – ein Stück schlechtes Brot. Was ich zum Abendessen bekomme, äh? – Stiernacken. Ja, was bekomme ich auch zum Abendessen ? – ein Stück Brot und einen Eimer Wasser. Vielleicht ist er schlecht, vielleicht ist er gut, nur so kommt er. Glaubst du, ich lebe davon , Capitan?" sagte er als Antwort auf die Fragen des Kapitäns .

Der Kapitän war über diese Behandlung erzürnt und entschuldigte sich dafür, dass er nicht vorher angerufen hatte; Dennoch konnte er ein Lächeln nicht unterdrücken, das sich aufgrund von Manuels eigenartiger Ernsthaftigkeit auf sein Gesicht schlich.

„Das ist sicherlich eine seltsame Kost für einen Menschen; aber das Abendessen scheint eher komisch zu sein. Hast du den Eimer Wasser getrunken, Manuel?" fragte der Kapitän , wobei er ein nüchternes Gesicht bewahrte.

„Capitan, dafür kennst du mich zu gut. Ich frage sie nicht Nozin 'was er nicht bekommt, aber ich möchte meinen Kaffee zum Abendessen '. Ich esse ihn nicht wie Zat ", und wirft das faulige Fleisch erneut auf den Boden.

„Hallo, hallo! Das geht in diesem Gefängnis nicht. „Du verschmutzst mein ganzes Stockwerk", sagte der Gefängniswärter, rief einen Negerjungen und befahl ihm, die Stierhälse, wie Manuel sie nannte, in die Küche zu tragen.

„Du nennst ihn Dreck, ach, Geizhals-Gefängniswärter? Capitan, komm einfach in mein Zimmer; Ich habe es ihm gezeigt", sagte Manuel und ging voran die Treppe hinauf, und der Kapitän folgte ihm. Ein Blick auf die Zelle genügte, während der widerliche Gestank ihn daran hinderte , über die Schwelle hinauszugehen. Er versprach Manuel, in Zukunft für ihn zu sorgen, drehte sich plötzlich um und zog sich in die untere Lobby zurück.

„Gefängniswärter, was hat das alles zu bedeuten? Erlauben Sie den Menschen, in einem Land des Überflusses zu verhungern und in einer solchen Zelle zu leiden?" fragte der Kapitän in energischem Ton.

„Ich habe Mitleid mit den Männern, aber Sie müssen Ihre Beschwerden beim Sheriff einreichen – die Ration des Gefängnisses liegt vollständig in seinen Händen."

„Aber haben Sie keine Stimme, mit der Sie ihre Situation lindern können?"

„Nicht das Geringste! Meine Pflicht ist es, dafür zu sorgen, dass alles in Ordnung ist, soweit es den Menschen am Herzen liegt. „Sie werden den Sheriff jederzeit zwischen heute und zwei Uhr in seinem Büro finden", sagte der Gefängniswärter. Und der Kapitän ging so plötzlich, wie er gekommen war.

Sie werden denken, ich hätte Ihnen einen Aufsatz geschrieben und nicht einen Brief, der Sie zu einem Besuch bei mir einlädt. Akzeptieren Sie die Absicht und entschuldigen Sie die Umstände. Dein gehorsamer Diener,

KAPITEL XXI.
DAS INTERVIEW DES KAPITÄNS MIT HERRN GRIMSHAW.

Das Aussehen der Dinge im Gefängnis war äußerst verlassen. Der Kapitän kannte die Integrität von Manuel und glaubte nicht nur an seine Aussage, sondern sah auch die positiven Beweise, die sie bestätigten. Er begab sich in das Büro des Sheriffs, und als er sich nach diesem Beamten erkundigte, wurde er auf Mr. Grimshaw verwiesen, der in seinem großen Stuhl saß, die Füße auf dem Tisch, und den Duft einer sehr wohlschmeckenden Havanna schnaufte, genauso unbesorgt wie er selbst war der Herrscher über alles in der Stadt. „Ich bin Kapitän der Janson und habe angerufen, um mich nach meinem Steward zu erkundigen?" sagte der Kapitän .

"Ah! Ja, Sie haben einen Nigger im Gefängnis. Oh! Übrigens, das ist doch die Sache, um die so viel Aufhebens gemacht wurde, nicht wahr?" sagte Mr. Grimshaw und blickte auf.

„Es ist eine zwingende Pflicht für mich, den Trost meiner Offiziere und meiner Besatzung zu suchen", sagte der Kapitän . „Ich habe heute Morgen eine Nachricht von meinem Verwalter erhalten – hier ist sie (gibt ihm die Nachricht), Sie können sie lesen. Er bat mich, ihn im Gefängnis aufzusuchen, wo ich keine Zeit verlor und feststellte, dass das, was er dort sagte, zu wahr war. Wie ist das! Der großzügige Ton, der mir bei meiner Ankunft überall zu Ohren kam, ließ mich glauben, dass er es sich bequem machen würde; und dass die bloße Inhaftierung das einzige Merkmal des Gesetzes sei, das eine Beschwerde darstellte. Jetzt finde ich, dass das der einzig tolerierbare Teil davon ist. Wenn ein Mann kein Verbrechen begangen hat und eingesperrt wird, um eine Laune der öffentlichen Meinung zu befriedigen, sollte dies von den wohlwollendsten Begleitern begleitet werden. Die Kombination mit den schändlichsten Missbräuchen, wie sie hier gezeigt werden, macht es äußerst abstoßend. Wenn wir für die Inhaftierung dieser Männer und für ihren Lebensunterhalt während ihrer Inhaftierung bezahlen, lasst uns in Gottes Namen das bekommen, wofür wir bezahlen!"

Der Leser wird feststellen, dass Mr. Grimshaw ein Mann mit groben Manieren und vulgärem Geist war, bei dem alle Spuren an der äußeren Erscheinung erhalten geblieben waren. Er schaute mit anmaßendem Stirnrunzeln zum Kapitän auf und sagte dann: „Warum, Herr Kapitän, wie reden Sie?" Aber so etwas ist hier in South Carolina nicht angebracht. Ihr Nigger bereitet uns gewaltigen Ärger, Captain. Er scheint nicht zu verstehen, dass er im Gefängnis zufrieden sein und so leben muss wie die anderen

Gefangenen. Er bekommt, was das Gesetz verlangt, und wenn er uns weitere Schwierigkeiten bereitet, werden wir ihn im dritten Stock einsperren."

„Sie können nicht erwarten, dass er zufrieden ist, wenn Sie die Mittel zur Unzufriedenheit bereitstellen. Aber ich bin nicht hierher gekommen, um mit Ihnen zu streiten oder um etwas als Gefallen zu bitten , sondern als Recht. Mein Verwalter muss leiden! Soll ich für das bezahlen, was er nicht bekommt? Oder soll ich Sie für den Vorwand bezahlen und dennoch gezwungen sein, ihn aus Rücksicht auf die Eigentümer zu beliefern? Sie müssen meine Gefühle entschuldigen, denn ich habe genug, um sie zu provozieren!" gab der Kapitän zurück .

„Dieses Geschäft gehört ganz mir! Er bekommt, was der Staat erlaubt, und ich sorge dafür. Ihr Verwalter hat diese Notiz nie geschrieben; Es wurde von einigen dieser elenden weißen Gefangenen diktiert. Ich kann keine Beschwerden über solche Fälle hören. Wenn ich mir all diese unsinnigen Beschwerden anhören würde, würde das meine ganze Zeit verschwenden. Ich wünschte, der Teufel hätte all die Negerverwalter und ihre Beschwerden; Das Gefängnis ist ständig mit ihnen beschäftigt. Ich kann nichts weiter hören, mein Herr – nichts weiter!" sagte Grimshaw mit Nachdruck und unterbrach den Kapitän , als er versuchte zu sprechen; worüber der Kapitän so tief erzürnt war, dass er seine Gefühle in jenem einfachen Englisch ausdrückte, das ein Schotte am besten vermitteln kann, wenn er einem Mann sagt, was er von seinem Charakter hält.

„Sie müssen bedenken, Sir, Sie sind im Büro des Sheriffs der Kreisgemeinde, meine ich – und ich habe Anspruch auf gebührenden Respekt, Sir. Los geht's! – avaunt! Sie haben kein Recht, hierher zu kommen und meinen Charakter auf diese Weise zu verunglimpfen. Du darfst mich nicht für einen Kirchendiener halten", sagte Grimshaw, verzerrte die bedeutungslosen Züge seines Gesichts und ließ vor Aufregung einen Schwall Tabaksaft ausströmen.

„Wenn Sie keine Gesetze haben, die mir Gerechtigkeit verschaffen, haben Sie meine Meinung über Ihr Unrecht", erwiderte der Kapitän , nahm seinen Hut und verließ das Büro mit der Absicht, ins Gefängnis zurückzukehren. Nach einiger Überlegung beschloss er, Oberst S. aufzusuchen, was er auch tat, und als er ihn in seinem Büro antraf, schilderte er ihm die Umstände.

„Diese Dinge sind die Früchte der Dummheit; aber es tut mir leid, sagen zu müssen, dass es keine Linderung gibt. Wir sind ein neugieriges Volk und tun laut Gesetz sehr viele merkwürdige Dinge und lassen viele Dinge ungeschehen, die das Gesetz und die Gesetzgeber tun sollten. Aber ich werde mit Ihnen ins Gefängnis gehen, und was auch immer mein Einfluss bewirken wird, steht zu Ihren Diensten", sagte der Oberst, setzte seinen Hut auf und begleitete den Kapitän ins Gefängnis.

Mr. Grimshaw war ihnen zuvorgekommen, und nachdem er dem Gefängniswärter besondere Anweisungen gegeben hatte, Manuel einzusperren, falls er weitere Beschwerden vorbringen sollte, und seine Befehle auszuführen, auch wenn seine Situation gefährdet wäre, traf er sie ein paar Schritte vom äußeren Tor entfernt seine Rückkehr. „Da, Kapitän!" sagte Grimshaw und machte eine Art Halt. „Ich habe dem Gefängniswärter besondere Anweisungen bezüglich Ihres murrenden Niggers gegeben!"

Weder der Hauptmann noch Oberst S. nahmen seine Bemerkungen zur Kenntnis und gingen ins Gefängnis. Oberst S. trat für den Mann ein, erläuterte die Umstände, die ihn unglücklicherweise dorthin geführt hatten, und bat den Gefängniswärter um seine freundliche Rücksichtnahme. Der Gefängniswärter teilte ihnen seine Befehle mit, versprach aber, alles zu tun, was in seiner Macht stand, und dafür zu sorgen, dass alles , was ihm geschickt wurde, sicher zugestellt wurde.

Nachdem sie das Gefängnis verlassen hatten, schlug Oberst S. einen Spaziergang vor, und sie gingen eine Straße entlang, die im rechten Winkel zum Gefängnis verlief, bis sie zu einer Ecke kamen, an der gerade ein großes Backsteingebäude errichtet wurde. Der Standort befand sich weder im eigentlichen „Herzen der Stadt", noch in einem Vorort. Zimmerleute und Maurer, sowohl schwarze als auch weiße, waren eifrig in ihren Berufen tätig, und aus der Ferne wirkten sie alle schön und zügig . Als sie näher kamen, erklangen Schreie und Stöhnen in der Luft und übertönten das Klappern der Arbeit der Handwerker. Der Kapitän beschleunigte seinen Schritt, aber der Oberst blieb stehen, als wäre ihm die Wirkung bewusst geworden, und wäre am liebsten zurückgegangen. "Kommen!" sagte der Kapitän , „lasst uns beeilen – sie bringen jemanden um!" Sie näherten sich dem Gebäude und betraten es durch eine offene Tür im Keller. Der Durchgang oder Eingang war mit allerlei Baumaterialien gefüllt; und auf der linken Seite führte eine weitere Tür in eine lange Kellerwohnung, auf deren Bodenbalken lose Bretter lagen. Hier in dieser dunklen Wohnung befand sich das leidende Objekt, dessen Stöhnen ihre Aufmerksamkeit erregt hatte. Ein großer Holzblock, etwa sechs Fuß lang und drei Fuß im Quadrat, der aussah, als würde er für einen Hackklotz verwendet, lag in der Nähe . Ein armer Neger, offenbar in fortgeschrittenem Alter, wurde nackt ausgezogen und über den hufeisenförmigen Block gebeugt, dessen Hände und Füße eng an Pfähle gefesselt waren, die auf beiden Seiten in den Boden getrieben waren. Seine Füße standen dicht beieinander und nah am Baumstamm, während er mit gespreizten Händen fest über ihn gezogen wurde. So wurden Kopf und Hals mit einem Seil um seinen Hals, das an der Kehle zu einem Knoten zusammengebunden war und dessen beide Enden bis zum Ritzel geführt wurden, an dem seine Hände befestigt waren, bis zur engsten Stelle nach unten gezogen. Allein die Position reichte aus, um einen gewöhnlichen Menschen in weniger als sechs Stunden zu töten. Sein Herr, ein großer, kräftiger Mann mit starkem irischen Akzent, zuckte bei ihrem Erscheinen zusammen, als wäre er über die Anwesenheit von Eindringlingen beunruhigt, während er seine Hand in der Haltung hielt, einen weiteren Schlag auszuführen. "Dort! du höllischer Nigger; stehlen Sie wieder, ja?" sagte er und schäumte vor Wut vor dem Mund – er hatte seinen Mantel ausgezogen, die Hemdsärmel hochgekrempelt und sein Gesicht, seine Hände, Arme und sein Hemdbusen waren so mit Blut besprizt, dass den Kapitän ein Schauer des Entsetzens durchlief . Auf dem Boden lagen mehrere zerbrochene und mit Blut bedeckte Reifenstücke, während er in der Hand ein weiteres Stück hielt (das er aus einem Kalkfass gerissen hatte), das nach Blut stank und das Bild eines mit Blut befleckten Mörders darstellte seines Opfers. Aber die Strafe des armen Leidenden hatte seine Kräfte verschwendet – sein Stöhnen war so leise geworden, dass es kaum noch wahrnehmbar war. Seine Hinterteile waren so zerschnitten und verstümmelt, dass wir sie mit nichts anderem als einem Stück Ochsenleber vergleichen konnten, dessen Zähigkeit von feigen Hunden zerrissen wurde. Sein Körper war stark verschwitzt, der Schweiß lief von seinem Nacken und seinen Schultern, während das Blut aus seinen Prellungen, seine Beine hinunter und auf einige Späne auf dem Boden lief. In diesem Moment brachte ein Junge einen Eimer Wasser und stellte ihn dicht neben den Füßen des Tyrannen ab. „Geh weg, Junge!" sagte er und der Junge ging so schnell wie möglich. Der Kapitän war bestürzt über das blutige Bild.

„Unbarmherziger Mann!" sagte der Oberst in gebieterischem Ton; „Was hast du hier gemacht? Du Teufel der Hölle, lass den Mann hoch! Ihr besitzt Sklaven, um auf diese Weise Schande über uns zu bringen! Schimpfwörter wie Verachtung und Ekel sind zu gut für dich. Es sind Bestien wie Sie, die den Hass der Bevölkerung gegen uns schüren und die Gefühle unserer Landsleute verderben. Lassen Sie den Mann sofort aufstehen; Die bloße Position, in der Sie ihn haben, reicht aus, um ihn zu töten, und wenn ich mich nicht irre, haben Sie ihn bereits getötet."

„In der Tat ist er mein Eigentum, und Sie selbst werden keinen halben Penny verlieren , wenn er getötet wird. Und ich garantiere Ihnen, dass er Stalin nicht besser kann , als der Mann , der in der Werkstatt arbeitet , es sonst tun würde . Pech für den Nager , und es ist das zweite Mal, dass er dasselbe tut ", sagte er so unbekümmert, als hätte er gerade ein Kalb getötet.

„Ich werde dich ‚dein Besitz' machen, du elender Kerl! Ihr Missbrauch und Ihre grausame Behandlung Ihrer Sklaven werden zur öffentlichen Sache; Und wenn Sie nicht sehr vorsichtig sind , wird vor dem Rat etwas dagegen unternommen. Wenn es Ihre eigenen sind, dürfen Sie sie nicht schlechter behandeln als Hunde; Sie haben Gefühl, wenn du kein Mitgefühl hast. Sei schnell! Lass ihn sofort frei!" fragte der Oberst und befühlte das Handgelenk und den Kopf des Mannes.

Der Tyrann macht sich bewusst an die Arbeit und löst die Schnüre. Dies provozierte den Oberst noch mehr, und er zog sein Messer aus der Tasche und durchtrennte die Fesseln, die seine Hände und Füße fesselten, während plötzlich der Kapitän mit seinem Messer aufsprang und die Fesseln an Händen und Hals durchtrennte. „Stopp, Kapitän, stopp! Nehmen Sie nicht teil", sagte der Oberst mit bedeutungsvollem Blick.

„ Gintlemen , ich wünschte, ich würde mich nicht in meine eigenen Angelegenheiten einmischen", sagte der Meister.

„Nimm ihn hoch, du Schurke ! Ich spreche zu Ihnen, wie Sie es verdienen, ohne Zurückhaltung oder Respekt", wiederholte der Oberst noch einmal.

Als sie eintraten, rief er dem Jungen zu, der den Eimer Wasser brachte. Er trat vor, und dieses Tier in Menschengestalt packte den armen Kerl bei den Schultern und schrie: „Steh jetzt auf, du elender Dieb!" Der arme Kerl wehrte sich, aber als der Schwarze seinen Kopf hob, der wie ein totes Gewicht herunterzuhängen schien, hatte ihn die Erschöpfung kraftlos gemacht und er fiel wie eine verstümmelte Masse leblosen Fleisches zwischen die blutigen Späne zurück.

„Nichts von deinem Humbug; „Du bist sowieso ein Dutzend toter Nigger wert", sagte er, nahm den Eimer Wasser und schüttete fast die Hälfte davon über sich; dann reichte er den Eimer dem Schwarzen und befahl ihm, mehr Wasser zu holen und ihn abzuwaschen; dann holte er etwas Salpeter und einen Schwamm, um sein Fleisch einzuweichen.

„Nun", sagte der Oberst, „ich habe eine Menge Grausamkeit gegenüber Sklaven gesehen, aber das ist die abscheulichste, die ich je gesehen habe." Wenn Sie nicht sofort einen Arzt rufen , werde ich Sie melden. Dieser Mann wird mit moralischer Gewissheit sterben. Nun können Sie sich darauf verlassen, was ich sage – wenn dieser Mann stirbt, werden Sie die Konsequenzen spüren, und ich werde Sie genau beobachten."

„ Klar , ich kümmere mich immer um meine eigenen Nigger, und er selbst wird nicht gebeten, eine Woche lang auch nur einen einzigen Arbeitsschritt zu machen, sondern muss sich gut damit befassen", sagte der Tyrann, wie es der Oberst und der Kapitän waren Verlassen.

„Gott sei uns gnädig und verschone uns vor den Grausamkeiten der Menschheit. Diese Szene mit ihrer blutigen Begleitung wird mich mein Leben lang verfolgen. Erlauben Ihre Gesetze so etwas?" sagte der Kapitän , offensichtlich aufgeregt.

„Um die Wahrheit zu sagen, Kapitän", sagte der Oberst, „unsere Gesetze erreichen sie nicht." Diese Männer besitzen ein paar Neger, über die sie als Eigentum absolute Kontrolle ausüben; Wenn die Aussage eines Negers ungültig ist, erhält er die uneingeschränkte Macht, Missbrauch zu begehen und Strafen zu verhängen. Wenn dagegen ein Weißer versucht, solche Dinge zu melden, erhebt sich der Ruf des „Abolitionisten" gegen ihn, und so viele sind bereit, sich dem Ruf anzuschließen, dass er eine besondere Position einnehmen muss, wenn er seine eigenen Interessen und seine Sicherheit nicht beeinträchtigt . Es tut mir leid, dass es so ist; Aber es ist zu wahr, und während es das System stigmatisiert, wirkt es sich gegen uns selbst. Das Übel liegt in den Mängeln des Systems, aber die Lösung ist ein Problem mit vielfältigen und komplizierten Funktionsweisen, deren Lösung, wie ich zugeben muss, außerhalb meines Verständnisses liegt. Der Grund, warum ich zu Ihnen gesprochen habe, wie ich es getan habe, als Sie dem Mann die Schwingen aus den Händen schnitten, war, Ihnen eine Warnung zu sagen. Das ist ein schlechter Mann. Neger würden jederzeit lieber an eine Zuckerplantage in Louisiana verkauft, als an ihn. Er arbeitet sie bald ab; in zwei Jahren werden schöne, gesunde Kerle unter ihm lahm, gebrechlich und kränklich; er gibt ihnen nie einen Feiertag und selten einen Sonntag und lässt sie dabei halb verhungern. Wenn seine Gefühle in dem Moment , in dem Sie die Schnur durchschnitten, in einer besonderen Stimmung gewesen wären und er nicht unter der Angst vor meiner Anwesenheit gelitten hätte, hätte er eine Bande seines Schlages aufgestellt, und angesichts der Umstände, dass Sie ein Fremder sind, die Die einzige Alternative für Ihre Sicherheit wäre gewesen, die Stadt zu verlassen."

„Dieser Vagabund hat das arme Geschöpf so geschlagen, dass es sterben muss; „Es kann nicht anders sein", sagte der Kapitän .

„Nun, nein; Ich denke nicht, wenn er etwa eine Woche lang gut versorgt wird; Aber es ist eine Chance, wenn dieser Kerl ihm eine Woche Zeit gibt, um gesund zu werden. Wenn stolzes Fleisch einsetzt, ist es sehr langweilig; Das ist, soweit es das Gesetz betrifft, der Grund dafür, dass die Peitsche abgeschafft und durch das Paddel ersetzt wurde – das erstere wurde auf die Art und Weise zerfleischt, die Sie gerade gesehen haben, während das letztere schärfer ist und weniger blaue Flecken verursacht. Ich habe gesehen, wie ein Nigger aus dem Paddelgerüst genommen wurde, scheinbar bewegungslos und leblos, kaum verletzt und kaum blutend; aber er würde in drei oder vier Tagen zur Arbeit kommen und gehen", sagte der Oberst, als sie zusammen vorbeigingen.

Wir würden den Namen dieses Unmenschen in Menschengestalt drucken lassen, damit die Welt ihn lesen könnte, wenn es nicht eine liebenswürdige Frau und eine interessante Familie gäbe, deren Gefühle wir respektieren. Kurze Zeit später erfuhren wir von der Ursache dieser grausamen Folter, die lediglich darin bestand, dass er ein paar Pfund Nägel gestohlen hatte, und dies schürte die Wut des Dämons. Auf die von uns beschriebene Weise hielt dieses wilde Geschöpf sein Opfer mehr als zwei Stunden lang fest und schlug es mit knorrigen Reifen aus Kalkfässern. Seine Wut schwankte in regelmäßigen Abständen, wie Windböen bei einem Sturm . Während seine

Gefühle am höchsten tobten, ließ er sie am Fleisch des armen, gefesselten Kerls aus; Dann blieb er stehen, ruhte seinen Arm aus und ging von Wand zu Wand auf und ab, und sobald seine Leidenschaft stürmte, fing er wieder an und führte die Schläge mit aller Kraft aus, während er gleichzeitig den schwarzen Jungen mit einem Eimer davon stehen ließ Wasser in seiner Hand, bereit, es über den Unglücklichen zu gießen, wann immer Anzeichen einer Ohnmacht auftraten. Mehrmals, wenn der heftige Regenschauer über ihn hereinbrach, füllte er seinen Mund, so dass seine Schreie mit einem gurgelnden, totenähnlichen Geräusch widerhallten, das jedes Gefühl erschauern ließ, es zu hören. In dieser Zeit führte er mehr als dreihundert Schläge aus. Unsere Informationen stammen von dem Mann, der dem Befehl seines Herrn gehorchte – das Wasser eingoss – und es nicht wagte zu sagen: „Gute Masse , verschone den armen Jakob." Wir besuchten den Ort etwa einen Monat später unter dem Vorwand, den Keller des Gebäudes zu untersuchen, und sahen die unverkennbaren Spuren zivilisierter Folter, die noch im Boden und auf den überall verstreuten Spänen verblieben waren.

„Captain, Sie dürfen die Institution der Sklaverei nicht nach dem beurteilen, was Sie dort gesehen haben; Das ist nur einer dieser Einzelfälle, die an sich so schädlich sind, für die aber nicht der allgemeine Charakter der Anstalt verantwortlich gemacht werden sollte", sagte der Oberst.

„Ein so unvollkommenes System sollte überarbeitet werden, damit nicht unschuldige Menschen unter seinem Unrecht leiden", sagte der Kapitän .

Sie setzten ihren Spaziergang durch mehrere sehr hübsche Teile der Stadt fort, wo schöne blühende Gärten und gut geschnittene Hecken schön angelegt waren; Dies waren jedoch nicht die Wohnungen der „alten Familien". Sie besetzten Teile der Stadt, die durch riesige alte Herrenhäuser gekennzeichnet waren, die eine antike und gemischte Architektur aufwiesen, mit heruntergekommenen Innenhöfen und verwitterten Mauern, die zeigten, wie standhaft das Werk des Verfalls war.

Der Oberst wies auf die vielen militärischen Vorteile der Stadt hin, die gegen Uncle Sam genutzt werden würden, wenn er sich in South Carolina einmischte. Er sprach ironisch über sie, denn er war nicht von der Sezessionsmonomanie besessen. Er war ein persönlicher Freund von Mr. Calhoun gewesen und kannte dessen Abstraktionen. Er kannte Mr. McDuffie; Hamilton (der Transzendente , berühmt aus South Carolina;) Butler, mit guten Bestandteilen – eloquent, aber bewegt von eingebildetem Unrecht; Rhett, der auf den vulgären Namen Smith verzichtete, der den Menschen hasste, weil er redete, aber nicht kämpfen wollte, weil er seinen Gott fürchtete; und zwischen ihnen eine Schar von Würdenträgern, die Rache zu ihrem Motto machten; und zu guter Letzt der große Quattlebum , dessen Stärke und Geist keine Grenzen kennen und den Champion Commander mit seiner enthusiastischen Hingabe dazu brachte, unerschütterliche, verlassene Hoffnungen zu verwirklichen. Aber er wusste, dass in den politischen Geschäften dieses Kreises großer Namen eine Täuschung steckte.

Als sie zum Markt zurückkehrten, genossen sie ein geselliges Glas bei Baker, wo der Oberst sich vom Kapitän verabschiedete ; und dieser, der beabsichtigte, sich auf sein Schiff zu begeben, folgte dem Kurs des Marktes fast bis zum äußersten Ende. An einem der öffentlichsten Orte des Marktes wurde die Aufmerksamkeit des Kapitäns durch ein einzigartiges mechanisches Objekt erregt. Es schien in seiner Anwendung so undefiniert, dass er sich an das alte Sprichwort unter Seeleuten erinnerte, wenn sie auf See mit etwas Unbeschreiblichem zusammenstoßen, dass es ein „ Fidge-Fadge" sei , „um bei bewölktem Wetter die Sonne hochzuheben". Es handelte sich um einen großen, etwa 1,80 m hohen Sockel mit einer Art Plattform an der Basis, auf der Personen stehen konnten, und die mit zwei schweren, etwa 20 cm voneinander entfernten Ringen versehen war. Es wurde von einer Spitze gekrönt, die eine eiserne Schäkel enthielt, die lang genug für die beste Laubenkette einer Schaluppe des Kriegs war, und direkt darunter befand sich eine schön gedrechselte Leiste . Ungefähr drei Fuß über dem Boden und zwölf Zoll vom Sockel entfernt befanden sich zwei Holzstücke übereinander, mit einem Abstand von etwa zehn Zoll zwischen ihnen. Das obere war etwa fünf Zoll am nächsten zum Sockel angebracht und enthielt ebenfalls zwei Ringe. und beide werden durch Pfosten im Boden gestützt. Über dem Ganzen befand sich ein Gerüst mit zwei vorspringenden Balken, die mit Ringen versehen waren und etwa vierzehn Zoll in diagonaler Richtung über dem großen Ring an der Spitze des Schachts standen. Es war insgesamt ein merkwürdiges Instrument, aber es bezeichnete die Zivilisation des Zeitalters nach dem gleichen Prinzip wie ein gewisser Reisender, der bei der Landung in einem fernen Land Spuren der Zivilisation in den verfallenden Überresten eines alten Galgens entdeckte .

Er betrachtete das seltsame Instrument eine Zeit lang, dann wandte er sich an einen alten, zerlumpten Neger, dessen Kopf und Bart vom Mehl des Alters weiß geworden waren, und sagte: „Nun, alter Mann, wie nennt man das?"

„Na, Massa , er ist großartig Dat - was für ein großer alter Massa- Richter schickt Buckra-Mann, um die Peitsche zu holen, also muss ich lachen, wenn 'e Ketsch' auf dem Rücken ist , ca' bim ; eine Masse „Wid de Cock-Up-Hut auf dem Kopf, setzen Sie einen großen VIP- Jus auf", sagte der alte Neger.

Es war der Peitschenpfahl, an dem weiße Männer für kleine Diebstähle mit Schmach und Schande gebrandmarkt wurden.

„Bist du ein Sklave, alter Mann?" fragte der Kapitän .

Der alte Mann drehte den Kopf zur Seite und zog seine zerlumpten Kleidungsstücke aus, als hätte Scham seine Gefühle gestochen.

„Guter Massa – der alte Simon weiß, dass du nicht hierhergehörst – gib ihm ein Stück ‚Bacca“, antwortete der althaarige Veteran, der offenbar der Frage ausweichen wollte. Der Kapitän teilte seinen „Plug“ mit ihm und gab ihm einen Vierteldollar, um mehr zu bekommen, aber nicht, um Whisky zu kaufen. „Tank-e, massa , tank-e; Er ist schon lange mit dem alten Simon zusammen.

„Aber Sie haben meine Frage nicht beantwortet; Ich habe dich gefragt, ob du ein Sklave wärst.“

"Ah! Massa , du kennst ihn nicht , wie er ist, ah ha! Ha! Ich bin jetzt weg. Massa Pringle besaß ' ich ' einst, aber ' ich bin jetzt so alt, dass niemand mehr sagen kann, dass ich ' ich besitze' , und der alte Simon ist kein Massa , was sag ich, 'ich bin sein Speck . Ich weine nicht Nein , nein , jetzt nicht, weil ich alt bin. Wenn Simon jung-große Zeit 'go-den massa sagt, Simon sein; Wow Touzan -Dollar; Dann tue ich es am Abend einfach so . Ich grundiere Nigga-Höhle, Massa ; Jetzt weh ich Nosin , kein Mais und Speck, außer was ich bin , Idiot von Suke -e. Sie ist frei; Gute Masse , mach sie frei“, sagte er.

„Wie alt bist du, alter Mann?“ fragte der Kapitän .

„Ah, Massa Stranger, du hast den alten Simon da! Wenn ich das weiß , dann weiß ich schon vor langer Zeit, was Buckra-Man nicht gelernt hat . Ich behaupte, ein geborener Nigger, Massa , aber ich weiß, dass er das Massa-Pringle-Haus dort gebaut hat . Gerade in diesem Moment wurden mehrere Kanonen und andere Geschütze auf langen Karren mit niedrigen Rädern vorbeigezogen. „Ah, Massa , du weißt nicht , was das ist“, sagte der alte Neger und zeigte auf sie. „Dem wa ' Massa South Ca'lina Ich wollte die Vereinigten Staaten mit Massa Goberna auspeitschen , um sie letztes Jahr zu bestellen , und sie kamen einfach. Gute Masse , wir wollen mit ihnen kämpfen . “ Der arme alte Mann schien ein großes Interesse an den Waffenstücken zu haben, die er weitergab, und er schien alle pompösen Ideen seines Herrn geerbt zu haben. Die Neger in Charleston haben eine natürliche Vorliebe für militärische Taktiken, und an Paradetagen sieht man Hunderte von zerlumpten Bengeln sowie alte Väter und Mütter, die der Pfeife und der Trommel folgen.

„Dann hast du wohl irgendwo ein Zuhause und nirgends einen Meister, alter Mann?“ sagte der Kapitän und schüttelte ihm die Hand, als hätte er seine Sklaverei abgenutzt, um im Winter des Lebens verstoßen zu werden.

KAPITEL XXII.
Copelands Freilassung und Manuels enge Haft.

Als der Kapitän der Janson feststellte, dass man sich nicht auf die Aussagen der Beamten verlassen dürfe, gab er nach seiner Rückkehr auf sein Schiff den Befehl, Tommy jeden Tag mit Proviant für Manuel ins Gefängnis zu schicken. Die Aufgabe war für Tommy eine erstrebenswerte Aufgabe, und jeden Tag konnte man ihn gegen zehn Uhr sehen, wie er mit einem Rucksack unter dem Arm zum Gefängnis stapfte. In der Zelle waren fünf Verwalter eingesperrt, und einige Tage vor dieser Aufmerksamkeit seitens des Kapitäns waren sie auf die letzte Stufe der Not reduziert worden. Wenn man die Menge auf so viele verteilt, mag man sie als dürftig ansehen, aber zusammen mit den kleinen Dingen, die Jane mitbrachte, und den Geschenken einiger Mitglieder der Janson-Besatzung kamen sie gut zurecht. Dennoch war es eine Abhängigkeit vom Zufall und der Nächstenliebe, die jeder zufällige Umstand beeinflussen konnte. Mehrere Tage lang waren sie so zufrieden und glücklich, wie es die Umstände zuließen; Da sie immer bestrebt waren, die Vorzüge ihrer Zeit im Hof zu genießen, verließen sie gemeinsam ihre Zelle und mischten sich unter der Treppe unter die Gefangenen ihrer eigenen Hautfarbe.

Nach ein paar Tagen stellten sie fest, dass ihre Zelle betreten und fast ihr gesamter Proviant gestohlen worden war. Damit nicht zufrieden, wurde die Tat mehrere Tage lang wiederholt, und alle Mittel, die sie zur Entdeckung des Diebes ergriffen hatten, erwiesen sich als erfolglos. Der Gefängniswärter führte aufgrund ihrer Vorwürfe mehrere Durchsuchungen durch, ohne jedoch etwas zu bewirken . Sie bewahrten ihre Vorräte in einer kleinen Kiste auf, die sie mit einem Vorhängeschloss verschlossen; aber da Daley die Schlüssel zur Zelle hatte, hatten sie keine Möglichkeit, die Tür abzuschließen. Schließlich stellte Manuel eine Falle, die sich als wirksam erwies. Eines Morgens kam Tommy mit einer Tasche über dem Rücken schnaufend ins Gefängnis. „Ich schätze, Manuel wird nicht niedergeschlagen sein, wenn er das sieht – glauben Sie, dass er das tun wird?" sagte der kleine Kerl, während er die Tasche auf den Boden stellte und zum Gefängniswärter aufsah. „Und ich habe auch ein paar Zigarren in meiner Tasche, die mir der Kapitän geschickt hat", sagte er und nickte mit dem Kopf; Er steckte seine Hand in eine Seitentasche, zog eine heraus und reichte sie dem Gefängniswärter.

"Ah! Du bist ein braver kleiner Kerl, der ein Dutzend unserer Jungs wert ist. „Setzen Sie sich und ruhen Sie sich aus", sagte der Gefängniswärter und rief eine monströse Negerin, sie solle einen Stuhl bringen und die Tasche in die Zelle tragen. Dann wandte er sich zur Hintertür und rief Manuel; und als wären sie sich der Ankunft Tommys bewusst, folgten die übrigen Stewards. Sobald er Manuel sah, sprang er vom Stuhl auf, rannte auf ihn zu, begann ihm zu erzählen, was er in der Tasche hatte, und holte gleichzeitig eine Handvoll Segars heraus, die der Kapitän für sich selbst geschickt hatte. Manuel ging voran, die Treppe hinauf, gefolgt von Tommy und der Truppe der Stewards. Tommy öffnete die Tasche, während Manuel den Inhalt, einen nach dem anderen, auf den Tisch legte, den die Notwendigkeit im Kopf eines Fasses gefunden hatte.

„Jetzt iss, meine Freunde, iss so viel du willst, und dann fange ich den Dieb, der mein Schloss aufbricht und mein Fleisch stiehlt. Ich fange ihn", sagte Manuel. Nachdem sie alle fertig waren, schloss er die Waage in seiner Kiste ein und schickte alle die Treppe hinunter in den Hof, wobei er sich zunächst mit zwei Matratzen zudeckte und Copeland den Befehl gab, die Tür hinter sich zu verschließen. Auf das Wort hin war alles bereit, sich zu bewegen. In dieser Position blieb er fast eine halbe Stunde. Endlich hörte er, wie sich Schritte der Tür näherten und dann das Schloss klirrte. Die Tür öffnete sich langsam, und der wahre Mr. Daley humpelte herein, nahm einen Schlüssel aus seiner Tasche, schloss das kleine Kästchen auf, füllte seine Blechpfanne, schloss sie ab und ging so unabhängig wie ein Holzsäger davon, indem er eine … Ein leiser Pfiff erklang an eine Wache, die am Ende des Durchgangs stationiert war. „Du bist es, oder ?" sagte Manuel, sprang plötzlich auf und versetzte ihm einen Schlag auf die Seite des Kopfes, der ihn und den Inhalt der Pfanne zu einem wilden Haufen auf den Boden schleuderte. Daley sammelte sich und versuchte, die Tür zu erreichen, aber Manuel, der befürchtete, was die Folgen sein könnten, wenn die anderen Gefangenen ihm zu Hilfe kämen, schloss die Tür vor ihm und verriegelte sie von innen.

„Pech für eure höllischen Augen, werdet ihr einen weißen Mann treffen, ihr Nager , in einem Land wie diesem?" sagte Daley, als er sich aufraffte. Dies erzürnte Manuels Gefühle noch mehr. Dass noch eine Beleidigung zur Verletzung hinzukam und ein wertloser Trunkenbold und Dieb ihn beschimpfte, war mehr, als er ertragen konnte. Er begann nach den wissenschaftlichen Regeln eines Seemanns und verpasste Daley eine systematische Tracht Prügel, die, obwohl sie gegen die Regeln des Gefängnisses verstieß, von mehreren Gefangenen als nicht mehr angesehen wurde, als er schon lange verdient hatte. Wie zu erwarten war, schrie Daley heftig um Hilfe und fügte den sehr bequemen Punkt Mord hinzu, um seinen Fall noch besorgniserregender zu machen. Mehrere Personen hatten sich um die Tür gedrängt, aber keiner konnte Zutritt erhalten. Kaum hatte der Gefängniswärter die Tür erreicht, wurde er (zu Manuels Unglück) zur Außentür zurückgerufen, um Mr. Grimshaw hereinzulassen, der gerade geklingelt hatte. Als er eintrat, war Daleys Lärm am lautesten und erreichte seine Ohren, bevor er das Außentor erreicht hatte. Er stürmte die Treppe hinauf, gefolgt vom Gefängniswärter, und verlangte Einlass an der Zellentür, wobei er aus vollem Halse schwor, dass er sie mit einer Axt aufbrechen würde, wenn dem Befehl nicht sofort Folge geleistet würde.

Die Tür öffnete sich und Manuel stand da und streckte Daley die linke Hand entgegen. „Kommen Sie herein, meine Herren, ich erwische ihn, einen Schurken, der jeden Tag meine Vorräte stiehlt, und ich bestrafe ihn, woran er sich erinnert, wenn ich gehe."

Daley stand zitternd an der Wand und trug die Spuren einer schweren Verletzung auf seinem Gesicht und seinen Augen. „Schon wieder dabei, Daley? Ah! Ich dachte, du hättest diese Tricks weggelassen!" sagte der Gefängniswärter.

Daley begann, eine dreieckige Geschichte zu erzählen und möglichst viele Ausreden zu nennen, die ebenso viele charakteristische Bullen enthielten. „Ich will deine Geschichte nicht hören, Daley", sagte Mr. Grimshaw. „Aber, Herr Gefängniswärter, ich befehle Ihnen, diesen Mann im dritten Stock einzusperren", deutete er auf Manuel. „Es ist mir egal, wie die Umstände sind. Er hat uns mehr Ärger gemacht, als er wert ist. Er versuchte, sich für einen Weißen auszugeben, aber das gelang ihm nicht, und jetzt hatte er die Unverschämtheit, einen Weißen zu schlagen; Sperr ihn ein! Sperr ihn ein!! und halten Sie ihn bis zu weiteren Befehlen von mir unter Verschluss. Ich werde ihm eine Lektion erteilen, die er nie gelernt hat, bevor er nach South Carolina kam; und dann lassen Sie Konsul Mathew über sich schwitzen und machen Sie, wenn er kann, noch mehr Aufregung."

„Wenn er sich des Verstoßes gegen die Gefängnisregeln schuldig gemacht hat, ist Daley eines Vergehens schuldig , und der Diebstahl wurde erschwerend fortgesetzt. Wenn wir einen aufstellen, müssen wir beide aufstellen", sagte der Gefängniswärter.

„Befolgen Sie einfach meine Befehle, Herr Gefängniswärter. Ich werde Daley morgen zurechtweisen. Ich werde mit diesem Kerl einfach bis zum Äußersten gehen", sagte Grimshaw energisch.

„Du kannst mich in einem Kerker einsperren, mit mir machen, was du willst, wenn die Macht dir gehört; aber meine Gefühle sind meine eigenen, und du kannst sie nicht unterdrücken. Ich schaue auf meinen Konsul und auf das Land, das mich auf der ganzen Welt beschützt hat und mich immer noch beschützen kann", sagte Manuel und ergab sich mit dem Gefängniswärter, dessen Absichten er wusste, gut zu sein.

Der arme kleine Tommy stand da und bettelte und weinte um seinen Freund und Begleiter, denn er hörte, wie Mr. Grimshaw dem Gefängniswärter den dringenden Befehl gab, keine Besucher in seine Zelle zu lassen. „Macht nichts, Tommy, wir werden uns bald wiedersehen und Segelgefährten für die alten Besitzer sein. Weine nicht; „Der Gefängniswärter wird Ihnen morgen erlauben, mich zu sehen", sagte Manuel.

„Nein, das kann ich nicht; du hast meine Befehle gehört; Ich muss ihnen gehorchen. Ich würde es gerne tun, aber es liegt außerhalb meiner Macht", erwiderte der Gefängniswärter und wartete mit einem Schlüsselbund in der Hand.

Manuel drehte sich zu dem kleinen Kerl um, küsste ihn wie ein liebevolles Kind, verabschiedete sich von ihm und stieg hinauf. Die Stufen führten zum dritten Stockwerk (Mount Rascal) vor dem Gefängniswärter, der in einer dunklen, ungesunden Zelle eingesperrt werden sollte , dort, um die Launen eines Mannes zu erwarten. Dieses elende Loch zu beschreiben, wäre eine zu erschütternde Aufgabe für unsere Gefühle. Wir geben es an diejenigen weiter, die nach uns kommen werden. Als er seinem kleinen Begleiter die Hand schüttelte, dachte er kaum daran, dass es für viele Monate das letzte Mal sein würde, dass er ihn treffen würde, und dann nur, um unter den schmerzhaftesten Umständen einen letzten Abschiedsblick zu werfen. Aber so ist der Lauf des Lebens!

Copeland hatte die Mitteilung erhalten, sich bereitzuhalten, da sein Schiff am nächsten Morgen zur See bereit sein würde. Es dauerte nicht lange, bis er seine wenigen Sachen in Ordnung gebracht hatte, und als der Morgen kam , war er zur Stelle und bereit, aus der eisernen Umzäunung des Charleston-Gefängnisses zu springen wie ein Hirsch aus einem Dickicht. Als er sich am Morgen von seinen Mithäftlingen verabschiedete, sagte er: „Dies ist meine letzte Inhaftierung in Charleston. Ich war in Savannah eingesperrt, aber dort hatte ich reichlich zu essen, komfortable Wohnungen und alles, was ich mir wünschte, außer meiner Freiheit. Solange ich auf dem Wasser fahre, werde ich nie wieder einen Hafen wie diesen anlaufen." Er bat darum, Manuel zu sehen, wurde aber aufgrund der Zurückhaltung der Befehle abgelehnt und verließ das Gefängnis. Es war gesetzeswidrig; und so wurden seine Eigentümer bei der Ausübung seines Berufes innerhalb der Grenzen von South Carolina zur Zahlung der folgenden Summe gezwungen, für die weder sie noch der Mann, der die Inhaftierung erlitten hatte, eine Entschädigung erhielten. „Im Widerspruch zum Gesetz." Schoner „Oscar Jones", Kapitän Kelly, für William H. Copeland, farbiger Seemann. An den Sheriff des Bezirks Charleston. 1852,

Zur Verhaftung: 2 $; Registrierung, 2 $, 4,00 $ zu Recog . 1,31 $; Constable, 1 $, 2,31 für Verpflichtung und Entlassung, 1,00 bis 15 Tage Gefängnisunterhalt für Wm. H. Copeland, bei 80 cts . pro Tag, 4,50 erhaltene Zahlung, 11,81 $ J. D –, pro Charles E. Kanapeaux , Angestellter.

Gott schütze die Souveränität von South Carolina und möge ihre Barmherzigkeit und Gastfreundschaft auf Erden bekannt werden!

KAPITEL XXIII.
INHAFTIERUNG VON JOHN PAUL UND JOHN BAPTISTE PAMERLIE.

Um die vier Charaktere zu vervollständigen, wie wir sie zu Beginn entworfen haben, müssen wir hier die Personen vorstellen, deren Namen die Bildunterschrift füllen. Der Zeitpunkt ihrer Inhaftierung lag etwa zwei Monate nach Manuels Freilassung; aber wir stellen sie hier vor, um ein klares Verständnis der Szenen zu vermitteln, die mit Manuels Freilassung verbunden sind.

John Paul war ein gutaussehender französischer Neger, sehr dunkelhäutig, mit gut entwickelten Gesichtszügen und sehr intelligent – was man in South Carolina als „einen sehr erstklassigen Kerl" bezeichnen würde. Er war Steward an Bord der französischen Bark Senegal, Kapitän –. Er sprach ausgezeichnetes Französisch und Spanisch und las sehr gut Latein, war Katholik und legte besonderen Wert auf Andachtsübungen, konnte aber leider kein Wort Englisch sprechen oder verstehen. Bei all unseren Beobachtungen verschiedener Charaktere farbiger Männer können wir uns nicht erinnern, jemanden gesehen zu haben, dessen angenehme Art, Intelligenz und Höflichkeit allgemeinere Aufmerksamkeit erregt hätten. Aber er konnte nicht begreifen, was das Gesetz bedeutete, einen friedfertigen Mann ohne Verbrechen einzusperren, und warum die Behörden ihn fürchten sollten, wenn er ihre Sprache nicht beherrschte. Er wollte die Stadt sehen – was für Menschen es dort gab – ob sie eine Ähnlichkeit mit ihren guten alten Vorfahren in Frankreich aufwiesen; und ob sie die gleichen launischen Gefühle geerbt hatten wie die Nachkommen derselben Generation auf der anderen Seite des Wassers. Das könnte nicht schaden; und obwohl er etwas über den französischen Sozialismus wusste, wusste er als „Georgia-Kracher" nichts über Carolinas besondere Institutionen, ihre Politik und ihre Ängste vor der Abschaffung.

Eine Art halbzivilisierter Eingeborener, der ein eigenartiges, selbstgesponnenes Kleid trägt; mit einem einheimischen Dialekt, der vielen Yorkshire-Ausdrücken stark ähnelt. Man findet sie im Allgemeinen in den ärmeren Gemeinden und Bezirken, wo ihre primitiv aussehenden Hütten leicht von denen der unternehmungslustigeren Landwirte zu unterscheiden sind. Aber nur wenige von ihnen können lesen oder schreiben, und da sie die gröbste Lebensweise bevorzugen, sind ihre Gewohnheiten äußerst ausschweifend. Hin und wieder kann man jemanden finden, der einen oder zwei Neger besitzt – aber ein Neger würde lieber an die Qualen der Hölle oder an einen Zuckerplantagenbesitzer in Louisiana verkauft werden, als an einen Cracker aus Georgia. Man sieht sie an Markttagen mit ihrem

Reisekarren der Stadt entgegenfahren, was an sich schon eine Kuriosität ist. Es handelt sich um ein zweirädriges Fahrzeug der primitivsten Art mit langen, rauen Stangen für Schächte oder Hügel. Manchmal ist es mit einer Decke bedeckt, manchmal mit einem weißen Lappen, unter dem sich ein paar Dinge für den Markt befinden, und die gute Frau, manchmal mit ein oder zwei Wee- Yans ; denn der Lehnsherr unterlässt es nie, seine Frau auf den Markt zu bringen, damit sie die Dinge der Stadt sehen kann. Der niedergeschlagen aussehende Körper eines Buschpferdes oder eines halb verhungerten Maultiers ist mit ein paar Stücken Seil und Widerristen zwischen den Hügeln festgebunden (denn wir können es nicht angeschnallt nennen); Und mit einem Stück wollgegerbtem Schaffell ausgestattet, klettert der Herr der Familie in eigenartiger Kleidung, einem tristen Schlapphut über den Augen und einer großen Peitsche in der Hand auf den Rücken des armen Tieres, und Er setzt seine Füße auf die Hügel, um sie unten zu halten, und quält ihn durch eine schwere, sandige Straße. Die Pferde sind so stark belastet, dass sie alle zehn oder fünfzehn Minuten anhalten, um zu blasen, während der Mann vollkommen unbekümmert auf ihren Rücken sitzt. Demonstrieren Sie ihnen den ausreichenden Tiefgang, der zu dem unerträglichen Gewicht auf ihrem Rücken hinzukommt, und sie werden sofort anfangen zu demonstrieren, wie er leichter ziehen kann, wenn ein enormes Gewicht auf seinem Rücken lastet. Der Ehemann tauscht seine Sachen im Allgemeinen gegen Whisky, Reis und Tabak ein, während die Ehefrau Kaliko und Nippes kauft. Manchmal bekommen sie „eine wirklich kluge Chance" zusammen und veranstalten eine „Party zu Hause", was bedeutet, dass es untereinander zu einer Pleite kommt. Manchmal wird geschält, was selbst unter den kleinen Bauern in Obergeorgien eine große Angelegenheit ist, wo nur das Maisschälen mit der ganzen Würze des alten Brauchs abgehalten wird und Einladungen an alle im Abstand von zehn Personen gerichtet werden oder fünfzehn Meilen, die das Kompliment mit ihrer Anwesenheit zurückzahlen und sich an der Feier beteiligen. Nach unserer Beobachtung gibt es in Georgia zwei Klassen des Crackers, die sich etwas in ihrem Dialekt, nicht aber in ihren Gewohnheiten unterscheiden. Das eine ist das Oberland, das andere das Tiefland, oder besser gesagt das, was manche als „Landesgebiet" bezeichnen. Der Hochland-Cracker widmet der Landwirtschaft mehr Aufmerksamkeit, bewohnt das sogenannte Cherokee-Land und seine Umgebung und wird mit dem Beinamen „Drahtgrass-Mann" bezeichnet. wäre griechisch. Wie seine Vorgänger im Gefängnis fiel er ohne die Hilfe seines Freundes Duse, wie er ihn nannte, in die Hände des wahren Dunn; Aber wäre nicht rechtzeitig ein Angestellter im Büro des französischen Konsuls erschienen, der die Art der Verhaftung in seiner Muttersprache erklärt hätte, hätte Mr. Dunn Schwierigkeiten gehabt, die Verhaftung vorzunehmen. Die Offiziere und die Mannschaft der Barke hatten sich bereits um ihn versammelt, zogen Grimassen und schnatterten vor sich hin wie ein Schwarm Amseln, die einen Habicht umzingeln, und waren bereit, sich zu stürzen. „ Erzähle ich doch nicht , was ich will ? Wid ' ich , und der Teufel ein bisschen, ihr werdet mich verstehen. Warum nicht? Ja Ich habe so geredet , dass jeder verstehen kann, worüber wir reden . Sicher, hier ist die Zeitung, und ja , ich werde nicht das Englische davon lesen. Das Teufelsbild einer solchen Situation, in der ich jemals zuvor steckte Dein John o'Crapue ist ein' dein Geschwätz. Ihr sagt „wir-wir-wir"; Sicher ist es nur eines, das ich will. Ah! Whist jetzt, Kapitän, und machen Sie sich keine Sorgen darüber. Shure, hast du noch nie auf der ganzen Welt von South Carolina gehört? „ Ihr Bienen reist überall herum, und sie selbst ist so ein großartiger Staat mit so vielen großartigen Gintlemen ", sagte Dunn und sprach mit dem Franzosen sein Griechisch der grünen Insel.

„Wir, wir! mein Dieu, ah!" sagte der Franzose.

„Ah, klar , da seid ihr wieder. Was würde ich mit dem Loch machen ? Es ist der Nager, den ich will. Weißt du nicht , dass South Carolina nicht zulässt, dass Leute wie er an Land kommen und den Teufel spielen? mit ihren Sklaven", fuhr Dunn fort und streckte sich auf seinem lahmen Bein aus.

In diesem Moment trat der Angestellte vor. „Ich werde ja alles darüber erzählen, denn du bist wie ein Schwarm Gänse , der viel Aufhebens um einen Gänseblümchen macht ." Mr. Dunn hatte sein Corkonian- Blut in Wallung gebracht; und obwohl die Angelegenheit erklärt wurde, erkannte er die Mittel, die ihm zur Verfügung standen, und richtete seine Gefühle auf eine harte Entschädigung. Nachdem der Angestellte es dem Kapitän erklärt hatte, wandte er sich an John Paul und sprach ihn an. Sobald er fertig war, begann John, sein Stauzeug zusammenzupacken und vom Kapitän Geld zu holen, als wäre er auf einer Arktisexpedition unterwegs. Dunns Augen glänzten, als er sah, wie das Geld in Pauls Hand gelangte; aber er ließ sich von dem Stauholz nicht beunruhigen, und nachdem er ihn ein paar Mal zur Eile gebracht hatte, marschierte er mit ihm fort. Er durchlief das übliche System des Grog-Laden-Schwämmens; Aber seine Höflichkeit und seine Bereitschaft, allen Forderungen von Herrn Dunn nachzugeben, ersparten ihm einige grobe Auseinandersetzungen. Zwischen John Paul und Manuel bestand dieser Unterschied: Ersterer verstand die englische Sprache nicht, verwechselte Dunns Täuschung mit Freundschaft und war von jener extremen französischen Höflichkeit und Gefühlswärme bewegt, die seiner Meinung nach den Gentleman schlechthin auszeichnete; während letztere, da sie ein schnelleres Verständnis für richtig und falsch hatten und unsere Sprache verstanden, das Motiv erkannten und dessen schändliches Ziel verachteten. Denn als Paul im Gefängnis ankam , fehlte ihm ein Fünf-Dollar-Goldstück, worauf sein sehr liebenswürdiger offizieller Begleiter besonders achtete, damit ihm nichts zustieße. Armer John Paul! Er war so harmlos wie

South Carolinas Sezession und Ritterlichkeit – zwei der harmlosesten Dinge auf der Welt, nicht ausgenommen Kongressduelle .

Sobald er das Gefängnis betrat und feststellte, dass der Gefängniswärter Französisch sprechen konnte, brach bei ihm ein wahrer Tornado der Begeisterung aus. „Je serai charme de lier „connaissance avec un si amiable compagnon ", sagte er und fuhr so schnell und unvermindert fort, dass es für einen Engländer unmöglich gewesen wäre, die Tonarten zu verfolgen.

Der Gefängniswärter rief Daley an und forderte ihn auf, seine Decke mitzunehmen, die dem Staat zusteht, und befahl ihm, ihn in seine Zelle zu führen. Daley nahm die Decke unter den Arm und die Schlüssel in die Hand, und Paul folgte ihm bald nach oben, um in seine Zelle eingeführt zu werden. „Da, das ist der richtige Ort für Ja . Wir nehmen allen tollen Niggern den Glanz, wenn wir euch hierher bringen. Siehst du das Augenpaar in meinem Kopf?" sagte Daley und zeigte auf seine geschwärzten Augen; „Und derjenige, der das Gleiche getan hat, befindet sich oben auf dem Platz des Teufels ." Wenn Sie jemals einen Schluck Whisky trinken sollten, seien Sie nicht zurückhaltend , denn er wird Ihnen viele Gefallen tun .

"Ah! mein Dieu! „Cela fait dresser les cheveux la tete", sagte Paul und zuckte mit den Schultern.

„Pech beim Wort, ich würde es überhaupt verstehen . Kannst du nicht so sprechen , dass jeder versteht, was du meinst?"

„ C'est ma grande consolation d'avoir ." * * * * Les Etats -Unis est une „Modele de perfection republicaine ", sagte er, nahm Daley die Decke ab und warf sie auf den Boden. Für seine Mithäftlinge war er nur ein schlechter Begleiter, da ihm die Möglichkeit fehlte, seine sozialen Qualitäten auszuleben. Er durchlebte den gleichen Leidensweg wie Manuel; aber ob aus Neigung oder Notwendigkeit, ertragen Sie es mit mehr christlicher Stärke, singen Sie jeden Morgen die Vesper und lesen Sie jeden Abend den lateinischen Gottesdienst. Die Lektion, die Manuel Daley erteilte, erwies sich als großer Nutzen für Paul, der Daley die Gefängnisration gab, die er nicht essen konnte, und so von seinen Neigungen zum Dieb gerettet wurde. Nachdem John Paul fünfunddreißig Tage lang in stummer Gefangenschaft gesessen hatte, um der Majestät von South Carolina Genüge zu tun, wurde er unter den folgenden Bedingungen freigelassen und am frühen Morgen auf sein Schiff gebracht, damit er die Stadt nicht sehen konnte Hinterlassen Sie etwas, um die Sklaven zu verunreinigen. „Gesetzeswidrig." Staat vs. „rechtswidrig". Französische Barke „Senegal", Kapitän – Für John Paul, farbiger Seemann. An Sheriff Charleston Dist.

18. Juli 1852. Zur Verhaftung 2 $; Registrierung, 2 $, 4,00 $" „ Recog . 1,31 $; Constable, 1 $, 2,31" „Verpflichtung und Entlastung, 1,00" „35 Tage Unterhalt von John Paul, zu 30 Cent pro Tag, 10,50."

Aufz. Zahlung, 17,81 $ J. D –, SCD pro Chs . E. Kanapeaux , Angestellter.

Eine sehr schöne Spende, die man den Eigentümern überreichen kann – eine Prämie für die fortgeschrittene Zivilisation von South Carolina!

Wir haben lediglich die Inhaftierung von Johannes Paul bemerkt, unsere Grenzen schließen die Einzelheiten aus. Wir müssen uns jetzt einem kleinen, kessen, frechen französischen Jungen zuwenden, elf Jahre alt, der nichts als Kreolisch-Französisch sprach und das so mies lispelte, wie wir es noch nie gehört hatten. Die französische Barke Nouvelle Amelie, Gilliet , Meisterin, aus Rouen, kam am 29. Juli in Charleston an. Der Kapitän war ein Prachtexemplar eines französischen Gentlemans. Er stand auf dem Achterdeck, während das Boot zum Kai „eingeschleust" wurde, und gab seinen Männern Befehle, während das kleine Kind an der Kombüse stand und die Leute auf dem Kai betrachtete, Grimassen zog und auf einen der Besatzungsmitglieder deutete auf mehrere Dinge, die seine Aufmerksamkeit erregten. Plötzlich wurde das Schiff längsseits des Docks gezogen, und Dusenberry sprang mit seinem Begleiter Dunn, der alle Bewegungen des Schiffes von einem Versteck am Kai aus beobachtet hatte, aus dem Schiff und ging an Bord, bevor es die Pfeiler berührt hatte.

Der „Nigger", der Dusenberry auf sich zukommen sah, wartete, bis er sah, wie seine Hand ausgestreckt wurde, und rannte dann, als wolle er sich vor drohender Gefahr retten, nach hinten und in die Kabine und schrie aus vollem Hals. Die Besatzung begann zu rennen und näherte sich dem Raum. Die Angelegenheit war wichtig und lag zwischen South Carolina und dem kleinen „Nigger". Dusenberry versuchte , in die Hütte hinabzusteigen. „ MwSt Wid mein John, mein Baptiste? Nein, das tust du nicht , das ist meine Hütte; „Lass niemals zu , dass Fremde untergehen ", sagte der Kapitän und stellte sich in den Niedergang, während der kleine verängstigte Nigger über die Kämmerei spähte und mit seinen großen Augen, deren weißes Licht im Kontrast dazu stand, hinter den Beinen des Kapitäns hervorlugte. In dieser verlockenden Position würde der kleine Schwarze, der wusste, dass er vom Kapitän und der Besatzung beschützt wurde, den Vertreter des Staates mit seinem schlechten Französisch verspotten. Dunn stand in einiger Entfernung hinter Dusenberry an Deck, und die Mission schien sowohl für den Kapitän als auch für die Besatzung ein so großes Rätsel zu sein, dass ihre Anwesenheit sowohl Neugier als auch Angst weckte. Mehrere der Matrosen versammelten sich um ihn und machten lustige Grimassen, zeigten mit den Fingern auf ihn und fluchten, so dass Dunn sich über die unverständliche Ernsthaftigkeit ihres Geschwätzes zu beunruhigen begann, blass wurde und zu deren unendlicher Belustigung mehrere Schritte zurückwich auf dem Kai.

„Was tust du, ah, willst du das ? " Vat, das tust du, vid ' im ven zu bekommt ihn, ah? „Cette Affaire Delikate Demande ", sagte einer von ihnen , der mit dem Titel „Kamerad" geehrt wurde und der mit seinem tollen schwarzen

Schnurrbart und Vollbart die Fähigkeit hatte, sein Gesicht zu den abscheulichsten Grimassen zu verziehen. Und in diesem Moment zog er sein Taschenmesser und machte einen vorgetäuschten Sturz auf Dunns Brust, worauf dieser einen kläglichen Schrei ausstieß und sich mit schnelleren Bewegungen, als er es sich jemals zugetraut hätte, zum Kai zurückzog.

„Il n'y a pas grand mal cela ", sagte der Franzose und lachte Dunn aus, als er auf der Kaikante stand .

„Pech gehabt, was für ein ziemliches Durcheinander, was für ein mörderischer Frinchmin du bist. Glaubst du , dass du diesen Streich auch in South Carolina spielen würdest? „So etwas wird euch morgen früh vor Seiner Ehre abgenommen werden " , sagte Dunn.

Dusenberry hatte an der Tür des Gefährts gestanden und mit dem Kapitän verhandelt, wobei er sich bemüht hatte, diesem klarzumachen, dass es sich nicht um einen Fall handelte, der die Anwesenheit des silbernen Ruders erforderte. Unter Seeleuten herrscht die Meinung vor, dass ohne die Anwesenheit des silbernen Ruders kein Verfahren in der Admiralität eingeleitet oder ein Seemann an Bord verhaftet werden kann. Und so kämpften der Kapitän und die Offiziere der Nouvelle Amelie auf der Grundlage dieses Eindrucks um das, was sie für ein Recht hielten. Der Maat und die Besatzung kamen Dusenberry immer näher , bis er von der vorherrschenden Besorgnis angesteckt wurde. „Captain, ich fordere Ihren Schutz von diesen Männern im Namen des Staates South Carolina", sagte er.

"Wer er? De State Souf Ca'lina , aber ich weiß schon, was mit ihm ist, oder? Bring das silberne Ruder mit, wenn du meinen Mann nimmst. „Il ya de la malhomme tete dans sou proces ", sagte Kapitän Gilliet und wandte sich an seinen Maat.

„Avaunt! avaunt!" sagte der große Mann mit dem großen Schnurrbart, und alle stürmten auf Dusenberry zu und trieben ihn über die Reling und zurück zum Kai, wo er die Hilfe dieser besorgten Zuschauer für und im Namen des Staates forderte. Es war ein wirklich gutes Varieté-Comique, gespielt mit Dialogen und Pantomime. Der Kern des Stücks, das mit ein wenig Arrangement eine ausgezeichnete Inszenierung hätte ergeben können, bestand in einem Missverständnis zwischen einem Iren und einem Franzosen über South Carolina und einem Gesetz, das so eigenartig war, dass kein Fremder seine Bedeutung auf Anhieb und später verstehen konnte Keiner konnte die Sprache des anderen verstehen, je mehr sie erklärten, desto verwirrter wurde der Gegenstand, bis aus der pikanten Komik die Szene zu einer Tragödie wurde. Einer stellte sein Schiff dar, und für ihn war sein Schiff seine Nation; der andere repräsentierte South Carolina, und für ihn waren South Carolina die Vereinigten Staaten; und die Frage war, wer das beste Recht auf den kleinen Schwarzen hatte.

Die Zuschauer am Kai waren nicht geneigt, sich zu bewegen, weil sie sich entweder nicht in die Angelegenheiten von South Carolina einmischen wollten – weil sie wollten, dass größere Tiere ihre Tapferkeit unter Beweis stellten – oder dass ein respektablerer Offizier das Kommando übernahm. Als der kleine Schwarze sah, wie Dusenberry zum Kai gefahren wurde, rannte er zur Gangway, streckte seinen Kopf über die Reling, machte mit seinem schwarzen Schwanz ein Dutzend kecke Gesichtsausdrücke, zeigte sein Elfenbein, rollte mit dem Weiß seiner Augen und krümmte den Finger darüber seine Nase in zunehmender Verachtung.

„Sicher, wir werden die Wache rausschmeißen und dir sowieso dein Schiff nehmen. Warum gibst du den Nörgler nicht sofort auf und mach dir keine Sorgen? Und ist es nicht das Gesetz von South Carolina, sei Papa? Und wenn du tot wärst, würdest du für dasselbe Jahr eine nicht geringe Strafe bekommen „Doin '", sagte Dunn.

Ein Herr, der ein stiller Zuschauer gewesen war und es für nicht mehr als angemessen hielt, seine Vermittlung anzubieten, erkannte, wo die Schwierigkeit lag, betrat das Schiff, stellte sich dem Kapitän vor, sprach ihn auf Französisch an und erklärte ihm die Natur des Problems geht weiter. Der Kapitän schüttelte eine Weile den Kopf und zuckte dann mit den Schultern. „La Police y est bien administree ", sagte er mit einer Miene der Höflichkeit; und als er mit seinem Maat sprach, sprach dieser Offizier erneut mit den Männern, und der Herr teilte Dusenberry mit, dass er an Bord kommen könne. Ohne weitere Zeremonie stieg er auf die Reling und machte einen zweiten Versuch, den jungen Bengel anzugreifen, der schreiend in die Kombüse des Kochs rannte, unter dem Applaus der Seeleute, die ihn mit allerlei Rufen zum Laufen aufforderten und riefen: „Lauf!" , Baptiste! Lauf, Baptiste!" Auf diese Weise hielt der kleine Schwarze den Offizier mehr als fünfzehn Minuten lang in Schach und ging zur unendlichen Freude der Besatzung aus einer Tür, während der Offizier durch die andere eintrat. Schließlich wurde seine Geduld ermüdet, und als er Dunn zu Hilfe rufen wollte, kam der Kapitän und rief das Kind zu sich – denn so war es – und übergab es, während der kleine Kerl mit lauter Stimme brüllte als der große Offizier ihn unter seinem Arm über die Reling trug. Damit endete das Varieté-Comique an Bord der französischen Bark Nouvelle Amelie, Kapitän Gilliet .

Die Würde des Staates triumphierte, und der kleine Nigger wurde unter dem Arm seines Repräsentanten davongetragen. Was für ein wunderschönes Thema für die Fantasie des Malers! Und wie erhaben wäre das Bild gewesen, wenn der Bleistift eines Hogarth es hätte berühren können. Die Majestät von South Carolina, das ein Kind in die Gefangenschaft trägt!

Nachdem sie John Baptiste etwa auf halber Höhe des Kais getragen hatten, setzten sie ihn ab und ließen ihn „traben", bis sie den holländischen

Grogladen erreichten, den wir in der Szene mit Manuel beschrieben haben. Hier hielten sie an, um einen „ Steifmacher " zu nehmen, während Baptiste angewiesen wurde, sich auf eine Bank zu setzen. Dunn packte ihn am Kragen und schüttelte ihn kräftig, was den Jungen lautstark brüllen ließ. „Halt die Klappe, du Niggerwelpe, sonst bekommst du einen Doz für deine Tricks, die es auf dem Schiff gibt ", sagte Dunn; und nachdem er fast eine Stunde geblieben war, über Politik diskutiert und Bier getrunken hatte, wurde Mr. Dunn sehr freundlich belästigt und war dafür, dass er mit jedem Kunden, der kam, einen gutmütigen Streit hatte; in den Laden. Er vertrat die vom Geist inspirierte Meinung, dass sie entweder behandeln oder kämpfen müssten; und würde dementsprechend versuchen, seine Meinungen auf praktische Demonstrationen zu reduzieren. Schließlich machte der Holländer eine höfliche Einwendung, aber kaum hatte er es getan, als Dunn seinen Hickorystock über den Kopf des Holländers zog und ihn auf den Boden setzte. Der Niederländer war ein zwiespältiger Kerl, und er sprang fast augenblicklich auf und erwiderte das Kompliment. Dusenberry war nüchterner und trat ein, um eine Versöhnung herbeizuführen; Doch bevor er Zeit hatte, sich anzustrengen, als der Holländer hinter die Theke rannte, richtete Dunn einen weiteren Schlag auf ihn, der von seinem Arm abprallte und eine Blechdose mit mehreren Gläsern darauf zu Boden schleuderte. Dies war das Signal für einen allgemeinen Nahkampf, und dieser begann richtig ernst zwischen den Holländern und den Iren — denn der Holländer rief mehrere Verwandte, die im vorderen Laden standen, zu Hilfe, und Dunn sammelte mit der Hilfe von Dusenberry Rekruten aus einer Reihe seiner Freunde, die an einer Ecke auf der gegenüberliegenden Straßenseite standen. Beide kamen zur Rettung, aber die O'Nales und Finnegans, die den Holländern zahlenmäßig überlegen waren, machten einen Donnybrook-Angriff, entwaffneten und schlugen ihre Gegner und brachten Fässer, Kisten, Fässer, Dekanter und Körbe voller Zwiebeln zum Kentern, was zu einem allgemeinen Chaos führte Sie nahmen die Kalebasse des Holländers in Besitz und verkündeten mit triumphierendem Jubel ihren Sieg.

Sie hatten dem Jungen Baptiste Handschellen angelegt, sobald sie den Laden betraten, und mitten im Konflikt entkam er unbeobachtet und rannte, mit Handschellen gefesselt und laut weinend, zu seinem Schiff. Er erreichte die Nouvelle Amelie zur völligen Überraschung der Offiziere und der Besatzung und zur Beunruhigung der Fußgänger, als er die Straße entlangging. „Mon Dieu!" sagte der Maat, und als er den kleinen Kerl zu den Ankerwinden brachte, gelang es ihm, die Handschellen mit einem Kaltmeißel zu durchtrennen, und er schickte ihn ins Vorschiff, um sich zu verstecken.

Als Dunns wildes Irisch nachgelassen hatte, begann Dusenberry, mit ihm über die Natur der Angelegenheit zu diskutieren, und die Angelegenheit wurde auf der Grundlage der zuvor bestehenden Verpflichtungen und des Versprechens, während einer bestimmten Zeit keine Verstöße gegen die

Verordnungen zu melden, beigelegt. Dunn blickte sich um und rief: „Schlechte Manieren, Swizer , was hast du mit dem kleinen Nörgler gemacht ?" Wo hast du ihn hingelegt ? – Sei Vater, Duse, er ist verrückt geworden !" Eine vergebliche Suche wurde zwischen Fässern und Kisten und im alten Schornstein durchgeführt. „Habt ihr ihn gesehen?" fragte Dunn von einem gelben Mann, der das Getümmel an der Tür beobachtet hatte, während Dusenberry weiterhin mit seinem Stock zwischen den Kisten und Fässern herumstocherte.

„Nun, Massa , ich sehe ihn, wenn er das Haus verlässt , aber ich beobachte ihn nicht, bis er weg ist", sagte der Mann.

Dunn wurde auf die Suche nach dem Schiff geschickt , aber alles dort war zu großer Verwunderung und wurde mit einer solchen französischen Marine ausgeführt , dass sein Verdacht entkräftet wurde und er mit der vollkommenen Gewissheit zurückkehrte, dass er nicht dort war. Nun wurden alle Negerhäuser in der Nachbarschaft durchsucht; Aber Tritte, Schnitte und andere Misshandlungen brachten keine Informationen über seinen Aufenthaltsort. Schließlich begann Dunn die betäubende Wirkung des Alkohols zu spüren und war so verwirrt, dass er nicht aufstehen konnte. Dann nahm er ein Bett in einem der Häuser in Besitz, streckte sich darauf aus und verachtete alles Offizielle mit größter Verachtung , während er fast gleichzeitig in einen tiefen Schlaf fiel. Auf diese Weise erregte er die Aufmerksamkeit der armen farbigen Frau, in deren Bett er lag und die er bei der Suche nach dem Jungen missbraucht hatte. In dieser misslichen Lage setzte Dusenberry die Suche allein fort und setzte sie bis zum Sonnenuntergang fort, als er gezwungen war, den Fall dem Sheriff zu melden, der Mr. Dunn für ein paar Tage suspendierte. Die Angelegenheit ruhte bis zum nächsten Morgen, als der Fall des kleinen frechen Niggers gegen South Carolina mit neuer Kraft erneuert wurde. Dann ging Mr. Grimshaw in Begleitung von Dusenberry zur Bark und sah dort den Jungen geschäftig in der Galeere beschäftigt sein. Herr Grimshaw ging an Bord, gefolgt von Duse, und als er sich der Kabinentür näherte, traf er den Kapitän, der die Treppe hinaufstieg. „Captain, ich will Ihren Niggerjungen , und Sie können ihn genauso gut friedlich aufgeben", sagte er.

„Ja, Monsieur, aber Sie behandeln mich nicht wie ein Kind , wenn Sie ihn bekommen ", sagte der Kapitän. Er zog sich in die Hütte zurück, brachte die zerbrochenen Handschellen in seiner Hand zurück und hielt sie Mr. Grimshaw hin. „Sie haben einem Kind wie mir in South Carolina so etwas angezogen , nicht wahr?" Was denkst du , was ich bin, junger Nigger, Ochse, Pferd, Stier, ah! Was? Jetzt nimmst du ihn! „Behandle ihn wie einen Menschen, denn wir haben keine Gesetze, die South Carolina hat", fuhr er fort.

Mr. Grimshaw dankte dem Kapitän, gab aber keine Antwort auf die Handschellen; Er nahm sie in die Hand und übergab den Jungen der Obhut von Dusenberry . Wenige Minuten später wurde er in das Büro des Sheriffs geführt, und die wichtigen Punkte seiner Maße und Gesichtszüge wurden in Übereinstimmung mit dem Gesetz notiert. Uns wird nicht mitgeteilt, ob die frechen Charakterzüge seines Wesens hervorgehoben wurden . Wenn dies der Fall wäre, würde die Aufzeichnung ein einzigartiges Exemplar eines verängstigten französischen Schwarzen beschreiben, der eher amüsant als juristisch ist. Aber John Baptiste Pamerlie überstand die Prüfung, murmelte irgendein schlechtes Kreolisch, das keiner der Beamten verstehen konnte, und wurde zum Gefängnis geführt, wo der Gefängniswärter als Dolmetscher fungierte. Da er so klein war, hatte er beim Waren- und Transportieren mehr Spielraum als die anderen, während seine eigentümliche Art und sein freches Geschwätz den Gefangenen eine Menge Vergnügen bereitete, die ihn zu einem besonderen Ziel machten und ihn unaufhörlich neckten, um ihn zu hören quasseln. Am zweiten Tag seiner Haft erhielt er morgens einen Laib Brot und einen halben Liter fettiges Wasser, fälschlicherweise Suppe genannt. Das war die Vergütung, als sie kein Fleisch aßen. Er rannte mit der Pfanne in der Hand die Treppe hinunter, machte ein amüsantes Getue, zeigte darauf und spuckte dem Gefängniswärter sein Kreol aus. Er bestritt die Frage, ob es sich um Suppe handelte, und seine unabhängige Art hatte eine Reihe von Gefangenen angezogen. Genau in diesem Moment kam der Gefängnishund und streichelte seine Beine, und um die Frage schnell zu entscheiden, stellte er die Pfanne vor sich hin; und als ob er instinktiv wüsste, um welchen Punkt es sich handelte, legte der Hund seine Nase daran, gab einen bedeutungsvollen Duft von sich, schüttelte den Kopf und ging davon, zur unendlichen Freude der Gefangenen, die einen Beifallsruf ausstießen. Baptiste ließ seine Suppe zurück und ließ einen Gefangenen, der Kreolisch sprechen konnte, nach seinem Kapitän schicken, der am nächsten Morgen kam und Vorkehrungen traf, um seinen Zustand aus den Schiffsvorräten zu lindern. Am nächsten Tag schlug er einen der Gefängniswärterjungen in einem fairen Kampf; und beim nächsten tötete er eine Ente, und beim vierten schnitt er einen weißen Gefangenen ab. Er verstößt gegen die Regeln des Gefängnisses, indem er seine Suppe ablehnt – er verstößt gegen die Gesetze von South Carolina und macht es für einen Neger zu einer abscheulichen Straftat, einen Weißen zu schlagen oder zu beleidigen – er begeht einen Mord an einer Ente – er versucht, einen Fandango unter den Hofniggern zu entfachen, Als er in der Hand eines Gefangenen die Qualitäten von kaltem Stahl ausprobierte und dabei die ganze Vielseitigkeit des französischen Genies mit jugendlicher Kaltblütigkeit an den Tag legte, galt er als ausgesprochen gefährlich und wurde zur formellen Reform eingesperrt. Hier blieb er bis zum 17. August, als bekannt gegeben wurde, dass die gute Bark Nouvelle Amelie, Kapitän Gilliet , zur See bereit sei, und er wurde sofort zwischen zwei Offizieren zum Kai geführt und angewiesen, über die Grenzen des Hafens hinaus versetzt zu werden Staat, der Kapitän zahlt die folgende nette kleine Kostenrechnung. „Im Widerspruch zum Gesetz." „Französische Barque Nouvelle Amelie, Kapitän Gilliet , aus Rouen, für John Baptiste Pamerlie , farbiger Seemann. 1852. An den Sheriff des Bezirks Charleston. 26. August, Verhaftung, 2 $; Registrierung, 2 $, 4,00 $"

„ Anerkennung . 1,31; Constable, 1 $, 2,31 Zoll

„Verpflichtung und Entlastung, 1,00"

„20 Tage Gefängnisunterhalt für John Baptiste Pamerlie , 30 cts . " pro Tag 6,00 $

„Zahlung erhalten, 13,31 JD, SCD pro Charles E. Kanapeaux , Sachbearbeiter."

Damit endete die Szene. Der kleine Schwarze hätte im Gefängnis sagen können: „Je meurs de faime et l'on ne mapporte ." rien ;" und als er ging: „Il est faufite avec les chevaliers d'industrie ."

KAPITEL XXIV.
DER JANSON VERURTEILT.

WIR müssen jetzt zu Manuel zurückkehren. Auf Befehl von Herrn Grimshaw befand er sich in strenger Haft. Tommy brachte ihm weiterhin täglich Essen, durfte ihn aber nicht sehen. Auch dem Steuermann und mehreren Besatzungsmitgliedern wurde der Zutritt zu ihm verweigert. Dies bedeutete, die Macht auf ein unnötiges Maß zu treiben und eine mutwillige Bestrafung ohne triftigen Grund zu verhängen, während gleichzeitig eine offensichtliche Missachtung persönlicher Gefühle zum Ausdruck kam. Tommy hat die Angelegenheit nicht dem Kapitän gemeldet , damit sie nicht falsch ausgelegt und schlimmere Strafen verhängt werden; aber als die Männer abgelehnt wurden, hatten sie natürlich Misstrauen und erkundigten sich beim Gefängniswärter, der ihnen bereitwillig alle in seiner Macht stehenden Informationen über die Angelegenheit und seine Befehle gab. Dies berichteten sie dem Kapitän , der sich sofort in das Büro des Konsuls begab, wo er Herrn Mathew beim Lesen einer Nachricht traf, die er gerade von Manuel erhalten hatte. Es brachte seine Beschwerden klar und deutlich zum Ausdruck und bat die Regierung, unter deren Flagge er fuhr, um den Schutz, sagte jedoch nichts über seine Vorräte. Der Konsul begab sich in Begleitung des Hauptmanns zum Büro des Sheriffs, konnte dort jedoch keine Genugtuung finden. „Ich denke nie an Umstände, unter denen Gefangene gegen die Gefängnisregeln verstoßen – er muss auf meine Befehle warten! aber ich werde ihn mindestens zwei Wochen lang fest einsperren", sagte Mr. Grimshaw.

Dies erzürnte den Konsul noch mehr, denn er sah, wie eine Clique von Beamten entschlossen war , ihre willkürliche Macht zu demonstrieren. Es war ihm unmöglich, dieser Angelegenheit gegenüber gleichgültig zu bleiben, da sie das Leben und die Freiheit seines Landsmanns beeinträchtigte. Er konnte kein Mitgefühl für den Mann aufbringen, und das Ausmaß der Strafe, der er ausgesetzt war, war offensichtlich von rachsüchtigen Gefühlen geweckt. Er beantragte eine Habeas- Corpus-Verfügung, aber merken Sie sich das Ergebnis.

Der Kapitän ging zum Gefängnis und verlangte, seinen Verwalter zu sehen; Der Gefängniswärter zögerte zunächst und erteilte schließlich seine Erlaubnis. Er fand Manuel in einer kleinen, ungesunden Zelle eingesperrt, in der kaum ein Lichtschimmer den Unterschied zwischen Tag und Nacht markierte; und so blass und abgemagert, dass er ihn kaum wiedererkannt hätte, wenn er ihm auf der Straße begegnet wäre . „Gnädiger Gott! Welches Verbrechen könnte Ihnen eine so übertriebene Strafe eingebracht haben?" fragte der Kapitän .

Manuel erzählte ihm die ganze Geschichte; und außerdem hatten die
Dinge, die ihm während der sieben Tage, in denen er auf diese Weise
eingesperrt war, gesandt worden waren, ihn selten erreicht. Er hatte seine
gute Freundin Jane und die vielen freundlichen Taten verloren, die sie ihm
zu erweisen pflegte, und war gezwungen, fast die ganze Zeit von Brot und
Wasser zu leben, wobei er unter größtem Hunger litt. Bei der Untersuchung
stellte sich heraus, dass die wenigen Dinge, die ihm geschickt wurden, um es
ihm bequem zu machen , Daley mit der Übergabe anvertraut worden waren,
der sie fast vollständig für seinen eigenen Gebrauch nutzte, als eine Art
Vergeltungsmaßnahme für die Züchtigung, die er von Manuel erhalten hatte.
Er hatte es nicht versäumt, ihm jeden Tag um zwölf Uhr seinen Topf Suppe
zu tragen, sondern sorgte dafür, dass die „Wahlstücke" seiner eigenen
Verdauung dienten. Der Gefängniswärter empfand den Schmerz der
Vernachlässigung und versprach, einen sichereren Prozess für die
Weiterleitung seiner Sachen zu organisieren, indem er sich selbst darum
kümmerte, was er mit aller ihm zur Verfügung stehenden Aufmerksamkeit
tat, als Manuels Zustand erträglicher wurde. Der Kapitän erzählte Manuel,
wie seine Angelegenheiten stünden – dass er ihm wahrscheinlich die Leitung
des Konsuls überlassen müsse, aber um gute Laune zu bewahren; dass er ihm
reichlich Mittel hinterlassen würde und, sobald seine Freilassung erfolgt sei,
den besten Weg nach Schottland machen und sich den alten Besitzern
anschließen würde. Und so verließ er ihn schweren Herzens, denn Manuel
las in seinem Gesicht, was er nicht sagte.

Die Janson war gelöscht, eine Besichtigung der Ladung durchgeführt, der
Protest ausgeweitet und das Ganze zugunsten derjenigen verkauft worden,
die es betreffen könnten. Auch am Rumpf wurden die notwendigen
Untersuchungen durchgeführt, und als man feststellte, dass er so alt und
strapaziert war, dass er einer Reparatur nicht mehr würdig war, wurde er zum
Nutzen der Versicherer ausrangiert und verkauft. So wurde das Register „de
novo" dem Konsul übergeben, die Männer entlassen und gemäß dem Gesetz
Wilhelms IV. ausgezahlt, das vorsieht, dass jeder Mann ein Stipendium erhält,
um ihn zum Hafen in Großbritannien zu bringen, von wo aus er verschiffte,
oder der Konsul beauftragte ihn, ihm je nach Lust und Laune die Durchfahrt
zu ermöglichen, damit er bis zu einem Punkt weiterfahren konnte, an dem
die Reise abgeschlossen sein würde. Der Konsul ergriff die besten Mittel, die
in seiner Macht standen, um ihnen allen eine angenehme und zufriedene
Entlassung zu ermöglichen. Ihre verschiedenen Kassenzettel wurden ihnen
ausgehändigt und einer nach dem anderen reiste er zu seinem
Bestimmungsort ab; Tommy und der Zweite Steuermann wollen lieber
bleiben und eine neue Reise anstreben. Der alte Erste Offizier schien sich zu
der Verurteilung des unglücklichen Janson zu beglückwünschen. Er
verschiffte sich an Bord eines englischen Schiffes, beladen mit Baumwolle
und Marinevorräten und gerade bereit für die Seefahrt. Als er an Bord kam,

um sich vom Kapitän zu verabschieden , stand er an Deck, schaute zu den demontierten Spieren hoch und sagte: „Kapitän, ein Schatten kann einen Körper vielleicht doch retten." Ich hatte immer das Gefühl, dass uns dieses unglückliche alte Ding einen Streich spielen würde. In dieser Nacht im Golf sage ich mir : „Na ja, altes Schiff, ja." Ich werde deine alten Rippen endlich in einen Sarg verwandeln , aber ich werde die Brücke loben, die mich sicher hinüber trägt, weil ich schließlich eine Zuneigung für das alte Ding habe und mich nicht trennen kann, ohne Gottes Segen zu sagen Sie, denn es ist ein ehrlicher Tod, in Schulden gegenüber den Underwritern zu sterben. Ich hoffe, dass ihre alten Knochen in Frieden auf der Erde ruhen werden . Auf Wiedersehen, Kapitän, erinnern Sie sich an mich, Manuel; und lasst uns unsere Probleme in Charleston vergessen, indem wir uns davon fernhalten."

KAPITEL XXV.
GEORG DER SEZESSIONIST UND DIE SCHIFFE SEINES VATERS.

Wie bereits erwähnt, blieben der Zweite Steuermann und der kleine Tommy zurück, um neue Reisen zu unternehmen. So war es auch mit dem zweiten Maat; Aber Tommy hatte sich in der Nacht, in der er im Wachhaus eingesperrt wurde, eine heftige Erkältung zugezogen und war schon seit einiger Zeit Gegenstand der Hausapotheke. und dies, zusammen mit seiner glühenden Zuneigung zu Manuel und der Hoffnung, sich ihm wieder als Segelgefährte anzuschließen, war der Hauptgrund für sein Bleiben. Der Kapitän stellte ihnen Unterkunft in der Kajüte zur Verfügung, solange er im Besitz des Schiffes war, was ihnen die Möglichkeit bot, ihr Geld zu sparen, das Tommy dringend brauchte; denn trotzdem erhielt er ein schönes Geschenk vom Konsul und ein weiteres vom Kapitän, was ihn zusammen mit den wenigen Dollars, die er als Lohn erhielt, stolz auf seinen Geldbeutel machte, obwohl dieser bei weitem nicht ausreichte, um ihn zu ernähren über einen längeren Zeitraum oder um ihn vor plötzlichen Widrigkeiten zu schützen.

Der Kapitän hatte den kleinen George, den Sezessionisten, seit seiner Versicherung, dass er mit Mr. Grimshaw alles in Ordnung bringen und Manuel in weniger als vierundzwanzig Stunden rausbringen würde, nicht mehr gesehen. Es war jetzt der 14. April, und die Anzeichen dafür, dass er herauskam, waren nicht mehr so gut wie am ersten Tag seiner Einlieferung, denn das Schiff war verurteilt, wenn man das Gesetz in der strengsten wörtlichen Auslegung ausführte, Manuel eingebunden in die menschlichen Dinge, die in South Carolina Waren sind. Er war gegen zehn Uhr morgens auf dem Weg vom Kai zum Büro des Konsuls, als er plötzlich auf der Straße von dem kleinen George überrascht wurde, der ihm die Hand schüttelte, als wäre er ein alter Freund, der gerade nach langer Abwesenheit zurückgekehrt war. Er entschuldigte sich auf alle Fälle dafür, dass er plötzlich abberufen wurde und daher nicht in der Lage war, seinem Geschäft die Aufmerksamkeit zu widmen, die seine Gefühle dazu veranlasst hatten. Wie alle Sezessionisten war George in seinen Gefühlen sehr feurig und vergänglich. Er drückte seine unermessliche Überraschung aus, als der Kapitän ihm den Zustand seines Mannes im alten Gefängnis erzählte. „Sie sagen nicht, dass Männern in Charleston solche Beschränkungen auferlegt werden? Nun ja, ich war nie in diesem Gefängnis, aber es passt nicht zur Gastfreundschaft unserer Gesellschaft", sagte er.

„Ihr Gefängnis stöhnt vor Beschimpfungen, und doch hört Ihr Volk sie nie", antwortete der Kapitän .

George schien darauf bedacht zu sein, das Thema zu wechseln, und begann, dem Kapitän eine Beschreibung seiner Reise zur Plantage, seiner Jagd und Fischerei, seiner Vergnügungen und der dicken, frechen, aalglatten Nigger, dem feinen Mais und Speck, den sie hatten, und was sie hatten, zu schildern sagte über Massa und endete mit einer endlosen Lobeshymne auf den alten Whisky des „alten Mannes" und wie er ihn reifen ließ, um ihm Geschmeidigkeit und Geschmack zu verleihen. Seine Beschreibung der Plantage und der Nigger war wirklich wunderbar und regte die Fantasie des Kapitäns mit der Schönheit eines wachsenden Fürstentums an sich an. „Wir haben gerade ein neues Schiff zu unseren Schiffen hinzugefügt, und es segelt heute Nachmittag zum Pedee . Wir haben den richtigen Charakter eines Kapitäns, aber wir haben ihn dazu gebracht, Bedingungen anzunehmen, um der Sezessionspartei treu zu bleiben. Sobald ich einen anderen Mann habe, werden wir sie im großen Stil erledigen , und das ist kein Zweifel."

Der Kapitän dachte an seinen zweiten Steuermann und schlug ihn sofort vor. „Nur der Kerl. Mein alter Mann würde ihn mögen, das weiß ich", sagte George, und sie kehrten direkt zur Janson zurück, wo sie den zweiten Offizier beim Festzurren seines Stauholzes vorfanden. Der Vorschlag wurde gemacht und bereitwillig angenommen. Wieder trennte sich der Kapitän von dem kleinen George und überließ es ihm, den Steuermann in das Büro seines Vaters zu bringen, während er beim Konsul seinen Geschäften nachging.

George führte den Kumpel ins Büro. „Hier, Vater, hier ist ein Mann für unser Schiff", sagte er. Der alte Mann blickte ihn mit gelassener Wichtigkeit an, als wäre er von seiner eigenen Größe gefesselt.

„Meine Schifffahrtsinteressen werden immer umfangreicher, mein Mann; Ich besitze die gesamten vier Schoner und einen Anteil am größten Dampfschiff der Welt – ich meine Schraubenschiff, der South Carolina –, Sie haben wohl von ihr gehört?" sagte der alte Mann.

Jack stand mit dem Hut in der Hand auf und dachte darüber nach, was er mit großen Interessen meinte, und „er glaubte, dass er die Ansiedlung dieser Schiffseigner rund um Prince's Dock nicht gesehen hatte, die mehr Schiffe besaßen, als der Monat Tage hatte." ."

„Nun, mein Mann", fuhr der alte Mann fort, „ich bin sehr streng in meiner Disziplin, denn ich möchte, dass jeder seine Pflicht im Interesse der Eigentümer tut." Aber wie viele Dollar wollen Sie im Monat, mein Mann?"

„Nichts weniger als ein vier Pfund schwerer Star ; Das sind zwanzig Dollar in Ihrer Währung, wenn ich richtig rechne", sagte Jack und ließ seinen Hut auf dem Boden herumwirbeln.

" Wütend ! Du gehörst zu den unabhängigen Seglern. Sie werden davonkommen, bevor Sie ein Schiff in diesem Hafen bekommen. Ich kann einen guten, erstklassigen Nigger-Seemann für acht Dollar im Monat und sein Futter bekommen."

Jack beschloss, auf keinem der großen Schiffe des alten Mannes zu segeln, und sagte: „Ja, ich bin ihnen schon vor langer Zeit beigetreten, und ich habe es auch nicht bereut; Ich würde keinen Cent weniger eine Bugleine ziehen. Ich mag es nicht zu droggen , auf keinen Fall. „Guten Morgen, Sir", sagte er, setzte seinen Hut auf und ging rückwärts aus der Tür.

„Ich wünschte, du hättest das Risiko mit meinem Vater eingegangen, alter Freund; „Er hätte dich vor einem Jahr zum Kapitän gemacht", sagte George, als er die Tür verließ.

„So etwas wie das hat keine Bedeutung. Ich war vor Jahren Kapitän im West Ingie -Handel. „Es gibt keinen großen Unterschied zwischen einem Nigger und dem Kapitän eines Schoners ", sagte Jack, als er zur Janson ging, um sich auf die Unterkunft an Land vorzubereiten.

An diesem Nachmittag, gegen fünf Uhr, war ein lautes Geräusch an Bord eines kleinen Schoners von etwa sechzig Tonnen zu hören, der in einer Biegung des Kais ein paar Längen vor der Janson lag. Kapitän Thompson und sein zweiter Offizier saßen auf einem Spind in der Kabine und unterhielten sich über die bevorstehenden Aussichten, als der Lärm so laut wurde, dass sie an Deck rannten, um die Szene zu beobachten.

George stand auf der Kaimauer , mit einem Ausdruck der Demütigung auf seinem Gesicht. „Nun, Kapitän, Sie brauchen nicht so viel Lärm darüber zu machen; Ihr Verhalten ist ausgesprochen unfein. Wenn Sie nicht im Dienst Ihres Vaters segeln wollen, gehen Sie wie ein Gentleman", sagte George und zog die Ecken seines Hemdkragens hoch.

Der Grund für die Aufregung war das große Handwerk, auf das George großen Wert gelegt hatte, und der wahre Kapitän des rechten Schlages, der versprach, sich an die Grundsätze der Sezession zu halten, aber keine Auflagen für das Niggerfutter machte. Der Kapitän, ein Küstenfahrer aus Baltimore und zu Hause an gutes Essen auf seinen Schiffen gewöhnt, war von einer großen Repräsentanz dazu überredet worden , das Schiff zu übernehmen und es im Pedee- Handel zu betreiben und Reis nach Charleston zu bringen. Als man ihm mitteilte, das Schiff sei bereit für die See, reparierte er an Bord und fand zu seinem Leidwesen zwei schwarze Männer als Besatzung und eine äußerst ungelenke alte Frau, sieben Nuancen schwärzer als die ägyptische Dunkelheit, als Köchin. Das war eine Aufdringlichkeit genug, um seine Gefühle zu erregen, denn nur einer der Männer wusste etwas über ein Schiff; Aber wenn der Leser die Vorräte untersucht, kann er vielleicht ein Urteil über seine Gefühle fällen, wenn er überhaupt eine Vorstellung davon hat, ein Schiff in einem nördlichen Hafen zu beliefern, wenn wir ihm sagen, dass alle und Einzigartigkeit der Vorräte aus einer Schulter rostigen westlichen Specks, einer halben Scheffel Reis und ein Krug Melasse; und dies sollte sich über eine Entfernung von hundert Meilen erstrecken. Aber um die lächerliche Farce dieser South-Carolina-Vorstellung noch zu verstärken, wurde ihm, als er ihnen Vorwürfe machte, sehr gleichgültig gesagt, dass es das sei, was sie ihren Arbeitsleuten immer zur Verfügung stellten.

„Nehmen Sie Ihr kleines Jebacca -Boot und fahren Sie mit ihm auf die Donnerfahrt", sagte der Kapitän und begann, seine Klamotten einzusammeln.

„Aber, Kapitän, ich habe Ihnen meine Waffe geliehen, und wir erwarten von unseren Kapitänen immer, dass sie für frischen Wildvorrat sorgen, wenn Sie den Fluss hinauflaufen", sagte George.

„Frische Vorräte, zum Teufel!" sagte der Kapitän. „Ich habe genug zu tun, um meiner Pflicht nachzukommen, ohne wie ein hungriger Hund meinen Lebensunterhalt zu jagen, während ich meine Reise fortsetze. Wir machen in Maryland keine Geschäfte mit Ihrem Nigger-Zulagensystem." Und hier lassen wir ihn zurück und bitten einen der Neger, seine Sachen zurück zu seiner Pension zu tragen.

Wenige Tage nach dem Vorfall, von dem wir oben berichtet haben, wurde der kleine Tommy, nachdem er sich einigermaßen von seiner Erkältung erholt hatte, an Bord eines kleinen Schoners namens „Three Sisters" verschifft , der mit einer Ladung Reis zum Edisto River fuhr. Der Kapitän, ein kleiner, untersetzter Mann, ziemlich gutaussehend und gut gekleidet, machte seine Jungfernfahrt als Kapitän eines Schiffes aus South Carolina. Er war „in South Carolina geboren", aber wie viele andere seiner Art war er gezwungen, seinen Aufstieg in einem fernen Staat zu suchen, und zwar unter dem Einfluss jener beeindruckenden Meinungen, die das Genie der Armen in South Carolina verbannen. Zehn Jahre lang hatte er den Hafen von Boston verlassen, auf zwei Indianerreisen unter dem bekannten Kapitän Nott die Position des Steuermanns innegehabt und war mit Kapitän Albert Brown gesegelt und hatte dessen Empfehlung erhalten, doch das reichte nicht aus qualifizieren ihn für die nautischen Ideen eines pompösen Südkaroliners.

Tommy holte sein Gepäck an Bord und unternahm vor seiner Abreise noch einen Versuch, im Gefängnis seinen Freund Manuel zu treffen. Er stellte sich dem Gefängniswärter vor und sagte ihm, wie sehr er seinen alten Freund sehen wollte, bevor er ging. Die Befehle des Gefängniswärters waren zwingend. Ihm wurde gesagt, wenn er nächste Woche käme , würde er ihn sehen; dass er dann freigelassen würde und die Zelle im zweiten Stock mit den anderen Verwaltern bewohnen dürfe. Er erkannte einen der Stewards, der sich ihnen angeschlossen hatte, als sie ihre geselligen Momente rund um das festliche Fass genossen, und ging auf die Piazza, um ihn zu treffen und sich von ihm zu verabschieden. Während er dastand und ihm die Hand schüttelte, der arme Neger.

Der Name dieses armen Kerls war George Fairchild. Nachdem man ihn ins Arbeitshaus geschickt hatte, wo er zwanzig Schläge mit dem Paddel einstecken musste, als er kaum noch stehen konnte, wurde er vom Rahmen heruntergenommen und ins Gefängnis gebracht, wo er mehrere Wochen blieb und für achtzehn Cent pro Tag ernährt wurde. Sein Verbrechen bestand darin, „nachts Whiskey trinken zu gehen" und das dritte Vergehen; aber es gab verschiedene Argumente zu seinen Gunsten. Sein Herr bearbeitete seine Neger bis zur allerletzten Spannung ihrer Kräfte und setzte ihre Gelüste allen möglichen Versuchungen aus, besonders denen, die in der Nachtbande arbeiteten. Sein Herr hat ihn einmal, während er im Gefängnis war, selbst ausgepeitscht und ihm etwa vierzig Schläge mit einer rauen Haut auf dem nackten Rücken verpasst. Da er seine Gefühle damit nicht befriedigte, beschloss er, ihn nach New Orleans zu schicken. Er hatte eine liebevolle Frau und ein liebevolles Kind, denen es verboten war, ihn zu sehen. Sein Herr befahl, ihn zum Arbeitshaus zu schicken und vor seiner Abreise neununddreißig Paddel zu erhalten, und am Morgen , an dem er verschifft werden sollte, kam seine verzweifelte Frau, als sie die traurige Nachricht hörte, ins Gefängnis; aber trotz der Bitten mehrerer Schuldner konnte der Gefängniswärter ihr nicht erlauben, hereinzukommen, sondern gewährte ihr als Gefallen, dass sie durch die Gittertür mit ihm sprechen sollte. Die Schreie und Wehklagen dieser armen Frau, als sie draußen stand, ihren Sohn in den Armen hielt und sich ein letztes Mal voller Trauer von ihm verabschiedete, der so sehr geschätzt und geliebt wurde, hätten ein Herz aus Stein zum Schmelzen gebracht. Sie konnte ihn nicht umarmen, sondern wartete, bis er zur Folter hinausgeführt wurde, dann warf sie ihre Arme um ihn und wurde von der Hand eines Raufbolds weggezerrt.

Armer George Fairchild! Wir hörten ihn unter dem starken Schmerz des Paddels stöhnen und sahen, wie er wie ein Hund in einen Karren gesteckt wurde, um als Warenballen für einen entfernten Hafen verschifft zu werden. Der Mann, der mit ihm im Wachhaus gelitten hatte, kam herbei und salutierte ihn freundlich anerkennend. Etwa zwei Wochen waren seit dem Vorfall vergangen, und dennoch wies sein Kopf die Spuren von Blutergüssen auf und war mit einem Tuch verbunden. „Gute junge Massa , gib mir bitte einen Penny für Is'e „Mose verhungern", sagte er in einem flehenden Ton. Tommy steckte die Hand in die Tasche, zog einen Vierteldollar heraus, reichte ihn dem armen Kerl und empfing seinen Dank. Er hinterließ Manuel eine Nachricht, dass er ihn bei seiner Rückkehr auf jeden Fall anrufen würde, verließ das Haus des Elends und ging zu seinem Schiff.

Der Kapitän des Schoners war von Parteien in Charleston engagiert worden, die lediglich als Agenten für die Eigentümer fungierten. Die Gefühle, die unserer Natur so innewohnen, haben ihn dazu bewegt, nach Charleston zurückzukehren. Sie wecken ein Gefühl für den Ort ihrer Geburt und erinnern an die frühen Assoziationen der Kindheit. Jede sehnsüchtige

Einbildung deutete wieder zurück, und er kam zurück, um auf seinem Heimatboden noch mehr Glück zu haben. Seine Besatzung bestand mit Ausnahme von Tommy aus drei guten, aktiven Negern, von denen einer als Lotse auf dem Edisto River fungierte. Da er an die Versorgung der Bostoner Schiffe gewöhnt war, hatte er sich nicht um seine Vorräte gekümmert; denn in Wirklichkeit übernahm er das kleine Fahrzeug nur als Gegenleistung für die Agenten und mit dem Versprechen, ein großes Schiff zu erhalten, sobald er zurückkäme; und er segelte mit einer feinen, steifen Brise und war weit außerhalb des Lichts, als der Arzt das Abendessen ankündigte. „Was hast du Gutes, alter Junge?" sagte er zum Koch.

„Fust Streifen, Massa Cap'en . „Eine wirklich gute Chance auf Homony und Speckbraten", erwiderte der Neger.

„ Homony und was? Nichts anderes als das?"

„Warum, Massa ! „Gnädig, was Massa Whaley alles gegeben hat, was er für einen Kapitän gibt , und er denkt , sie sind der Hammer", sagte der Neger.

Da sie die einzigen Weißen an Bord waren, nahm der Kapitän den kleinen Tommy mit in die Kabine, damit er an demselben Tisch saß; Aber in der Aussage des Negers steckte zu viel Wahres, und anstatt sich zu einem dieser schönen Abendessen zu setzen, die auf großen und kleinen Bostoner Schiffen serviert werden, wurde dort auf einem kleinen Stück Kiefernbrett geschwenkt, das mit einem Verhinderer befestigt war ein Teller mit schwarzem Homony , bedeckt mit ein paar Stücken gebratenem Schweinefleisch, so fett und ölig, dass es für den normalen Magen wirklich abstoßend ist. Daneben stand ein irdener Krug mit etwa einem halben Liter Melasse, der außen mit einer Verzierung versehen war, um seine Qualität zu zeigen. Der Kapitän betrachtete es eine Minute lang, dann nahm er den eisernen Löffel, der darin stand, ließ ein oder zwei Löffel zurückfallen und sagte: „Alter Papa , wo sind all deine Vorräte?" Holt sie hierher."

„ Gui , Massa ! hier sind sie ; „Es ist genau das, was Massa Stoney ihnen gegeben hat ", sagte der Neger und zog ein Stück rostigen und verdorbenen Speck hervor, das etwa fünfzehn Pfund wog und an einigen Stellen völlig lebendig vor Bewegung war; etwa ein halber Scheffel Maisgrieß; und ein kleines Fass Melasse, an dessen Spund ein Stück Leder befestigt war.

"Ist das alles?" fragte der Kapitän energisch.

„Ja, Massa , er hat jetzt alles , was sie haben, aber wenn du mehr auf der Massa Whaley-Plantage hast, gewinn sie , git da."

„Wirf es über Bord, so ein stinkendes Zeug; „Es wird die Pest an Bord verbreiten", sagte der Kapitän zu dem Neger (der dastand und den verdorbenen Speck in der Hand hielt, während die zerstörerische Macalia auf den Boden fiel), während er gleichzeitig seinen Fuß auf den Tisch setzte und machte Wrack aus Schwein, Homony , Melasse und Tellern.

„ Gih -e- wh - ew ! Massa, ich trau ' mich Geh an Bord , Massa Whaley, kratz sie zurück, Sartin . Er denkt , sie sind der Hammer. „Der Plantagennigger bekommt nur zweimal pro Woche Speck, Massa Cap'en ", sagte er, hob das Wrack auf und trug es an Deck, wo es von den Negern mit großer Begeisterung verschlungen wurde, die die glückliche Gabe Gottes voll und ganz zu schätzen wussten.

Der Kapitän hatte einen kleinen privaten Vorrat an Crackern, Käse, Segars und einer Flasche Brandy bereitgestellt, und als er sich zu seinem Koffer umdrehte, öffnete er ihn, holte einen nach dem anderen heraus, reichte die Cracker und den Käse an Tommy und trank einen kleinen Schluck des Diakons selbst und befriedigt so die Gelüste der Natur. Die Nacht brach herein; Sie überquerten die Bar und näherten sich dem Auslass des Edisto, der weithin sichtbar war; Aber es gab weder Kaffee noch Tee an Bord und keine Aussicht auf ein Abendessen – es blieb nichts übrig, als auf Cracker und Käse zurückzugreifen, deren Vorräte bereits so schnell zur Neige gegangen waren, dass das, was noch übrig war, unter den Dingen geschätzt wurde, die zu auserlesen waren, um es zu sein ohne Einschränkung gegessen. Sie erreichten den Eingang und ankerten nach einigen Meilen Aufstieg unter einem Holzvorsprung, der eine Flussbiegung bildete. Das Bellen der Hunde während der Nacht deutete auf die Nähe einer Siedlung hin, und am Morgen schickte der Kapitän einen der Neger an Land, um eine Flasche Milch zu holen. „Massa, der Mann, der dort lebt, hat nicht viel, aber er zahlt immer sieben Pence", sagte der Neger. Tatsächlich stimmte es; Obwohl er ein Landbesitzer war, machte er aus den kleinsten Dingen Profit und verlangte von Schiffen, die den Fluss hinauffuhren, zwölfeinhalb Cent pro Milchflasche.

Der Kapitän hatte eine unruhige Nacht verbracht und war von unzähligen Chinch-Bissen übersät; und als er die Kojen und Schließfächer untersuchte, stellte er fest, dass sie in Haufen wimmelten. Er rief einen der Schwarzen herbei, begann mit der Überholung und holte ein perfektes Lager voller Müll hervor, der vom Tag des Stapellaufs des Schiffes bis zum heutigen Tag dort ohne Belästigung deponiert worden sein musste und in seinen Arten so vielfältig war der Bestand eines Judenladens und vom Alter verfault. Gegen neun Uhr gerieten sie erneut unter Druck und kamen bei gutem Wind und Gezeiten etwa zwanzig Meilen weiter und gelangten an eine andere Stelle im Fluss, an der sich eine Schar von Männern versammelt hatte, die bis an die Zähne mit Gewehren und Gewehren bewaffnet waren. und Messer. Als er vorbeikam, verhandelten sie ein paar Ruten vom Ufer entfernt mit einem Mann und einem Jungen in einem Kanu. Alle paar Minuten richteten sie ihre Gewehre auf ihn und schworen mit Drohgebärden Rache an ihm, falls er versuchen sollte zu landen. Der Kapitän, der von der prekären Situation des Mannes und seines Jungen erregt war und begierig darauf war, die

Einzelheiten zu erfahren, ließ seinen Anker los und „kam" ein paar Längen weiter oben „her".

Kaum hatte er seinen Anker gelichtet, als er von der Küste von einem grob aussehenden Mann herbeigerufen wurde, der anscheinend der Chef des Manövers war und sich als keine geringere Persönlichkeit als Mr. S-k, ein reicher Pflanzer, erwies.

„Nehmen Sie diesen Mann nicht an Bord Ihres Schiffes, unter Lebensgefahr, Kapitän. Er ist ein Abolitionist", sagte er und begleitete seinen zwingenden Befehl mit einer sehr südländischen Rotation von Eiden.

Der Mann paddelte mit seinem Kanu an der Außenseite des Schiffes und flehte den Kapitän an: „Nimm ihn um Gottes willen an Bord und beschütze ihn; dass zu Unrecht eine Aufregung gegen ihn ausgelöst worden sei, und er würde die Umstände erklären, wenn er ihm gestatten würde, an Bord zu kommen."

„Kommen Sie an Bord", sagte der Kapitän. „Seien Sie Abolitionist oder was auch immer Sie wollen, die Menschheit wird nicht zulassen, dass ich Sie auf diese Weise aufs Meer hinaustreibe; du wärst überschwemmt, bevor du die Latte überquerst."

Er kam zitternd und nass an Bord, der kleine Junge reichte ein paar Reisetaschen und folgte ihm. Kaum hatte er dies getan, sausten drei oder vier Bälle am Kopf des Kapitäns vorbei und veranlassten ihn, sich in die Kabine zurückzuziehen. Es vergingen ein paar Minuten und er kehrte zum Deck zurück.

„Senken Sie Ihr Boot und kommen Sie sofort an Land", riefen sie.

Der Kapitän war überhaupt nicht entmutigt, ließ sein Boot zu Wasser und ging an Land. „Nun, meine Herren, was wollen Sie von mir?" sagte er, als S-k vortrat und es zu folgendem Dialog kam:

„Wem gehört dieses Schiff und welches Recht haben Sie, ad-d-Abolitionisten zu beherbergen?"

„Ich weiß nicht, wem das Schiff gehört; Ich weiß, dass ich sie segele, und die Gesetze Gottes und der Menschen verlangen, dass ich nicht an einem Mann in Not vorbeikomme, besonders nicht auf dem Wasser. Er beteuert, dass er kein Abolitionist ist und es auch nie war; bietet an, es zu beweisen, wenn Sie ihn hören wollen, und bittet Sie lediglich, ihm zu gestatten, sein Eigentum wegzunehmen", entgegnete der Kapitän.

"Was! Dann sind Sie selbst ein Abolitionist?"

"Nein Sir. Ich bin ein im Süden geborener Mann, aufgewachsen in Charleston, wo mein Vater vor mir aufgewachsen ist."

„So viel, so gut; aber bringen Sie diesen verdammten Schurken einfach so schnell wie siebzig an Land, oder wir machen Ihr Schiff fest, melden Sie dem

Exekutivkomitee und verhindern, dass Sie mehr Fracht auf der Edisto bekommen."

„Das werde ich nicht tun. Sie sollten Geduld haben, diese Dinge zu untersuchen, und nicht zulassen, dass Ihre Gefühle so aufgeregt werden. Wenn ich ihn und seinen Sohn in die Irre führe, bin ich für ihr Leben verantwortlich, falls ihnen ein Unfall passieren sollte", entgegnete der Kapitän.

„Sind Sie Sezessionist, Kapitän, oder was sind Ihre politischen Prinzipien? Sie scheinen entschlossen zu sein, die Abolitionisten zu schützen. Dieser Schurke hat, seit er hier ist, Umgang mit einem Nigger und isst in dessen Haus."

„Ja, ja, und wir werden verdammt sein, wenn er kein Abolitionist ist", stimmten ein Dutzend Stimmen ein, „denn er hat letzten Sonntag bei Bill Webster auf einem wilden Truthahn gegessen." Niemand außer einem höllischen Abolitionisten würde mit einem Nigger speisen."

„Was die Politik angeht, hatte ich nie viel damit zu tun, und die Sezession ist mir ebenso wenig wichtig wie die Theologie; Aber ich mag es, wenn Männer sich vernünftig verhalten. Wenn Sie noch mehr von mir wollen, finden Sie mich morgen auf Colonel Whaleys Plantage. Mit diesen Worten stieg er in sein Boot und kehrte an Bord seines Schiffes zurück. Gerade als er wieder untergewichtig wurde, Super! sausen! sausen! Es fielen drei Schüsse, einer in schneller Folge nach dem anderen, der letzte wirkte und durchbohrte die Krone seines Hutes, woraufhin sie außer Sichtweite verschwanden. Da er eine Rückkehr der Flut befürchtete, steuerte er sein Schiff etwa zwei Meilen weiter oben und ankerte auf der anderen Seite des Kanals, wo er auf die Rückkehr der Flut wartete und Gelegenheit hatte, seine verängstigten Passagiere an Bord eines vorbeifahrenden Schoners zu bringen runter, gebunden nach Charleston.

Das Geheimnis einer solchen Empörung lässt sich in wenigen Worten erklären. Der Mann war ein Holzfäller aus der Nähe von New Bedford, Massachusetts, der mit seinem Sohn, einem etwa sechzehnjährigen Jungen, mehrere Winter in der Nähe des Edisto verbracht hatte, um lebende Eichen zu besorgen, die er für einen Holzfäller hielt lobenswertes Unternehmen. Er kaufte das Holz auf dem Baumstumpf der Einwohner zu einem Preis, der ihm nur sehr geringen Gewinn bescherte, und außerdem wurde ihm für alles, was er bekam, ob Arbeit oder Proviant, ein exorbitanter Preis berechnet; Und so weit hatte sich dieses Gefühl der Selbstgenügsamkeit South Carolinas in all seiner kalten Abscheulichkeit gegen ihn ausgewirkt, dass er unter dem Dach eines armen Farbigen viel mehr Ehrlichkeit und wahre Gastfreundschaft fand. Dies erzürnte einige der Pflanzer so sehr, dass sie gegen ihn protestierten und der verrückte Schrei des Abolitionisten gegen ihn laut wurde. Sein Pferd und seine Kutsche, seine Bücher und Papiere wurden eingepackt und nach Charleston geschickt – allerdings nicht ohne, dass einige der wichtigsten davon verloren gingen. Sein Geschäft wurde zerstört, und er und sein Kind wurden gewaltsam gefangen genommen, mit ein oder zwei Reisesäcken in ein kleines Kanu gesteckt und ausgesetzt. Auf diese Weise waren sie ihm zwei Meilen flussabwärts gefolgt und hatten ihn darum gebeten, das Privileg zu erhalten, seine Geschäfte zu erledigen und respektvoll zu gehen. Sie drohten, ihn zu erschießen, wenn er versuchte, sich dem Ufer zu nähern, oder in der Nähe erwischt würde. Dies war seine Position, als der Kapitän ihn fand. Er reiste weiter nach Charleston, legte seinen Fall James L. Petigru , Esq., dem Bezirksstaatsanwalt der Vereinigten Staaten, vor und kehrte auf seinen Rat hin an den Schauplatz des „Krieges an den Ufern des Edisto" zurück, um seine Geschäfte zu regeln; Doch kaum war er aufgetaucht, wurde er ins Gefängnis geworfen, und dort blieb es, als wir das letzte Mal von ihm hörten.

Dies ist einer der vielen Fälle, die den Herausgebern des Charleston Mercury und des Courier Anlass zu spannenden Kommentaren bieten und keine Ehre für ein Volk widerspiegeln, das sich auf diese Weise Gesetz und Ordnung widersetzt.

KAPITEL XXVI.
EIN EINZIGARTIGER EMPFANG.

Es war ungefähr zehn Uhr in der Nacht des 15. April, als der Schoner „Three Sisters" dicht neben einem dunklen Dschungel dicht gedrängter Flussufer vor Anker lag, die ihr üppiges Laubwerk an den Ufern des Baches hingen. Der Kapitän saß auf einer kleinen Kiste in der Nähe des Viertels und betrachtete offenbar die Szene, denn in ihren dunklen Windungen lag eine märchenhafte Schönheit, gemildert durch das schattenspendende Laubwerk, das ihre Ränder in trauriger Erhabenheit umsäumte, während Sterne auf der düsteren Oberfläche funkelten.

Das Blatt hatte sich gerade gewendet, und plötzlich stand der kleine Tommy auf, der sich in eine Decke gewickelt und dicht neben dem Kapitän niedergelegt hatte. „Captain, haben Sie das gehört?" sagte er.

"Horchen! Da ist es wieder", sagte der Kapitän. „Geht und ruft die Männer, wir müssen unter Kontrolle kommen ."

Es war ein raschelndes Geräusch zwischen den Bremsen; Und als der kleine Tommy nach vorn ging, um die Männer zu rufen, kamen zwei Bälle pfeifend über das Viertel, und dann zeigte ein lautes Rascheln an, dass sich die Leute zurückzogen. Der Kapitän zog sich in die Kajüte zurück, nahm Tommy mit und gab dem Negerpiloten den Befehl, an Deck zu stehen, den Anker hochzuholen und das Boot mit der Flut stromaufwärts treiben zu lassen, denn er beschloss, dass, wenn jemand erschossen würde, das geschehen sollte die Neger, für deren Wert sie zur Verantwortung gezogen werden würden. So trieb sie den Bach hinauf und war am nächsten Morgen am Bach bei Colonel Whaleys Plantage.

Eine Anzahl zerlumpter Neger kam voller Freude über die Ankunft ans Ufer und stellte allerlei Erkundigungen über Mais und Speck. Ein altes patriarchalisches Untertan rief dem Piloten zu: „Ah, Cesar, ich würde dir jetzt sagen, was du sagst." Massa, ein „junger Massa Aleck, bin versprochen , dass er in dieser Woche Speck bekommt, schätze, er kommt jetzt."

„Habe Sumpfmais, aber selbst du bekommst Speck von diesem Craf ' ye kotch wesel , dat „Ich habe keine Haare an mir ", sagte Cesar.

Die Szenerie war alles andere als vielversprechend – enttäuschend im Hinblick auf die überheblichen Vorstellungen des Kapitäns von Colonel Whaleys prächtiger Plantage. Das alte Bauernhaus war ein kasernenartiges Gebäude, baufällig und ohne Anzeichen dafür, dass es in letzter Zeit dem Maler als Arbeitsplatz gedient hatte, und stand in einer Arena, die von einem Zaun aus groben Latten umgeben war. Eine genauere Untersuchung brachte Fragmente der Gartenarbeit in der Arena zum Vorschein, doch sie zeigten eindeutige Anzeichen von Nachlässigkeit. In kurzer Entfernung davon befand sich eine Ansammlung schmutzig aussehender Negerhütten, die auf Palmenpfählen ein paar Fuß über dem Boden errichtet waren, und an denen bis zum Ufer des Flusses zahlreiche halb verhungerte Rinder und Schweine, letztere, aufgereiht waren den Rasen verwurzeln.

Mittlerweile herrschte fast Stillwasser und Hochwasser, und der Schoner lag direkt über der Biegung des Baches. Plötzlich kam ein großer, beleibt aussehender Mann, gekleidet wie ein Yorkshire-Bauer, ans Ufer und befahl dem Kapitän mit lauter Stimme, sofort in den Bach einzufahren! Die Art und Weise, wie der Befehl erteilt wurde, strapazierte die Gefühle des Kapitäns ziemlich, doch er machte sich sofort an die Arbeit seiner Männer, den Anker hochzuheben und „eine Leine" zu ziehen, um ihn einzuwerfen. Aber die Zeitlupe, mit der Neger alle Befehle ausführen, verursachte Mit einiger Verzögerung, und kaum hatte er begonnen, sich auf der Leine zu heben, setzte die Flut eine starke Ebbe ein und trug ihn zum unteren Punkt, wo ein starker Wirbel entstand, der durch das zurückweichende Wasser des Baches und den starken Sog im Fluss erzeugt wurde , machte alle seine Anstrengungen zunichte. Dort blieb es stecken, und alle Ketten und Schleppleinen eines Vierundsiebzigers hätten es, zusammen mit der vereinten Kraft der Plantage, nicht in Gang gesetzt. Als die Flut nachließ, stürzte sie zum Fluss hinüber, da es keine Möglichkeit gab, sie abzustützen.

Einer der Fahrer ging hinauf und berichtete: „Der Kapitän von Massa hat sein Schiff an Land gebracht", und Oberst Whaley kam herunter, mit dem ganzen Pomp von sieben Oberbürgermeistern auf seinem Gesicht. „Was für ein Kerl bist du, ein Schiff zu befehligen? Ich würde den schlimmsten Nigger auf der Plantage auspeitschen, wenn er es nicht besser machen könnte. Bauen Sie ein Floß auf und lassen Sie mich an Bord des Schiffes kommen!" sagte er und begleitete seine Forderungen mit einer Salve abscheulicher Verwünschungen, die St. Giles in Ungnade gefallen hätten.

„Weißt du, mit wem du sprichst? Sie dürfen mich nicht für einen Nigger halten, Sir! Ich kenne meine Pflicht, wenn Sie keine guten Manieren haben", erwiderte der Kapitän.

„Wissen Sie, wem dieses Schiff gehört? Du unverschämter Kerl! Nehmen Sie die Segel weg, sofort – sofort! oder ich erschieße dich, beim Himmel!" er schrie erneut.

„Warum hast du nicht Schlammscow gesagt? Nennt man so etwas ein Schiff? Es ist mir egal, wem sie gehört, ich weiß nur, dass es eine Schande ist, sie zu segeln. Aber ich habe die Papiere, und Sie können sich selbst helfen. Wenn Sie mich für meine Zeit bezahlen und mir etwas zu essen für mich und diese Männer geben, können Sie Ihr altes Jebac – Autoboot – nehmen, aber Sie setzen keinen Fuß an Bord, bis Sie es tun!"

Dies verstärkte die Wut des Obersten. „Ich werde dir eine Lektion erteilen, wie du meinen Befehlen nicht gehorchst. „Geh und hol mein

Gewehr, Zeke", sagte der Oberst und wandte sich an einen alten Neger, der in der Nähe stand. Dann rief er den Männern an Bord zu und befahl ihnen, die Kontrolle über das Schiff zu übernehmen und ihm sofort die Segel abzunehmen.

„Bewegen Sie keine Hand, um ein Segel zu öffnen, Cesar! Den Mann da draußen kenne ich nicht. „Dieses Schiff gehört mir bis auf weitere Befehle von den Personen, die mich verschifft haben", erwiderte der Kapitän mit einer eindringlichen Forderung an seine Männer.

„Warum, la! massa , er besitzt Sie haben ein Schiff und er erschießt sie Sartin , wenn wir es getan haben, tun wir ihn; Ihr wisst es massa , wie ich es tue", sagte Cesar.

„Berühren Sie diese Segel nicht mit der Hand, ich befehle Ihnen allen. Es gibt zwei, die schießen können, und ich werde dich erschießen, wenn du meinen Befehlen nicht gehorchst." Dann wandte er sich an die Landbewohner und warnte sie, dass er den ersten Nigger erschießen würde, der versuchte, ein Floß zu bauen, um an Bord zu kommen. Der Leser wird feststellen, dass die armen Neger in einem schlimmeren Dilemma steckten als der Kapitän; Auf der einen Seite wird er von einem rücksichtslosen Herrn angestachelt, der das Eigentum beansprucht und die Ausführung seiner Befehle verlangt, während auf der anderen Seite der angeheuerte Herr sein Recht verkündet und sie vor der Gefahr warnt, auch nur ein Jota von seinen Befehlen abzuweichen. Hier kommen die gegensätzlichen Gefühle willkürlicher Menschen zusammen, die so manchen guten Neger in die schwierige Situation gebracht haben, dass er von einem Herrn dafür bestraft wird, dass er das getan hat, was er von dem anderen bestraft hätte, wenn er es nicht getan hätte.

Man muss dem Oberst zugute halten, dass er weder mit dem Gewehr in der Hand zurückkam, noch sah ihn der Kapitän danach; Aber ein junger Herr, ein Sohn, der den Vater vertrat, kam etwa eine Stunde nach dem Vorfall an die Bank, entschuldigte sich lahme für die Laune seines Vaters und forderte den Kapitän auf, an Land zu kommen. Letzterer hatte beschlossen, die Rückkehr der Flut abzuwarten, das Schiff nach Charleston zurückzufahren, seinen Empfang zu melden und das Schiff den Agenten zu übergeben; aber bei näherer Betrachtung befand sich an Bord nichts zu essen, und was konnte er tun? Er ging an Land und verhandelte mit dem jungen Mann, der seiner Meinung nach viel eher geneigt war, seine Hautfarbe zu respektieren. „Dein Vater hielt mich für einen Nigger und maß als solchen die Würde seiner Plantage an. Jetzt kenne ich meine Pflicht und bin auf den besten Schiffen und mit den besten Kapitänen des Landes gesegelt. Alles, was ich will, ist angemessener Respekt, etwas zu essen, was auf mich zukommt, und die Rückzahlung meiner Überfahrt nach Charleston auf dem Landweg. NEIN! Ich werde nicht einmal so viel verlangen; Geben Sie mir etwas zu essen und meine Überfahrt nach Charleston, und Sie können mit dem Schiff machen, was Sie wollen, aber ich werde die Papiere niemandem außer den Personen aushändigen, die mich verschifft haben. Und ich möchte, dass Sie sich um diesen kleinen Jungen kümmern, denn er ist jetzt ziemlich krank", sagte der Kapitän, zeigte auf Tommy und rief ihn zu sich.

„Oh ja", antwortete der junge Mann, „wir kümmern uns um den kleinen Kerl und sorgen dafür, dass er sicher zurückgeschickt wird", und verabschiedete sich mit dem Versprechen, am Nachmittag ein weiteres Interview zu führen. Gegen zwölf Uhr kam ein Negerjunge mit einer mit einem Handtuch bedeckten Blechpfanne zu dem Gefäß und überreichte es Cesar zum „ Massa" . Cap'en und Buckra Boy." Cesar brachte es nach achtern und setzte es auf den Begleiter. Es enthielt etwas Reis, ein Stück Speck, Maiskuchen und drei Süßkartoffeln.

„Grobe Kost, aber ich komme damit klar. „Komm, Tommy, ich schätze, du bist genauso hungrig wie ich", sagte der Kapitän, und sie setzten sich und beendeten bald das Fest der Gastfreundschaft des Südens. Gegen fünf Uhr abends, als der junge Mann nicht erschien, schickte der Kapitän Tommy an Land, um sich im Haus nach ihm zu erkundigen, und sagte ihm (um ihre Gefühle zu testen), dass er anhalten und sein Abendessen holen könne. Tommy kletterte an Land und die Böschung hinauf zum Haus. Der junge Mann erschien, entschuldigte sich für seine Verspätung und Unaufmerksamkeit und sagte, die Anwesenheit einiger ganz besonderer Freunde aus Beaufort sei der Grund dafür. „Mein Vater ist, wie Sie wissen, der Eigentümer dieses Schiffes, Kapitän! – Sie haben übrigens heute ein gutes Abendessen bekommen", sagte er.

„Ja, wir kamen damit klar, hätten aber mehr essen können", entgegnete der Kapitän.

"Ah! Gott sei Dank, das war die Schuld des Niggers. Diese Nigger sind so unsichere Geschöpfe, man muss schon bei der kleinsten Sache auf sie aufpassen . Nun ja, Kapitän, mein Vater hat Ihnen fünf Dollar geschickt, um Ihre Überfahrt nach Charleston zu bezahlen!"

„Nun, das ist ein kleiner Betrag, aber ich werde versuchen, damit auszukommen, und nicht hier aufhören", sagte der Kapitän, nahm den Schein, steckte ihn in die Tasche und machte diesbezüglich konkrete Angaben kümmert sich um den Jungen. In dieser Nacht, kurz nach Sonnenuntergang, begab er sich in ein Achterboot, das abwärts fuhr, verabschiedete sich lange vom Edisto und der Plantage von Colonel Whaley und kam am nächsten Abend in Charleston an. Am nächsten Morgen stellte er sich den Agenten vor, die ihm alle seine Forderungen großzügig bezahlten und ihr Bedauern über den Umstand zum Ausdruck brachten. Aus gutem Grund legte der Kapitän den Fünf-Dollar-Schein bei und gab ihn dem souveränen Colonel Whaley zurück.

Der Savannah Republican vom 11. September sagt : „ Wir wurden freundlicherweise mit den Einzelheiten eines Duells versorgt, das gestern Morgen auf Major Starks Plantage gegenüber dieser Stadt zwischen Colonel EM Whaley und EE Jenkins aus South Carolina ausgetragen wurde.“ .“ In einer anderen Zeitung heißt es: „Nach einem einzigen Schusswechsel endete die Affäre, aber ohne eine Versöhnung.“ Derselbe Colonel Whaley! Eine dieser Zeitschriften hätte möglicherweise traurigere und ebenso ausdrucksstarke Einzelheiten über das Leben im Süden enthalten . Sie hätten eine schöne Frau beschreiben können, eine Dame aus dem Norden, die mit ihren beiden Kindern floh, um den Misshandlungen eines treulosen Ehemanns zu entgehen, im Charleston Hotel Zuflucht suchte und sich mit Mr. Jenkins und einem anderen jungen Mann anfreundete, dessen Namen wir nicht nennen Erwähnung – und dieses berühmte Lokal, das an einem Sabbatabend von der Polizei umzingelt wurde, um seine Eingänge zu bewachen – und sie schleppte sich hinaus und trug es zurück in das Haus des Unglücks.

KAPITEL XXVII.
DAS HABEAS CORPUS.

Der Kapitän der Janson hatte sein Geschäft erledigt und wollte unbedingt nach Hause zurückkehren. Er hatte für Manuel alles getan, was in seiner Macht stand, und obwohl die geschickten Anstrengungen des Konsuls sich mit seinen vereinten, hatte er nichts bewirkt , um ihn zu entlasten. Das Gesetz war zwingend, und wenn es befolgt wurde, gab es für ihn keine Alternative, außer auf der Grundlage, dass er beweisen musste, dass er Anspruch auf die Privilegien eines weißen Mannes hatte. Um dies zu erreichen, wäre eine endlose Routine des Gesetzes erforderlich, die seine Angst und sein Leiden um das Doppelte verstärken würde. Man hatte Herrn Grimshaw sagen hören, dass er, wenn ein Habeas-Corpus-Antrag verklagt würde, sich auf die Formalität eines Akts des Gesetzgebers verlassen und sich weigern sollte, auf die Vorladung zu antworten, oder den Mann ausliefern sollte. Nein, er selbst würde die Prüfung hinsichtlich des Anspruchs auf das Habeas Corpus bestehen, und wenn er wegen der Weigerung, den Gefangenen auszuliefern, verurteilt würde, würde er einen anderen Akt des Gesetzgebers ausnutzen und nach einer gewissen Zeit im Gefängnis bleiben Gefängnisstrafe, fordern Sie seine satzungsgemäße Freilassung. Herr Grimshaw war von seiner eigenen wichtigen Stellung in dieser Angelegenheit und von dem Kurs, den er einschlagen sollte, so sehr beeindruckt, dass er den Gefangenen mehrmals sagte, dass er in ein paar Tagen ein Gefangener unter ihnen sein sollte, um daran teilzunehmen Fahrpreis.

Richter Withers ersparte ihm jedoch solch große Schwierigkeiten. Für diejenigen, die Richter Withers kennen, wäre es unnötig, sich mit den Charakterzügen seines Charakters zu befassen. Denjenigen, die das nicht tun, können wir sagen, dass seine Gefühle auf Interessen beruhten – er bewegte sich in den wichtigsten Elementen der Sezession – willkürlich, eigensinnig und leicht von Vorurteilen beeinflusst – ein Mann, der in der Öffentlichkeit und an der Anwaltskammer für seine Frigidität bekannt war, Er ist an seine eigene Meinung gebunden und den Wünschen und Grundsätzen eines Nichtmenschen unterworfen, der seine Popularität als Richter nicht fürchtet, aber dennoch frei von jenen gediegenen Grundsätzen ist, die tiefgründige Juristen bei der Prüfung wichtiger Fragen, bei denen es um Leben oder Freiheit geht, zu Hilfe holen -ein Geist, der lieber die Monarchie wiederherstellen würde, als die Segnungen einer freien Regierung zu verbreiten. Welchen Grund haben wir hier, auf eine günstige Entwicklung zu hoffen?

daher die Habeas-Corpus-Verfügung beantragte, wurde ihm das Recht verweigert, obwohl das Subjekt der Erbe aller Bürger- und Schutzrechte war, mit denen ihn die Gesetze seiner eigenen Nation ausstatten konnten. Um zu zeigen, wie diese Angelegenheit von der Presse behandelt wurde – obwohl wir froh sind, sagen zu können, dass sich darin nicht die Gefühle der Handelsgemeinschaft widerspiegeln – kopieren wir den Leitartikel aus dem „Southern Standard", einer in Charleston erscheinenden Zeitschrift, deren Herausgeber behauptet, die konservativen Ansichten einer kleinen Minderheit zu vertreten. Hier ist es:-

„CHARLESTON, 23. APRIL 1852. „Farbige Seeleute und Staatsrechte.

„Unsere Leser haben die Korrespondenz nicht vergessen, die vor einiger Zeit zwischen Seiner Exzellenz Gouverneur Means und dem Konsul Ihrer britischen Majestät, Herrn Mathew, geführt wurde. Wir veröffentlichten im Standard vom 5. Dezember letzten Jahres den sehr gemäßigten, würdevollen und gut begründeten Bericht von Herrn Mazyck , dem Vorsitzenden des Sonderausschusses des Senats, an den die Botschaft des Gouverneurs weitergeleitet worden war, und überbrachte die Korrespondenz. In unserer Ausgabe vom 16. Dezember haben wir unseren Lesern den kompetenten Bericht von Herrn McCready im Namen des Ausschusses des anderen Hauses zum gleichen Thema vorgelegt.

„Wir müssen die Öffentlichkeit nun darauf aufmerksam machen, dass die praktische Frage gestellt wurde, dass die Gültigkeit der Gesetze in Bezug auf farbige Seeleute, die in unserem Hafen ankommen, den Gerichten des Landes vorgelegt werden soll." . Für uns selbst haben wir in einer solchen Kontroverse keine Angst um die Kreditwürdigkeit des Staates. Das Recht des Staates, durch seine eigene Gesetzgebung die gesamte Angelegenheit zu kontrollieren, kann, wie wir glauben, durch eine ausführliche Diskussion auf einer Grundlage begründet werden, die zumindest im Süden künftig nie mehr in Frage gestellt werden wird. Sollten in den Einzelheiten der erlassenen Vorschriften Mängel vorliegen, ist deren Berücksichtigung nunmehr ausgeschlossen, wenn es um das Recht des Staates geht, jederzeit in den Räumlichkeiten tätig zu werden.

„Der Habeas-Corpus-Schreiben wurde während der Amtszeit des gerade abgeschlossenen Gerichts vom britischen Konsul durch seinen Anwalt, Herrn Petigru , im Namen eines gewissen Manuel Pereira, eines farbigen Seemanns, der Ansprüche geltend macht, bei Richter Withers beantragt ein portugiesischer Staatsangehöriger zu sein, der zum Dienst an Bord einer englischen Brigg vorgesehen war, die durch Wetterstress in diesen Hafen getrieben wurde; Der besagte Manuel Pereira befand sich damals aufgrund der Bestimmungen des Gesetzes der gesetzgebenden Körperschaft dieses Staates aus dem Jahr 1835 im Gefängnis, das die früheren Gesetze zu diesem Thema berichtigte. Richter Withers lehnte in Übereinstimmung mit den Anforderungen des Gesetzes von 1844 den Habeas-Corpus-Antrag ab, und es wurde Berufung eingelegt. Das Problem liegt also vor uns.

„Wir bedauern in dieser Angelegenheit nur eines, und zwar, dass es sich dabei um einen Fall handelt, bei dem die Partei, die um seine Freiheit bittet, unfreiwillig in unseren Hafen getrieben wurde. Großbritannien ist zwar die letzte Macht, die sich darüber beschweren sollte, mit seinem eigenen Beispiel im Fall der Enterprise vor Augen; aber wir gestehen, dass uns dieser Aspekt des Gesetzes nicht gefällt. Wir haben jedoch keinen Zweifel daran, dass die Exekutive, sobald sie von dieser Tatsache Kenntnis erhält, umgehend eingreifen wird, um die Person im vorliegenden Fall freizulassen, vorausgesetzt, die Partei beantragt dies und verpflichtet sich, den Staat sofort zu verlassen. Aber davon werden wir nichts sehen. Herr Manuel Pereira soll wie ein anderer John Wilkes in seiner Person große Fragen der verfassungsmäßigen Freiheit geklärt haben. Die Nachwelt, die in späteren Zeiten von seinem freiwilligen Martyrium und seiner heroischen Selbstaufopferung für die leidende Menschheit lesen wird, muss etwas besser informiert sein als Herr Pereira selbst; denn wir stellen fest, dass seine kaufmännischen Fähigkeiten es ihm nicht ermöglichten, seinen Namen für die Habeas-Corpus-Petition zu unterschreiben, die in der zukünftigen Geschichte eine so auffällige Rolle spielen wird, da sie ursprünglicher durch sein „Zeichen" bezeugt wird."

Gegen diese Ablehnung wurde Berufung eingelegt und vor dem Berufungsgericht in Columbia, der Hauptstadt des Staates, verhandelt. Wie wurde das behandelt? Ohne sich gegenseitigen Respekt zu verschaffen, unterstützte sie die Meinung von Richter Withers, der eines ihrer konstituierenden Mitglieder war. In einem solchen Zustand, in dem alle Wege zu Recht und Gerechtigkeit durch einen Volkswillen verstopft sind, der sich über Gesetz oder Gerechtigkeit stellt, wo ist der vorurteilslose Geist, der dem höchsten Gericht des Landes unangemessene Beweggründe vorwirft, wenn er Gerechtigkeit fordert? .

Im Jahr 1445 wurde eine Petition von den Gemeinwesen zweier benachbarter Grafschaften vorgelegt oder in die Liste des britischen Parlaments aufgenommen, in der um die Linderung eines Ärgernisses gebeten wurde, das schreckliche Störungen des Friedens und der Ruhe in ihren Weilern versprach Die Zahl der Anwälte sei von acht auf vierundzwanzig gestiegen. Sie betonten, dass Anwälte eine Gefahr für den Frieden und das Glück einer Gemeinschaft darstellten, und beteten dafür, dass es für jeden Bezirk nicht mehr als sechs Anwälte geben sollte. Der König gab der Petition statt und fügte eine Klausel hinzu, die sie von der Zustimmung der Richter abhängig machte. Die Zeit erzeugt mächtige Kontraste. Hätten diese friedfertigen alten Bürger ein Bild des 19. Jahrhunderts mit seiner oberflächlich verstreuten Justiz gesehen, hätten sie die Welt sicherlich als einen sehr unglücklichen Ort abgetan. Die Menschen in Charleston könnten sich nun fragen, warum sie so viel Gesetz und so wenig Gerechtigkeit haben?

KAPITEL XXVIII.
Die Abreise des Kapitäns und die Freilassung von Manuel.

Nachdem Manuel fast drei Wochen lang in einer Zelle im dritten Stock festgehalten hatte, durfte er herunterkommen und seine Position unter den Verwaltern in der „Verwalterzelle" wieder einnehmen. Es gab einen traurigen Gesichtswechsel. Aber einer von denen, die er zurückließ, war dort; und er, der arme Kerl, war so verändert, dass er nur noch ein Wrack dessen war, was er war, als Manuel in der Zelle eingesperrt war.

Nachdem der kleine Tommy gegangen war, hinterlegte der Kapitän eine Geldsumme beim Gefängniswärter, um Manuels Bedürfnisse zu befriedigen. Der Gefängniswärter erfüllte seine Pflicht treu, aber der Fonds war bald aufgebraucht und Manuel musste sich an seinen Konsul wenden. Mit der Fürsorge für die Bürger, die den Kurs dieser Regierung kennzeichnet, und der charakteristischen Freundlichkeit ihres Vertreters in Charleston wurde dem Aufruf umgehend entsprochen. Der Konsul betreute ihn persönlich und versorgte ihn sogar mit den Dingen, die er brauchte, um es ihm bequem zu machen, aus seiner eigenen Handtasche. Wir konnten nicht umhin, die Edelmut vieler Taten zu bewundern, die dieser bescheidene Bürger durch den Konsul erfahren hat und die die Verbundenheit und den Glauben einer Regierung gegenüber ihrem bescheidensten Untertanen zum Ausdruck bringen. Die Frage war nun: Würde die Exekutive ihn freilassen? Herr Grimshaw hatte heftige Einwände erhoben und ungerechtfertigte Erklärungen dazu abgegeben, dass er von seinem Kapitän im Stich gelassen worden sei, die hohen Kosten für den Unterhalt des Mannes angefallen seien und die Gültigkeit des Rechts des britischen Konsuls, ihn zu schützen, in Frage gestellt hätten. Unter der Wirkung dieser Vorstellungen begannen sich die Aussichten zu verdunkeln, und Manuel wurde immer unzufriedener und wartete gespannt auf das Ergebnis.

In dieser Situation wurde eine Petition an die Exekutive geschickt , in der die Freilassung des Mannes gefordert wurde, vorausgesetzt, die britische Regierung vertraute darauf, dass alle Kosten bezahlt würden, und er schickte sie sofort über die Grenzen des Staates hinaus.

Aber wir müssen zurückkehren und uns von Kapitän Thompson verabschieden, bevor wir die Antwort auf die Petition erhalten. Der Tag seiner Abreise war gekommen. Er hatte alle seine Papiere eingesammelt und stand früh auf, um seinen gewohnten Spaziergang über den Markt zu machen. Es war kurz nach sieben Uhr, und als er sich dem einzigartigen Stück Holz näherte, das wir in einem früheren Kapitel als Charleston Whipping-Post beschrieben haben, sah er eine Menschenmenge, die sich darum versammelt hatte, und Neger, die zum Tatort rannten Er schrie: „Buckra gwine , um Peitsche zu bekommen!" Buckra, krieg dir den Rücken gekratzt!" &C. &C. Er beschleunigte seine Schritte und kämpfte sich, als er am Tatort ankam, mit den Ellbogen durch eine riesige Menschenmenge, bis er an eine Stelle kam, von der aus er eine gute Sicht hatte. Hier, den Blicken ausgesetzt, befanden sich sechs anständig gekleidete weiße Männer, die nach den Gesetzen von South Carolina ausgepeitscht werden sollten, die auf dem Markt für geringfügige Diebstähle gelten. Fünf von ihnen waren aneinander gekettet und der andere wissenschaftlich an der Maschine befestigt, wobei sein nackter Rücken freigelegt war und Mr. Grimshaw (gekleidet mit seinem Hut und seinem Amtsschwert, um die Würde der Strafe angemessen zu machen) mit einem auf den Streifen lag große Peitsche und bei jedem Schlag auf die Zehenspitzen gestellt, um mehr Kraft zu erzeugen, sodass das Fleisch der Peitsche folgt. Umher standen etwa ein Dutzend riesiger Polizisten mit langen Spitzenstäben in ihren Händen, während zwei weitere beim An- und Abketten der Gefangenen halfen. Das Spektakel war barbarisch und eröffnete ein weites Feld zum Nachdenken. Es wurde gesagt, dass diese barbarische Art der Bestrafung als Vorbild für die Neger beibehalten wurde. Es ist sicherlich eine sehr einzigartige Art, Respekt vor den Gesetzen zu wecken.

Er hatte viel von T. Norman Gadsden gehört, dessen Ruf als der größte Negerverkäufer des Landes galt, doch er hatte ihn nicht gesehen, obwohl er mehrere Negerverkäufe an anderen Orten miterlebt hatte. Als er nach dem Frühstück die Zeitung durchblätterte, fiel ihm eine flammende Anzeige mit der Aufschrift „T. „Norman Gadsdens Negerverkauf" an der Spitze. Es gab Plantagenneger, Kutscher, Hausangestellte, Mechaniker und Kinder jeden Alters, deren Beschreibungen so unterschiedlich waren wie die Arten. Unterhalb des Rests befand sich mit einer leuchtenden Darstellung die Beschreibung einer bemerkenswert schönen jungen Näherin, sehr klug und sehr intelligent, die ohne Fehler verkauft wurde. Die Bekanntmachung hätte eine Ausnahme hinzufügen müssen, dass der Eigentümer heiraten würde.

Er begab sich zur angegebenen Zeit an den Ort und fand dort einen alten Plantagenneger in zerlumpten, grauen Kleidern, der nach ein paar Geboten für dreihundertfünfzig Dollar zugeschlagen wurde. „Wir werden allem, was wir heute hier verkaufen, Spitzentitel verleihen; und, meine Herren, wir werden Ihnen jetzt das hübscheste Mädchen der Stadt anbieten. Sie ist zu bekannt, als dass ich mehr sagen könnte", sagte der berüchtigte Auktionator.

Eine Reihe der ersten Bürger waren anwesend, darunter auch der Kapitän erkannte Oberst S., der näher kam und über den Verkauf der Frau zu reden begann. „Es ist eine Schande, dieses Mädchen zu verkaufen, und dieser Kerl sollte aufgehängt werden", sagte er und meinte damit den Besitzer; und darauf begann er, eine Geschichte des armen Mädchens zu erzählen.

"Wo ist sie? Bring sie mit! Herr! „Meine Herren, allein ihre Locken reichen aus, um ein Gebot von fünfzehnhundert zu starten", sagte der Auktionator.

„Mach es, Gadsden, du bist ein Trumpf", stimmten mehrere Stimmen zu.

Das arme Mädchen trat bleich und zitternd auf die Tribüne, als würde sie auf das Schafott treten, und sah ihre Henker um sich herum. Sie war sehr blond und schön – selbst in ihren anmutigen Bewegungen lag etwas, das Bewunderung hervorrief. Hier stand sie einige Augenblicke fast regungslos da.

„Meine Herren, ich sollte Ihnen allen sieben Pence pro Besichtigung in Rechnung stellen, weil Sie sie gesehen haben", sagte der Auktionator. Sie lächelte über die Bemerkung, aber es war das Lächeln des Schmerzes.

„Warum verkaufen Sie das Mädchen nicht und verfolgen ihre Gefühle nicht auf diese Weise?" sagte Oberst S-.

Die Gebote gingen in rascher Folge von elfhundert bis dreizehnhundertvierzig weiter. Eine bekannte Händlerin aus New Orleans stand hinter einem der Stadtmakler und winkte ihm bei jedem Gebot zu, und sie wurde zu ihm hinabgeworfen. Wir haben ihre Geschichte erfahren und kennen die Fortsetzung.

Der Kapitän beobachtete sie mit gemischten Gefühlen und hätte am liebsten gesagt: „Guter Gott! und warum bist du ein Sklave?"

Die Geschichte dieser unglücklichen Schönheit lässt sich in wenigen Worten fassen und überlässt es dem Leser, die Einzelheiten seiner Fantasie zu entlocken. Ihre Mutter war eine gute Mulattin, die etwa zu einem Viertel indianischen Blutes hatte. Sie war die Geliebte eines berühmten Herrn in Charleston, der zu den ersten Familien gehörte, dem sie drei wunderschöne Kinder gebar, von denen das zweite das uns vorliegende ist. Obwohl ihr Vater sie nicht anerkennen konnte, schätzte er sie sehr und hatte zweifellos nie die Absicht, sie als Sklavin zu betrachten. Alice, denn so hieß sie, empfand die Schande über ihre Stellung. Sie kannte ihren Vater und war stolz darauf, sich auf seine Ehre und seinen Rang zu berufen, musste aber entweder mit Negern oder mit niemandem verkehren, denn es würde für eine weiße Frau, wie gemein sie auch sein mag, den Tod der Kaste bedeuten, wenn sie mit ihr verkehren würde. Im Alter von sechzehn Jahren freundete sie sich mit einem jungen Herrn von hohem Ansehen, aber bescheidenen Mitteln an und lebte mit ihm als seiner Geliebten zusammen. Ihr Vater, dessen Tod bekannt ist, verstarb plötzlich außer Haus. Bei der Verwaltung seines Nachlasses stellte sich heraus, dass er nicht, wie angenommen, wohlhabend, sondern zahlungsunfähig war und die Gläubiger auf dem Verkauf der Kinder bestanden. Alice wurde durch einen Kompromiss mit dem Verwalter gekauft und von ihrem Herrn im Rahmen einer Hypothek behalten, deren Zinsen und Prämie er mehr als vier Jahre lang regelmäßig gezahlt hatte. Jetzt, wo er heiraten wollte, war die Hypothek als Entschuldigung der beste Vorwand der Welt, um sie loszuwerden.

Der Kapitän verließ die Szene mit Gefühlen, die tiefe Eindrücke in seinem Geist hinterließen, und machte sich am Nachmittag auf den Weg in seine schottische Heimat.

Die Zeit im Gefängnis verging wie im Flug, und Tag für Tag wartete Manuel voller Sorge auf sein Schicksal. Bei jedem Klopfen der Gefängnisglocke sprang er zur Tür und lauschte und versicherte, dass er in jedem Geräusch die Stimme des Konsuls hörte. Tag für Tag besuchte ihn der Konsul, beschwichtigte seine Ängste und versicherte ihm, dass er in Sicherheit sei und nicht als Sklave verkauft werden dürfe. Endlich, am siebzehnten Mai, nach fast zweimonatiger Haft, erhielt man die frohe Nachricht, dass Manuel Pereira laut den Statuten nicht verkauft, sondern gegen Zahlung aller Kosten usw. freigelassen werden sollte. usw. und sofort über die Grenzen des Staates hinaus verschickt. Wir überlassen es der Fantasie des Lesers, sich die Freudenszene beim Empfang der Nachricht in der „Verwalterzelle" vorzustellen.

Der Konsul verlor keine Zeit, seine Angelegenheiten für ihn zu regeln, und um fünf Uhr am Nachmittag des 17. Mai 1852 traf Manuel Pereira, ein armer, schiffbrüchiger Seemann, der durch die Fügung einer allwissenden Vorsehung wurde an die Küste von South Carolina geworfen und eingesperrt, weil die Gastfreundschaft ihm gegenüber „gesetzeswidrig" war, wurde von zwei Polizisten bleich und abgemagert hinausgeführt, in ein eng überdachtes Fahrzeug gesteckt und dann mit voller Geschwindigkeit zum Dampfschiff gefahren Ich warte auf die Abreise nach New York. Dies ist nur ein schwacher Einblick in das Leid, dem farbige Gefängniswärter im Charleston-Gefängnis ausgesetzt sind.

Im Kalenderjahr, das am 12. September 1852 endete, gab es nicht weniger als 63 Fälle von farbigen Seeleuten, die wegen „Gesetzesverstößen" inhaftiert waren Darstellung des erbärmlichen Gefängnisregimes an Seine Exzellenz, Gouverneur Means, der, als wäre er gerade aus einem Traum erwacht, der eine Generation gedauert hatte, einen Brief an den Generalstaatsanwalt vom 7. September 1852 richtete, in dem er ihn um eine Stellungnahme bat Bezug auf das Gefängnis – wie viele Gefangene dort am zwölften Septembertag eingesperrt waren, verurteilt wurden und auf ihren Prozess warteten, die Art der Straftaten, wer sie begangen hatte und wie lange sie auf ihren Prozess gewartet hatten; Wie hoch waren die Kosten für das Gefängnis, wie viel wurde von den Gefangenen bezahlt und wie viel vom Staat usw. &C. In dieser Erklärung wurde die Zahl der farbigen Seeleute aus Gründen, die Herrn Grimshaw am besten bekannt waren, nicht erwähnt; Ebenso wurde die Differenz zwischen dreißig und acht Cent pro Tag für die Ration für jeden Mann gezahlt . Die tatsächliche Aussage zeigte ein Kopfgeld für den

Sheriff von vierzehnhundertdreiundsechzig Dollar allein für die Vorräte –
eine traurige Prämie für das Elend. Fügen wir nun für jeden dieser 63 Seeleute
einen mittleren Betrag hinzu, dann haben wir noch zwischen 800 und 900
Dollar, was das Charleston-Gefängnis zu einem netten kleinen Anhängsel
des Gefängnisses zusammen mit diversen Gefängnisgebühren und anderem
Kriminalgeld macht Büro des Sheriffs, und wird voll und ganz erklären, mit
welcher Hartnäckigkeit diese Funktionäre am „alten System" festhalten.

Wir schließen die Rechnungen ab, indem wir Manuels Aussage
wiedergeben, wie sie in den Büchern steht: „Verstoß gegen das Gesetz."
Britische Brigg „Janson", Kapitän Thompson. Für Manuel Pereira, farbiger
Seemann. 1852. An den Sheriff des Bezirks Charleston.

15. Mai. Zur Verhaftung: 2 $; Register, 2 $, 4,00 $" „ Recog ., 1,31 $;
Constable, 1 $, 2,31" „Verpflichtung und Entlastung, 1,00" „52 Tage
Unterhalt von Manuel Pereira, zu 30 Cent pro Tag, 15,60."

22,81 $ Rec'-Zahlung, J. D-, SCD pro Chs . Kanapeaux , Angestellter.

In diesem Betrag sind sämtliche anfallenden Anwalts- und Anwaltskosten
nicht enthalten und er ist ausschließlich Sache des Sheriffs.

Nun, ungeachtet des lautstarken Geschreis über die Gesetze von South
Carolina, das jeder Bewohner South Carolinas in der Fülle seiner Gefühle mit
der Souveränität seiner Justiz, seinen heiligen Rechten und seinem
herausragenden Ruf beeindrucken möchte, wir Noch nie waren wir in einem
Land oder einer Gemeinschaft, in der die Privilegien einer bestimmten Klasse
so stark missbraucht wurden. Alles ist darauf ausgelegt, die Gunst der
Bevölkerung zu wahren und den Einflussreichen die Möglichkeit zu geben,
mit einer mittellosen Klasse zu tun, was sie wollen, egal ob sie weiß oder
schwarz ist. Offizielle Dienststellen werden zu Lagerstätten für elende
Spionage, in denen die ungerechtesten Intrigen gegen diejenigen praktiziert
werden, deren Stimme zu ihrer eigenen Verteidigung nicht gehört werden
kann . Ein Richter ist mit einer fast absoluten Macht ausgestattet oder
übernimmt diese, indem er sie ohne Anhörung begeht und sie im Gefängnis
verschwendet; sie dann vor der Gerichtssitzung freizulassen und die
Gebühren dem Staat in Rechnung zu stellen; oder den armen Gefangenen
freizulassen, wenn er für seine Freundlichkeit „Erpressung" erhält; einem
Mann einen Friedensbefehl erteilen, um einen anderen zu unterdrücken, von
dem er weiß, dass er keine Freilassung bekommen kann; und wenn ein Mann
die Strafe für das Verbrechen verbüßt hat, das er begangen hat, erteilen Sie
seinem Gegner einen Friedensbefehl, damit er weiterhin seine Wut an ihm
auslassen kann. Auf diese Weise haben wir einen Mann kennengelernt, der
aufgrund einer Vereinbarung zwischen dem Richter und dem Kläger wegen
Körperverletzung und Körperverletzung eine siebenmonatige Haftstrafe
verbüßt hatte und aufgrund eines vom Richter von Zeit zu Zeit ausgestellten
Friedensbefehls mehrere Jahre im Gefängnis blieb Zeit, bis er sich schließlich

im Gefängnis erschoss. Der Mann war ein friedfertiger Mann und hatte ein soziales Temperament. Man hatte ihm die Alternative angeboten, den Staat zu verlassen, aber er lehnte es ab, diese anzunehmen. Um zu zeigen, dass wir mit dem, was wir über einige der Beamten von Charleston sagen, Recht haben, fügen wir einen Artikel ein, der im Charleston Courier vom 1. September 1852 erschien: – [Für den Courier.]

„Viele aus dem ruhigen und moralischen Teil unserer Gemeinschaft können sich keine angemessene Vorstellung davon machen, in welchem Ausmaß diejenigen, die Alkohol verkaufen und anderweitig mit unseren Sklaven Handel treiben, jetzt ihren illegalen und demoralisierenden Handel betreiben. Zu keinem Zeitpunkt unserer Erinnerung hat es sich in einem derart besorgniserregenden Ausmaß durchgesetzt; Zu keinem Zeitpunkt war sein Einfluss auf unsere Sklavenbevölkerung spürbarer oder gefährlicher. Zu keinem Zeitpunkt war die Stadtverwaltung gegenüber diesen korrupten Praktiken so vorsätzlich blind oder so nachsichtig und nachsichtig, wenn solche Praktiken aufgedeckt wurden."

* * * *

„Wir haben gehört, dass General Schnierle , wenn er für das Bürgermeisteramt kandidiert, regelmäßig nach Mitteln zur Deckung der Wahlkosten gefragt wird. Es mangelt nicht an Fällen, in denen der Polizei von General Schnierle monatlich Geldbeträge gezahlt werden als Belohnung dafür, dass sie bei rechtswidrigen Verfahren die Augen und die Lippen verschließt. Wir besitzen derzeit eine Bescheinigung eines Bürgers, der vor Herrn Giles, dem Richter, beeidigt wurde und erklärt, dass er, der Zeuge, gehört hat, wie einer der Stadtpolizisten (Sharlock) bei einem von ihnen Geld verlangt hat Diesen Ladenbesitzern und versprach, dass, wenn er ihm in bestimmten Abständen fünf Dollar zahlen würde, „keiner der Polizisten ihn belästigen würde". Diese eidesstattliche Erklärung kann auf Anfrage in diesem Büro eingesehen werden. So kommt zur Schuld noch Bestechung hinzu, und diejenigen, die die Gesetze durchsetzen sollen, werden zu Gehilfen bei deren Übertretung gemacht. Einer dieser Sklavenzerstörer sagte zu uns: „General Schnierle passt sehr gut zu uns." „Ich habe keine Probleme mit General Schnierle " – Bemerkungen, die zugleich abstoßend und anzüglich sind. * * * Jemand erzählt uns, dass Herr Hutchinson ihn, als er an der Macht war, mit einer hohen (und seiner Meinung nach ungerechtfertigten) Geldstrafe belegte, weil er einem Sklaven Alkohol verkauft hatte; daher würde er nicht für ihn stimmen. Ein weiterer Grund für diese Feindseligkeit gegenüber Herrn Hutchinson ergibt sich aus der Tatsache, dass die Namen der Straftäter während der Amtszeit dieses Herrn stets veröffentlicht wurden, während sie unter der Amtszeit von General Schnierle vor der Öffentlichkeit geheim gehalten wurden. An jedem Sonntagabend ist in den Geschäften dieser Händler Licht zu sehen. Wenn der Passant für ein paar Augenblicke seinen Weg beibehält, wird er Zeuge des Ein- und Ausstiegs von Negern; Wenn er sich der Tür nähert , wird er drinnen Geräusche hören, die an Kartenspiel und Ausgelassenheit erinnern. Und das wird ohne Erröten weitergeführt; ist nicht auf ein Geschäft hier und ein Geschäft dort beschränkt, sondern kann in der ganzen Stadt beobachtet werden. Der Verfasser dieses Artikels wurde seit einigen Sonntagen Zeuge von seinem oberen Fenster aus in einem dieser Trinklokale eine Szene voller Ausgelassenheit und Glücksspiel, die kaum zu würdigen ist. Man sah eine Gruppe Neger um einen Kartentisch sitzen, mit Geld daneben, und mit Wetten beschäftigt; Auf dem Tisch standen Schnapsgläser, aus denen sie sich hin und wieder mit der ganzen Lässigkeit und dem gekünstelten Manierismus der vornehmsten Herren der Beau Monde vergnügten.

„Dies ist vielleicht keine ‚Entweihung des Sabbats' durch die Stadtverwaltung selbst, aber sie sind mit Sicherheit für seine Entweihung verantwortlich. Da sie zum Hüter der öffentlichen Moral ernannt wurden, sind sie mit Sicherheit tadelnswert, wenn Zügellosigkeit unbemerkt und ungehindert ihren wilden Lauf nehmen darf. Wir bitten nicht darum, geglaubt zu werden. Wir hätten lieber skeptische als leichtgläubige Leser. Es wäre uns lieber, wenn bei der Lektüre dieses Artikels allen Zweifel aufkämen und sie sich dazu entschließen würden, dies selbst zu prüfen. Wir glauben an die Stärke und Angemessenheit von Augenbeweisen und gerichtlichen Ermittlungen.

* * *

„Wir werden reichlich belohnt, wenn es uns gelingt, die öffentliche Aufmerksamkeit auf den alarmierenden und gefährlichen Zustand unserer Stadt zu lenken. * * * Lassen Sie eine Anfrage eingehen. Wir fordern es mutig heraus. Es wird zu anderen und erstaunlicheren Entwicklungen führen als die, die wir offenbart haben. (Unterzeichnet)

„EIN VERANTWORTUNGSBEWUSSTER BÜRGER."

KAPITEL XXIX.
MANUELS ANKUNFT IN NEW YORK.

Als wir Manuel verließen, wurde er wie ein Ballen infizierter Waren an Bord des Dampfschiffs gebracht. Durch die Freundlichkeit des Angestellten im Büro des Konsuls wurde ihm eine kleine Kiste mit Vorräten zur Verfügung gestellt, um auf der Überfahrt seinen Bedarf zu decken, da bekannt war, dass er „vorwärts" gehen musste. Schon bald glitt er über die Bar von Charleston und warf einen letzten Blick auf die Stadt, die für ihn die Stadt der Ungerechtigkeit gewesen war. Am Nachmittag des zweiten Tages saß er auf dem Vorderdeck und aß eine Orange, die ihm der Steward des Schiffes, wahrscheinlich als Zeichen des Mitgefühls für sein kränkliches Aussehen, geschenkt hatte, als eine Reihe von Passagieren darauf reagierten die Informationen des Schiffsschreibers, die um ihn herum gesammelt wurden. Ein Herr aus Philadelphia, der offenbar mehr Interesse an dem Mann hatte als alle anderen Passagiere, drückte seine Empörung darüber, dass ein solcher Mann als Sklave eingesperrt werden sollte, in unübersehbaren Worten aus. „Passen Sie auf", sagte ein Umstehender, „es sind ziemlich viele Südstaatler an Bord."

„Es ist mir egal, ob jeder Sklavenhalter im Süden an Bord war und ein Messer an meiner Kehle hielt; Ich bin auf dem weiten Ozean, wo Gott die Brise der Freiheit verbreitet, die der Mensch nicht versklaven kann", sagte er, setzte sich neben Manuel und ließ ihn die Einzelheiten seines Schiffbruchs und seiner Gefangenschaft erzählen. Die Zahl um ihn herum wuchs und alle hörten aufmerksam zu, bis er zu Ende war. Einer der Zuschauer fragte ihn, ob er etwas Gutes zu essen hätte? aber er lehnte ab, holte das kleine Kästchen heraus, das ihm der Konsul geschickt hatte, öffnete es vor ihnen und zeigte, dass es mit kleinen Köstlichkeiten gut gefüllt sei.

Der Philadelphier bedeutete ihnen, ein Abonnement für ihn abzuschließen, nahm fast gleichzeitig seinen Hut ab und begann, ihn herumzureichen; Aber Manuel verwechselte das Motiv und sagte ihnen, dass er noch nie nach Almosen gesucht habe – dass der Konsul ihm seinen Lohn ausgezahlt habe und er genug Geld habe, um nach Hause zu kommen. Aber wenn er ihre Beiträge nicht akzeptierte, hatte er ihr Mitgefühl und ihre guten Wünsche, die ihm mehr schätzten, weil sie im Gegensatz zu der kalten Gastfreundschaft standen, die er in Charleston erlitten hatte.

Am Morgen des 20. kam er in New York an. Hier sahen die Dinge anders aus. Es gab keine Polizisten, die ihn mit Eisen fesselten, seine Gefühle steigerten und ihn in eine elende Zelle schleppten, in der es von Ungeziefer wimmelte. Er musste sich keiner wissenschaftlichen Prüfung der Statuten unterziehen, die das Maß seiner Gestalt und seiner Gesichtszüge erforderte;

und er war wieder ein Mann mit Leben und Freiheit und der dunklen Furcht vor der Macht des Unterdrückers weit von ihm entfernt. Er ging in seine gemütliche Pension, legte seine müden Glieder zur Ruhe und dankte Gott, dass er nun in Frieden schlafen und in der Freiheit erwachen konnte. Sein System war so geschwächt, dass er seinen Pflichten nicht mehr nachkommen konnte, obwohl er bestrebt war, seinen Weg zu den alten Besitzern fortzusetzen, sich aber als Verwalter durchsetzen wollte. So blieb er mehr als vier Wochen in New York, gewann an Kraft und Kraft und hoffte immer noch, seinen kleinen Begleiter kennenzulernen.

Am 21. Juni segelte er, gut rekrutiert, nach Liverpool und kam nach einer bemerkenswert ruhigen Fahrt von vierunddreißig Tagen im Mersey an, und nach weiteren achtundvierzig Stunden befand sich das Schiff sicher im Princess' Dock , und alle Mann sind bereit, an Land zu gehen. Im selben Dock befand sich ein Schiff, das Fracht und Passagiere für Charleston, South Carolina, aufnahm. Manuel ging an Bord und erfuhr im Gespräch mit dem Steward, dass sie am 23. Mai von diesem Hafen ausgelaufen war. Ein kurzes Gespräch ergab, dass sie alte Schiffskameraden von der Themse an Bord des Indiaman, Lord William Bentick, gewesen waren und sich an Bord dieses Schiffes befanden, als sich vor vielen Jahren beim Einlaufen in einen britisch-nordamerikanischen Hafen ein unglücklicher Umstand ereignete. Hier saßen sie und erzählten von den vielen Abenteuern, die sie seit dieser Zeit erlebt hatten, von den Schiffen, mit denen sie gesegelt waren, von den Leiden, die sie durchgemacht hatten, und von den knappen Entrinnen, denen sie bis nach Mitternacht ums Leben gekommen waren. Manuel schloss mit einem detaillierten Bericht über seine Leiden in Charleston.

"Was!" sagte der Steward des Charleston-Schiffes, „dann müssen Sie unseren Schiffsjungen gekannt haben, er gehörte zum selben Schiff!"

"Was war sein Name?" fragte Manuel.

„Tommy Ward! und ein so netter kleiner Kerl wie je zuvor, der der Hütte diente; armer kleiner Kerl, wir konnten ihn kaum rüberbringen."

"Gnädig! „Das ist mein Tommy", sagte Manuel. "Wo ist er? Er liebt mich wie sein Leben und würde zu mir rennen wie ein Kind zu seinem Vater. So klein er auch ist, er war mir in meinen schwersten Prüfungen ein Freund und ein Begleiter in meinen Freuden."

„Ah, armes Kind! Ich fürchte, Sie würden ihn jetzt nicht kennen. Er hat viel gelitten, seit du ihn gesehen hast."

„Ist er nicht an Bord? Wo kann ich ihn finden?" fragte Manuel hastig.

„Nein, er ist nicht an Bord; Er ist im Krankenhaus in der Dennison Street . Gehen Sie morgen dorthin, und Sie werden ihn finden.

KAPITEL XXX.
DIE SZENE DER ANGST.

Es tut uns leid, dass wir, nachdem wir die Details unserer Erzählung so verfolgt haben, wie sie sich abspielten, ohne dramatische Effekte hinzuzufügen, gezwungen sind, mit einem Bild zu schließen, das gleichzeitig schmerzhaft und erschütternd für die Gefühle ist. Wir tun dies, um uns durch die Aufzeichnungen in dem, was wir dargelegt haben, zu stützen, anstatt eine dieser populäreren Schlussfolgerungen zu ziehen, die das Glück wiederherstellen und die Gefühle des Lesers lindern.

Manuel zog sich voller Meditation in seine Koje zurück. Sein kleiner Begleiter stand vor ihm, dargestellt in seiner kindlichen Unschuld und Verspieltheit. Er sah ihn in dem jugendlichen Eifer und der Frische der Nacht, als er den gut beladenen Rucksack in seine trostlose Zelle brachte, und welche freundliche Tat mit einer leidvollen Nacht im Wachhaus belohnt wurde. Das Bild, das seine Fantasie heraufbeschwor, enthielt zu viel Leben und Lebhaftigkeit, als dass er glauben konnte, dass ihm etwas Ernstes widerfahren war; und doch sprach der Mann auf eine Weise, die die Intensität seiner Gefühle weckte. Es war ein Flüstern voller furchtbarer Vorahnungen und erfüllte seinen Geist mit ängstlicher Erwartung. Er konnte nicht schlafen – die Angst seiner Gefühle hatte eine nervöse Unruhe geweckt, die mit Ungeduld auf die Rückkehr des Morgens wartete.

Der Morgen kam. Er ging zum Krankenhaus und klingelte. Ein älterer Herr kam zur Tür und beantwortete seine Frage, ob Tommy da sei, bejahend und rief einen Wärter, der ihm die Station zeigen sollte, in der der kleine Leidende lag. Er folgte dem Wärter, und nachdem er mehrere Treppen hinaufgestiegen war und einem dunklen, schmalen Gang fast bis zu seinem Ende gefolgt war, wurde er in ein kleines Einzelzimmer auf der rechten Seite geführt. Das Ergebnis war bereits in der Atmosphäre suggestiv, was eine einzigartige Wirkung auf die Sinne hatte. Der neu getünchte Raum wurde durch einen grünen Vorhang verdunkelt, der über dem Fensterrahmen befestigt war. In der Nähe des Fensters standen zwei Holzhocker und ein kleiner Tisch, auf dem das schwache Licht einer kleinen Kerzenleuchter brannte, die in einem Becher mit Öl stand und deren schwaches Flackern auf die Spuren eines Krankenzimmers fiel. Dort, auf einem kleinen, schmalen Feldbett, lag die totenähnliche Gestalt seines einst fröhlichen Begleiters, neben ihm saß die alte Amme und beobachtete seinen letzten Puls. Ihr Arm umschloss seinen Kopf, während sich seine rabenschwarzen Locken über seine Stirn legten und die Schönheit der Unschuld selbst im Tod beschatteten.

"Ist er da? Ist er da?" fragte Manuel leise. Gleichzeitig ertönte ein leises, gurgelndes Geräusch in seinen Ohren. Die Krankenschwester sprang auf, als wolle sie fragen, warum er gekommen sei. „Er ist mein Begleiter – mein Begleiter", sagte Manuel.

Es war genug. Die Frau erkannte den Gegenstand der Angst des kleinen Leidenden. "Ah! es ist Manuel. Wie oft hat er diesen Namen in der letzten Woche gerufen!" sagte sie.

Er rannte zum Bett und ergriff seine kleine fleischlose Hand, die auf dem weißen Laken lag, und übergoss seine kalte Stirn mit Küssen der Trauer. Das Leben war verschwunden – der Geist hatte seinen Weg zu dem Gott gefunden, der es gab. Damit endete das Leben des armen Tommy Ward. Er starb als einer, der in einem ruhigen Schlaf ruhte, weit entfernt vom tosenden Rauschen des Meeressturms, mit der Liebe Gottes, die seinen Geist in einer anderen und helleren Welt beschützte.

ABSCHLUSS.

In einem vorangegangenen Kapitel ließen wir den armen Jungen auf der Plantage von Colonel Whaley zurück, der an einer Lungenkrankheit litt, deren Samen in der Nacht, in der er im Wachhaus eingesperrt war, gepflanzt wurden, und die Anzeichen eines allmählichen Verfalls zeigten ihre Symptome . Nachdem Kapitän Williams – denn so hieß der Kapitän der Three Sisters – die Plantage verlassen hatte, schien sich niemand um ihn zu kümmern, und am zweiten Tag wurde er von einem Fieber befallen und in eine der Negerhütten geschickt. wo eine alte Mulattin sich um ihn kümmerte und ihn so gut pflegte, wie es ihre dürftigen Mittel zuließen. Das Fieber hielt sieben Tage lang an, als er sich erholte und wieder gehen konnte; Da er jedoch spürte, dass er den Menschen um ihn herum zur Last fiel, packte er seine Kleidung in ein kleines Bündel und machte sich zu Fuß auf den Weg nach Charleston. Er erreichte diese Stadt nach einer viertägigen Reise über eine schwere, sandige Straße und ernährte sich von der Wohltätigkeit armer Neger, die seiner Meinung nach viel eher bereit waren, seine Bedürfnisse zu befriedigen als die reichen Pflanzer. Eines Nachts musste er aus seinem kleinen Bündel ein Kissen machen und legte sich in einen Maisschuppen, wo der Pflanzer, aufgeweckt durch den Lärm seiner Hunde, die in einem Zwinger eingesperrt waren, mit einer Laterne und zwei Negern kam und entdeckte ihn. Zuerst befahl er ihm, ihn wegzuschicken, und drohte, die Hunde auf ihn loszulassen, wenn er dem Befehl nicht sofort nachkäme ; aber sein elendes Aussehen beeindruckte den Pflanzer, und bevor er zwanzig Ruten zurückgelegt hatte, überholte ihn einer der Neger und sagte, sein Herr hätte ihn geschickt, um ihn zurückzubringen. Er kehrte zurück, und der Neger machte ihm in seiner Hütte ein grobes Bett und gab ihm etwas Homony und Milch.

Die Hoffnung, Manuel wiederzusehen, hatte ihn trotz aller Strapazen bestärkt, aber als er ankam und im Gefängnis erfuhr, dass Manuel drei Tage zuvor das Gefängnis verlassen hatte, war seine Enttäuschung groß. Wenige Tage später verschiffte er als Schiffsjunge ein seefertiges Schiff und fuhr nach Liverpool. Kaum auf halbem Weg war er gezwungen, sich auf die Krankenliste einzutragen. Die Krankheit hatte tief in seinen Organismus eingedrungen und ließ ihn rasch dahinschwinden. Die Matrosen wachten einer nach dem anderen mit Zärtlichkeit und Fürsorge über ihn. Sobald das Schiff ankam, wurde er ins Krankenhaus gebracht, wo er seinen letzten Atemzug tat, als Manuel das Krankenzimmer betrat. Wir verlassen Manuel und einige seiner Schiffskameraden, die seinen sterblichen Überresten bis zur letzten Ruhestätte des Menschen folgen.

ANHANG.

DA das Vorstehende geschrieben wurde, bezieht sich Gouverneur Means in seiner Botschaft an die Legislative von South Carolina auf die Gesetze, nach denen „farbige Seeleute" inhaftiert sind. Wir erstellen den beigefügten Auszug und zeigen, dass er aus Gründen der „Selbsterhaltung" darauf besteht, dass er in Kraft bleibt – ein Recht, das Schiffseigner zum Schutz ihrer eigenen Interessen gerne berücksichtigen werden:

„Ich halte es für meine Pflicht, Ihre Aufmerksamkeit auf bestimmte Verfahren zu lenken, die sich aus der Durchsetzung des Gesetzes unseres Staates ergeben, das den Sheriff von Charleston verpflichtet, farbige Seeleute, die in diesen Hafen gebracht werden, zu beschlagnahmen und einzusperren. Sie werden sich erinnern, dass der britische Konsul im Dezember 1850 eine Mitteilung an die Legislative richtete, in der es um eine Änderung dieses Gesetzes ging. Das Repräsentantenhaus und der Senat ernannten einen Ausschuss, der in der nächsten Legislaturperiode darüber Bericht erstatten sollte. Diese Ausschüsse lehnten jede Änderung ab. Am 24. März 1852 wurde Manuel Pereira gemäß dem erwähnten Gesetz inhaftiert. Das Schiff, mit dem er segelte, geriet in Seenot in den Hafen von Charleston. Dies wurde als günstiger Anlass für eine Diskussion angesehen, da damit ein so starkes Element der Sympathie verbunden war. Dementsprechend wurde bei Richter Withers ein Antrag auf Erlass eines „Habeas Corpus" gestellt, der von ihm abgelehnt wurde. Dieses Verfahren wurde angeblich vom britischen Konsul im Auftrag seiner Regierung eingeleitet, um die Verfassungsmäßigkeit des Gesetzes zu prüfen. Ich halte es für angebracht, hier festzuhalten, dass es Pereira völlig freistand, jederzeit abzureisen, damit er ein Schiff bekommen konnte, das ihn über die Grenzen des Staates hinaus transportieren konnte. Tatsächlich verschaffte ihm der Sheriff von Charleston in Anbetracht der Tatsache, dass seine Einreise in den Staat unfreiwillig war, mit seiner charakteristischen Freundlichkeit einen Platz auf einem Schiff, das im Begriff war, nach Liverpool zu fahren. Anfang April wurde Pereira tatsächlich freigelassen und war auf dem Weg zum Schiff, nachdem er selbst die Versandpapiere unterzeichnet hatte, auf Vermittlung des britischen Konsuls erneut in die Obhut des Sheriffs übergeben worden. Wenige Tage später bestand der britische Konsul nicht mehr auf seiner Inhaftierung, sondern bezahlte freiwillig seine Überfahrt nach New York. Dies wurde als Aufgabe dieses Falles angesehen. Die Erklärung von Herrn Yates wird hiermit zusammen mit dem Brief des britischen Konsuls übermittelt.

„Während dieses Verfahren anhängig war, hatte der Sheriff von Charleston meine Anweisung, die Gefangenen nicht herauszugeben, selbst wenn ein Habeas Corpus-Schreiben erteilt worden wäre. Ich war der Ansicht, dass das „Gesetz von 1844" mit dem Titel „Ein Gesetz, das Negern und anderen farbigen Personen wirksamer die Einreise in diesen Staat verbietet und zu anderen Zwecken verhindert" es zu meiner Pflicht machte, dies zu tun.

„Am 19. Mai kam Reuben Roberts, ein farbiger Seemann, gebürtig aus Nassau, mit dem Dampfer Clyde aus Baracoa an. Der Sheriff von Charleston verhaftete ihn in Übereinstimmung mit dem Gesetz des Staates, das seit 1823 in Kraft ist, und brachte ihn im Bezirksgefängnis unter, wo er bis zum 26. Mai festgehalten wurde, als die Clyde zur Abfahrt bereit war. Roberts wurde an Bord gebracht und segelte noch am selben Tag.

„Am 9. Juni wurde Sheriff Yates vom Bundesgericht eine Klage wegen Hausfriedensbruch wegen Körperverletzung und Freiheitsberaubung zugestellt, in der der Schaden auf 4.000 US-Dollar festgesetzt wurde.

„Ich gehe davon aus, dass das Gesetz von 1844 dazu gedacht war, jede Einmischung irgendeiner Macht auf der Erde in die Umsetzung dieser Polizeiverordnung zu verhindern, die für den Frieden und die Sicherheit unserer Gemeinschaft so wichtig ist." Hätte der Gesetzgeber, der es verabschiedet hat, jemals davon geträumt, dass der Sheriff dem Ärger ausgesetzt sein würde, vor das Bundesgericht gezerrt zu werden, weil er seine Pflichten gemäß einem Staatsgesetz erfüllt hat, ich bin mir sicher, dass dies für seinen Schutz gesorgt hätte. Da keine solche Vorkehrung für einen so unerwarteten Fall getroffen wurde, empfehle ich Ihnen, dieses Gesetz von 1844 so zu ändern, dass es jedem eventuell auftretenden Fall gerecht werden kann.

„Es ist sicherlich falsch, diesen Eingriff in die zum Schutz unserer Institution erlassenen Gesetze zu dulden. Bei der allgemeinen Machtverteilung zwischen Bund und Ländern war das Recht, eigene Polizeivorschriften zu erlassen, eindeutig den Ländern vorbehalten. Tatsächlich ist es nicht mehr und nicht weniger als das Recht auf Selbsterhaltung – ein Recht, das über allen Verfassungen und allen Gesetzen steht und das von einem Volk, das es wert ist, niemals aufgegeben wurde und auch niemals aufgegeben werden wird frei. Es ist ein Recht, das noch nie einem anderen Volk außer uns verweigert wurde.

„Die Beschwerde gegen dieses Gesetz ist sehr seltsam, und der Versuch, uns deswegen in Konflikt mit der Generalregierung zu bringen, ist noch bemerkenswerter; wenn es, soweit es nicht im Widerspruch zu den Gesetzen der Vereinigten Staaten steht, lediglich von den staatlichen Behörden verlangt, ein am 28. Februar 1803 verabschiedetes Gesetz des Kongresses mit dem Titel „Ein Gesetz zur Verhinderung der Einfuhr bestimmter Personen in bestimmte" durchzusetzen Staaten, in denen deren Einfuhr aufgrund ihrer Gesetze verboten ist. Wenn Sie sich auf dieses Gesetz beziehen, werden Sie sehen, dass dem Kläger in der angeführten Klage die Einreise in diesen Staat verboten wurde. Ich halte es jedoch für unnötig, ausführlich auf die Argumentation einzugehen. Sollten Sie irgendwelche Zweifel an der Verfassungsmäßigkeit hegen, bitte ich um Erlaubnis, mich auf die kompetente Meinung des Herrn Hon. zu berufen. J. McPherson Berrien, gehalten zu der Zeit, als er Generalstaatsanwalt der Vereinigten Staaten war, den ich Ihnen hiermit übersende.

„Was die Änderung dieses Gesetzes anbelangt, kann ich frei sagen, dass ich darauf bedacht war, dass die Regierung ihres Bundesstaats durch ihren Konsul einen respektvollen Antrag an unsere Legislative in diesem Sinne stellte. Es war mir eine Freude, seine erste Mitteilung an die letzte Legislaturperiode weiterzuleiten. Ich hätte in meiner ersten Botschaft eine Empfehlung zu einer Änderung als besonderen Punkt hervorgehoben, aber ich hielt es für unfein, dies zu tun, da die Angelegenheit bereits in der Legislative anhängig war und Ausschüsse eingesetzt worden waren, die darüber Bericht erstatten sollten. Ein weiterer Grund für die Vernachlässigung dieser Empfehlung war der damals aufgeregte Zustand der Parteipolitik, der eine ruhige Betrachtung des Themas möglicherweise ausgeschlossen hätte. Aber für die in den Räumlichkeiten eingeleiteten Verfahren würde ich schon jetzt eine Änderung des Gesetzes empfehlen, um Kapitäne zu verpflichten, ihre farbigen Seeleute auf ihren Schiffen zu belassen und ihre Landung unter schweren Strafen zu verhindern. Denn während ich denke, dass der Staat das uneingeschränkte Recht hat, alle Gesetze zu diesem Thema zu erlassen, die er für seine Sicherheit für notwendig hält, verlangt der Zeitgeist, dass sie zwar so gestaltet sein sollten, dass sie unserem Schutz angemessen sind, dies aber auch sein sollte Gleichzeitig möglichst wenig beleidigend gegenüber anderen Nationen, mit denen wir freundschaftliche Beziehungen pflegen. Aber da versucht wurde, sich unseren Gesetzen zu widersetzen und uns mit der Bundesregierung in Konflikt zu bringen, und zwar zu einem Thema, bei dem wir zu Recht empfindlich sind, verlangt unsere eigene Selbstachtung, dass wir kein Jota und kein bisschen davon ablassen sollten Gesetz, das erlassen wurde, um uns vor dem Einfluss unwissender Brandstifter zu schützen."

Wir sind Gouverneur Means für seine Bemerkungen zu diesem Thema in vielerlei Hinsicht verpflichtet. Wir schätzen seinen Charakter zu hoch, um anzunehmen, dass er wissentlich eine falsche Aussage machen würde; Aber wenn wir die Fakten kennen, können wir ihm versichern, dass er von denen in die Irre geführt wurde, auf deren Informationen er angewiesen war. Und obwohl sein Name es verdient, unter den guten Männern von Carolina hervorzustechen, weil er sich immer wieder auf den schrecklichen Zustand gestürzt hat, der im Charleston-Gefängnis herrscht, hat er diesbezüglich keine korrekte Aussage erhalten. Dadurch verlieren seine Bemerkungen viel von ihrem Wert. Dort gibt es Themen und Missstände, von denen er am meisten wissen sollte, und dennoch weiß er am wenigsten, weil er sie den Betreuern anvertraut , die Missbrauch zu ihrem Profit machen.

Unter dem Einfluss dieser überaus misstrauischen und doch überaus leichtgläubigen Eigenschaft eines Volkes wissen nur wenige, welche Macht unter dem Sonnenschein von South Carolina wirkt, und diejenigen, die es wissen, stehen auf dieser sklavengetragenen Zurschaustellung, die sie für unbeachtet hält.

Wir haben kein Interesse oder Gefühl, das über das der Menschlichkeit hinausgeht, und das Recht, die Verlogenheit derer aufzudecken, die die Macht haben, sie über die Gefangenen in Charleston auszuüben. Diese Verlogenheit existierte schon zu lange, um der Ehre dieser Gemeinschaft und den Gefühlen derer, die darunter gelitten haben, zu schaden.

Es mag stimmen, dass dieser Fall als günstig für die Auseinandersetzung mit der Sache angesehen wurde, aber der Konsul suchte keinerlei Anzeichen von Sympathie. Dieser Beamte, dem der Gouverneur „charakteristische Freundlichkeit“ zugeschrieben hat, sagte in unserer Anwesenheit, und wir haben die Aussagen anderer, die unsere Aussage bestätigen, dass Richter Withers den Gefangenen nicht aufgegeben hätte, wenn er das Habeas Corpus gewährt hätte , sondern ging ins Gefängnis und erduldete die gleiche Behandlung mit den Gefangenen. Hätte er die Unterkünfte ausprobiert, hätte er festgestellt, dass die „Gewinne“ mehr als nötig waren, um den allgemeinen Hunger zu stillen.

Der Gouverneur sagt: „Pereira stand es frei, jederzeit abzureisen, damit er ein Schiff bekommen konnte, das ihn über die Grenzen des Staates hinaus transportieren konnte.“ Wie können wir dies mit dem folgenden Satz in Einklang bringen, der im nächsten Absatz erscheint: „Während dieses Verfahren anhängig war“ (gemeint war die vom Konsul eingeleitete Maßnahme zur Freilassung des Gefangenen), „hatte der Sheriff von Charleston meine Anweisungen nicht den Gefangenen herauszugeben, auch wenn ein Habeas-Corpus-Schreiben erteilt worden wäre?“ Demnach übernahm der Sheriff eine von den Vorrechten des Gouverneurs unabhängige und über diese hinausgehende Macht. Wir haben versucht, die Macht davon in unserer Arbeit darzustellen und zu zeigen, dass es offizielle Missbräuche gibt, die von einer ehrenhaften Unehrlichkeit verschleiert werden, die das Geschäft des lokalen Faktors und Verkäufers von menschlichem Eigentum würdigt und denen durch die Macht von … Einhalt geboten werden sollte Die Exekutive.

Es zeigt sich die einzigartige Tatsache, dass der Sheriff es auf sich nimmt, den Gefangenen aus dem Hafen zu schmuggeln, während Richter Withers über die Frage der Gewährung des „Habeas Corpus“ nachdachte, das Verfahren anhängig war und die gegenteiligen Anweisungen des Gouverneurs vor ihm lagen . Was war nun das Ziel dieser geheimen und konzertierten Bewegung? War es „Freundlichkeit“ seitens dieses Beamten, der jeden Vorwand ergriff , um dieses Gesetz durchzusetzen? Wir denken nicht. Der Leser wird von uns keine ausführlichen Kommentare zur Erläuterung des Motivs benötigen; Dennoch haben wir es miterlebt und können es nicht ohne ein paar Bemerkungen verlassen.

Es ist bekannt, dass es das Ziel dieses Funktionärs war, dessen „charakteristische Freundlichkeit" der Aufmerksamkeit des Gouverneurs nicht entgangen ist, den Konsul in allen seinen Verfahren zu vereiteln. In diesem Fall nahm er als Vorwand die Dienste eines „Schiffsführers" in Anspruch und war dabei, den Mann wegzuschicken, als seine Anwesenheit unerlässlich war, um sein Recht auf das Habeas Corpus zu prüfen, und genau zu diesem Zeitpunkt mehr als Zwei Monatslöhne, die ihm von den Eigentümern geschuldet wurden, lagen in den Händen des Konsuls und konnten bei seiner Freilassung ausgezahlt werden.

Das schändliche Design spricht für sich.

Der Konsul wurde über das Verfahren informiert und weigerte sich zu Recht, sich einer solchen Autoritätsverletzung hinzugeben, die auf die Annullierung seines Verfahrens hinauslaufen sollte. Er wartete lieber auf den „Test" und forderte die Freilassung des Gefangenen durch die zuständigen Behörden. Diese Veröffentlichung erfolgte nicht „ein paar Tage später", wie es in der Botschaft heißt, sondern erst am 15. Mai.

Lassen Sie den Gouverneur eine Untersuchung über die Behandlung dieser Männer durch die Beamten und die Gefängnisordnung einleiten, und er wird die Wahrheit dessen herausfinden, was wir gesagt haben. Die öffentliche Meinung wird seine Auszeichnung der „charakteristischen Freundlichkeit" denen nicht zuschreiben, die einen dürftigen Vorwand als Entschuldigung für ihr Fehlverhalten vorbringen.

Wenn Männer wegen dieser einzigartigen Gesetzeskonstruktion eingesperrt werden sollen (die nichts Geringeres bedeutet, als die Ängste von South Carolina zu verstärken), bedeutet das dann mehr, als nur zu verlangen, dass sie dafür bezahlt, anstatt es unschuldigen Personen aufzuzwingen? Oder, gelinde gesagt, eine so bequeme Versorgung für sie zu gewährleisten, wie es im Hafen von Savannah der Fall ist, und ihnen das zu geben, wofür sie bezahlen, anstatt dreißig Cent pro Tag für ihre Verpflegung zu verlangen und zweiundzwanzig von diesem Gewinn zu machen ?

Hätte der Gouverneur auf die „charakteristische Freundlichkeit" des Gefängniswärters hingewiesen, wären seine Bemerkungen einem würdigen Mann zuteil geworden, der den Unglücklichen, die bei der Umdrehung seines Schlüssels zufällig dabei waren, ein Vater gewesen ist.

In einem anderen Teil seiner Botschaft kommentiert er die Existenz schändlicher Strafgesetze, die Verwaltung und den erbärmlichen Zustand von Gefängnissen und sagt: „Der Generalstaatsanwalt hat auf meine Bitte hin einen Bericht zum Thema Gefängnisse und Gefängnisdisziplin erstellt."

." Wenn dies nun der Fall wäre, wären die Berichte für jemanden, der die Gefängnisse nie besucht, sehr unvollkommen.

Wir wissen sehr wohl, dass er diesen Bericht gefordert hat und dass der Generalstaatsanwalt in einem Brief an den Sheriff (von dem wir eine Kopie haben) zahlreiche Fragen in Bezug auf das Gefängnis stellte und eine Stellungnahme dazu forderte vollständig, insbesondere die Höhe der an bestimmte Funktionäre gezahlten Honorare; diejenigen, die dem Staat zur Last gelegt werden, und die durchschnittliche Zahl der Gefangenen pro Monat von September 1851 bis September 1852 usw. &C. Dieser Brief wurde dem Gefängniswärter übermittelt – einem Mann, dessen Charakter und Integrität in Charleston wohlbekannt und über jeden Zweifel erhaben sind – mit der Bitte, dass er seinen Bericht verfassen möge. Er erstellte seinen Bericht im Einklang mit dem Zeitplan und den Fakten, aber dieser Bericht wurde nicht vorgelegt. Warum wurde es nicht eingereicht? Ganz einfach, weil es den Gewinn hungernder Männer in den Gefängnissen von South Carolina zeigte.

Wir haben die Beweise in unserem Besitz und können der Exekutive zeigen, dass er in die Irre geführt wurde. Wir bitten ihn lediglich, die Originalaussage in der Handschrift des Gefängniswärters anzufordern und sie mit dem Kalender zu vergleichen; Und wenn er das getan hat, fragen wir uns: Warum stimmt der Durchschnitt der Gefangenen pro Monat nicht überein? und warum wurde der enorme Betrag an Gebühren, der von mehr als fünfzig „farbigen Seeleuten" anfällt, die im Laufe des Jahres inhaftiert und „gesetzwidrig" in den Kalender eingetragen wurden, nicht berücksichtigt?

Es ist, gelinde gesagt, ein sehr ungesunder Zustand; Aber da der Sheriff es für sein Eigentum hält, haben wir vielleicht kein Recht, uns darin einzumischen.

All dieses Geschrei über den schlechten Einfluss „farbiger Seeleute" wird von einer Gruppe bettelnder Beamter aufrechterhalten, die von den Gebühren ernten, und wird zunichte gemacht, wenn ihnen zu bestimmten Tageszeiten während ihrer Gefangenschaft erlaubt wird, mit ihnen in Kontakt zu treten „böse Nigger", die wegen Straftaten und Verkauf begangen wurden. Wenn ihre Anwesenheit „gefährlich" ist, wäre sie im Zusammenhang mit Kriminellen der gefürchteten Klasse sicherlich noch gefährlicher.

Nehmen Sie die Gebühren weg – die Handelsgemeinschaft wird nicht murren, und der offizielle Adel wird sich weder beleidigen noch darum kümmern, das Gesetz zur Inhaftierung freier Menschen durchzusetzen.

www.ingramcontent.com/pod-product-compliance
Lightning Source LLC
LaVergne TN
LVHW040011200726
843493LV00005B/1221